U0670855

guide

# 布迪厄：

# 关键概念

### （原书第2版）

*Pierre Bourdieu: Key Concepts 2*

书刊检验 合格证

[英]迈克尔·格伦菲尔（Michael Grenfell） 编

林云柯 译

重庆大学出版社

# 目 录

# 作者介绍

尼克·克劳斯利
（Nick Crossley）

英国曼彻斯特大学社会科学学院

塞西尔·迪尔
（Cécile Deer）

英国牛津大学贝里尔学院

斯蒂夫·富勒
（Steve Fuller）

英国沃里克大学社会学系

迈克尔·格伦菲尔
（Michael Grenfell）

爱尔兰都柏林大学三一学院艺术、人文和社会科学系

谢丽尔·哈迪
（Cheryl Hardy）

英国理工学院系主任

卡尔·马东
（Karl Maton）

澳大利亚悉尼大学社会学和社会政策系，艺术系

罗伯·摩尔
（Rob Moore）

英国剑桥大学霍莫顿（Homerton）学院

德里克·罗宾斯
（Derek Robbins）

英国东伦敦大学法律和社会科学学院

J.丹尼尔·舒伯特
（J. Daniel Schubert）

美国狄金森大学社会学系

帕特丽夏·汤姆森
（Patricia Thomson）

英国诺丁汉大学教育学院

# 致　谢

我想要感谢谢丽尔·哈迪在本书两个版本的编撰工作中给予我无微不至的帮助和支持。除此之外,她还阅读了初稿并给出了反馈意见,在第 2 版所加入的新章节与版式结构问题上,她也提供了意见。

我同样也要感谢各位参与者在工作中对于各自章节一再地反思与评论。他们都对布迪厄怀有极大的热情,而本书中的这种集体工作也对我有着巨大的启发。

同样,我还特别感谢加纳·戴维(Gayna Davey)与卡尔·马东对本书第 1 版各个章节所给出的宝贵意见,并且他们还反复地重审本书。他们的共同意见对于新版本也有着巨大的帮助。

最后,我要一如既往地感谢我的编辑特里斯坦·帕尔默(Tristan Palmer)给予我的支持、理解和指导。

# 第2版前言

本书第 2 版为我们提供了一个契机,来回顾、修正和拓展我们对于皮埃尔·布迪厄著作的理解。其中的每一章都经过了本书参与者们的重新思考,并以一种传记结合具体材料的视角,对第 1 版的诸多论点进行了进一步的讨论与澄清。不过,我们还必须要加入一个全新的部分,题为"应用"。在完成了第 1 版的诸多章节之后,我感到我们还需要将这些概念的具体应用纳入其中,因此,我加入了一些关于方法论原则的后续章节。在这里,从布迪厄的视角出发,我给出了一种能够指导研究的实践框架,对于那些即将成为研究者的人来说,这为他们在研究中运用布迪厄的那些基本要素提供了依据。在新的版本中,这一后续部分被拓展成了一个完整章节,并且加入了"社会空间"与"政治"两个章节作为补充。前一章节是对方法论的进一步讨论,当我们建构与表征社会语境的时候,这是我们的必由之途,并且我们还提供了相应的实例与导引,这些实例与导引将引导我们如何运用这些术语来思考空间问题。而关于政治的章节则提醒我们,在布迪厄的大多数著作背后都潜藏着激进的政治意图,以这种途径来思考他的诸多思想,就可以将这些思想最大限度地带到政治舞台之上,带入社会。

推出这样一个新版本也让我们能够有机会回应一些批评。总的说来,本书已经获得了评论界的认可,而且在那些对布迪厄的工作感兴趣的学生与研究者当中,本书也颇受欢迎。从一开始我就知道,如此一章接一章来处理这些概念是一个很冒险的工程。在我的大部分的写作中,我都坚持这样一个原则,即所有这些概念必须以一种整体的形式来看待,而不是割裂的、被孤立的使用。而且,我也确实感到通过一个接一个地审视这些概念,我们仍然能够进一步获得某些启示,并且通过某种方式,我们也能够以个人的视角来透视他人。有一些评论者确实已经指出了这样一部著作所要冒的风险。比如,有些人就指出,甚至谈论主观性与客观性本身就是一种缄默地朝向某种割裂的二元对立的方式。而另外一些人则谈到,在场域与习性之上还有一种更高的逻辑优先性,或者坚持说你无法在完全脱离一者的情况下谈论另一者。布迪厄的认识论总是要求一种辩证的思考,也就是说我们必须要在思考一者的同时把另一者带入其中。因此,我还是很乐于提供这种张力,当你一个接一个地阅读这些概念的时候,你也必须形成一个整体性的图像——当这些概念全部被动员起来时,如何就能构成一种认识论的整体面貌。我同样也感到我们需要在本书中创造出更丰满的叙事结构,因此才采用了你将会看到的各个章节的标题与引介方式。我要再一次强调,这些做法是为了让我们更便捷地消化这些主要概念,而不是要暗示任何实质上的理论倾向。这个新版本在保留了原版本基本结构的同时,既能够提高我们对于这些概念的敏锐度,同时也让我们能够更细致地辨别它们之间的差异。

当然,这本书之所以受欢迎,归根结底还是仰仗布迪厄自己著作的价值和影响,在他去世将近十年之后仍然如此。在为数众多的研究领域中,研究者对于布迪厄思想的热衷俯拾即是,而至今也没有减退的迹象。当然,应用领域越广泛,误用的风险也就越大。布迪厄将自己的方法称为"结构性的建构主义",而在当今的研究中存在这样的一种倾向,即研究者往往会提供一种羸弱的建构主义模式,在其中研究者对于社会现象的影响所进行的描述是非常泛泛的,其中对布迪厄概念的使用可以说是一知半解的。这样的方法对材料进行了过于隐喻性的处理,而非提供一种真正的"场域分析"。如何来研究,又要如何表征,我们始终处于这样的挑战之中。布迪厄运用了多种形式的几何学分析,而其中大多数的形式已经成为研究者们所效仿的一般性方法。不过,他们也需要专业人士的训练与支持,并且也需要民族志分析的补充,只有这样,我们才能捕捉到一种场域的实践逻辑。多元对应分析就其自身来说是永远没有止境的。

布迪厄的洞见在社会系统工作中所展现出的潜力既具有启发性,也会令人望而却步。他自己就经常声称,他学术生涯中的大部分时间都用来发布自己"年轻时候的工作"。而且,事实上一种充分且必要的场域工作模式需要日积月累且一丝不苟地分析,并且需要纯熟的材料处理技术提供支持。我们不应该以一种过于死板的教条式的态度来对待这些概念。相反,我们应当在对概念的谨慎使用中获得一种更进一步的术语,需要牢记的是,在武器库中添加任何新的东西都必须基于材料与问题需求之上的逻辑必要性,因此,一旦脱离这些基础也就没有什么切实可用的术语了。而与此同时,重要的是我们要牢记,我们所生活的世界与布迪厄在他的主要研究中所面对的世界已经大不相同了,甚至他生命中最后十年的世界就已然如此。比如,过去的场域分析是对于真实的社会空间的分析,而如今我们又怎样将这种分析运用于互联网提供的无限可能之中呢?有评论就指出,站在今天的世界来看,布迪厄的工作是如此地接近人类学;我们需要思考一种"自然资本",因为我们面对的是工业资本主义下被不断摧毁的存在者与生态系统。经济世界如今也处于崩溃的边缘,信贷体系越来越趋向失控,而这又是货币经济与新自由主义经济的核心所在,当今的世界就处于这种自我掣肘的悖论之中。在这一意义上,布迪厄的学术也需要"升级",但这种升级当然也要建立在保留其原初视野的真实性的基础之上。

最后,正如我们已经提到的,我们必须记住布迪厄的实践理论确实有着一个目的。一方面,重中之重的是对于真理自身的追求;但是从另一方面看,真理也就意味着一种普遍性的视角,一种旨在"恢复人们行动之意义"的人道主义工程——并且由此更好地改善他们的境遇!反思就是这一工程的核心,对于研究者们来说,无论是运用这种研究方法,还是对我们的发现加以建构,这都是不可回避的核心精神。要认识这种反思性要素在布迪厄理论中的潜能,这仍然是非常困难的,我们只能在实践中来理解它。

新版对于这些问题提供了很多思考,因此也为我们提供了信心,让我们以布迪厄的原则来对布迪厄的关键概念进行进一步的探索、发展和运用吧。

迈克尔·格伦菲尔

# 导　言

⊙ 迈克尔·格伦菲尔

　　皮埃尔·布迪厄如今被认为是 20 世纪最重要的社会哲学家之一。出生于法国比利牛斯山区的他,凭借卓异的学术轨迹打开了通向巴黎顶级学术训练学校的通道。他最终被提名为法兰西公学院"席位"的居有者,这一最富名望的机构由 52 名法国学术界、哲学界以及科学界的领袖们组成。

　　布迪厄著述颇丰。从贝亚恩地区和阿尔及利亚的民族志开始,他的研究范围持续扩展至包括教育、文化、艺术和语言等诸多领域。这一时期,布迪厄被视为一位社会学家,其主要的影响也正来自该领域。不过,他的社会学是一种特殊形态的社会学。他原本接受的是哲学方面的学术训练。正是阿尔及利亚和贝亚恩时期他的"域中"(in the field)私人经验,使得他放弃了传统的哲学学术路径而转向社会学。在 1950 年代,社会学还没有赢得同时代人的青睐或者学术界的认可。事实上,布迪厄早期的著作可以被解读为具有人类学指向的著作,这一视角在他之后 50 年的学术生涯里贯穿始终。

　　在 1960 年代到 1970 年代,布迪厄愈加具有独特的私人学术风格,他与其他一些知识分子共同引领着法国智识界的潮流,其中包括米歇尔·福柯、雅克·德里达、罗兰·巴特、让-弗朗索瓦·利奥塔、路易·阿尔都塞以及雅克·拉康。此外,布迪厄的知名度也足以和比他稍长的作者相匹敌,比如让-保罗·萨特和西蒙娜·德·波伏瓦。在他的生命后期,他对政治的介入开始变得频繁起来,先是在 1980 年代为法国的新社会党政府助阵,而后又支持数量激增的受压迫团体,他称之为对于占支配地位的政治、经济和社会潮流所进行的"抵抗行为"。这一时期,他又发表了一些关于媒介、绘画、经济和性别政治的作品。1992 年,他发表了《世界的苦难》,这是一部关于贯穿法国社会的一系列"社会受难"的记录。这部作品在成为畅销书的同时也使得布迪厄暴露在了媒体的镁光灯下。从这一转折点开始,布迪厄所提供的理论和实践愈加趋近于一种"为了所有人的哲学",它是一种用来应对当代生活的具体方法。

　　2002 年,随着他的逝世,布迪厄的影响与日俱增。他的主要著作和出版物是关于阿尔及利亚、人类学、教育和文化这些领域的。但是,除了上面提到的这些,他的著述还涵盖了其他一些领域,比如经济学、政治学、艺术、哲学、法律、宗教、媒介、语言、性别、历史等。对他著作的引用遍布于相当广泛的学科范围之中,从地理学到神学,不一而足。这种多领域的适用性和兼容度都佐证了布迪厄的方法之于社会科学的价值。从中我们可以看出以下两方面的特点:首先,是一种对于理论与实践之关系的独到理解;其次,在对社会发现的分析和讨论中,他运用了一套极具个人风格的独特概念术语。这些被布迪厄称为"思想工具"(thinking tools)的术语常常出现于他的经验研究之中,被用于解释和阐明某种被揭示出来的社会规程。布迪厄认为,他从未真的多么理论化,他的出发点一直都是某种特定的社会现象和实践。确切地说,任何在布迪厄式框架下的研究都必须源于对现实以及经验的记录。不过,他的遗产却集聚成为一种布迪厄式的语言,一种可以被用于思考的语言。

本书将探讨的是我个人所筛选出的布迪厄关键概念。相比于采用主题式的方式来谈论布迪厄,每一章更为关注的是他的诸个关键概念,比如,习性、场域、资本等。需要特别强调的是,这些关键词不应被视为孤立的实体。它们都是彼此错综相联的,共同构成了布迪厄所研究的社会语境的结构和状况。对每个特定概念的落实,都意味着要从特定的视角来看待这个世界。本书的每位撰稿者都曾在个人著作中引用过布迪厄。他们每一位都将从自己的视角来思考并撰写一个特定的概念,这对于他们每一个人来说,都是一种挑战。整本书将包含如下内容:

· 讨论各个概念的定义:布迪厄是如何定义它们的。

· 各个概念的历史与背景。

· 与该概念相关的其他作家,以及他们对该概念的定义与布迪厄有何不同。

· 布迪厄在何时何处使用这些概念,以及为什么如此使用。

· 这些概念在他的著作中是如何发展的,同时是如何与其他学科,比如人类学和哲学等发生联系的。

· 这些概念如何适配和应用于其他社会科学主题,以及为什么能够这样运用,同时还包括如此操作所引发的其他问题。

整本书大体上涵盖如上框架,每一个章节根据该章所涉及的概念,将依据章节作者的视角着重选取上述内容中的几个方面对相应概念进行回应。

每一章节既可以被视为对每个概念的阐释,同时也是对该概念的评估。通过这种方式来探讨这些概念,为思考和解释布迪厄提供了基于个人的视角和相应的契机。同时,这也提出了一些相关性和适用性的关键问题。

对于本书中章节的阅读来说,它们既可以被读作彼此独立的,也可以被读作相互关联的。从独立的角度来说,这些章节是对一个特定概念的阐明,由此既扩展了我们对它的理解,同时也阐明了这一概念的适用范围。从这个层面来说,我们不仅是把这些概念视为单纯的描述性术语,同时也具体化为一种积极的能够提供动力和认识论的工具,并且这些工具能够被切实地运用于社会科学当中。与此同时,将各个章节结合起来阅读则能够揭示这些概念之间的互渗,以及它们如何一起建构起了一种特殊的世界图景。为了达到更好的阅读效果,本书分为五个主要部分:"生平,理论和实践"、"场域理论:超越主观性与客观性"、"场域机制"、"场域状况",以及"应用"。

　　第1部分将对人物的生平进行概述,包括布迪厄的一生及其时代背景。这一部分的主题是:"生平,理论和实践"。在第1章,我们将看到布迪厄简要的生平,包括他的成长之地以及他主要的学术进路。布迪厄一向坚持作品不脱离其所产生的时代。因此,此处也将提及一系列造就了布迪厄智识生涯的时代事件。最后,第1章还会将布迪厄放入他所属的智识传统加以呈现。严格地对待布迪厄式概念的缘起及其标志性意义有助于理解什么是他所谓的"实践理论"。这个主题涉及理论与实践之间关系的讨论,以及两者如何在互动中进行自我表达。第2章,我们将进一步从塑造了布迪厄哲学的智识主题下透视他的学术生涯,既包括他的个人生活背景,也包括他自身的智识晋级之路。在此,我们将探讨是怎样一种生活经验塑造了他个人的理论和实践的视野。这两章用来给出布迪厄作品的背景,既包括个人的,也包括社会历史性的视点。这些内容将赋予其作品以相应的语境,以展现出他的作品是如何随着他的学术生涯的进行而不断发展,揭示他所带来的那些至关重要的影响——不仅仅是智识,还包括社会政治层面。

　　第2部分以"场域理论:超越主观性与客观性"为主题。正如前面所指出的,布迪厄最首要的关切始终在于阐明他所遭遇到的实践问题,而且正是在介入现实问题的进程中,他的理论概念才得以发展,并用于对被揭示出来的社会现象进行解释。尽管如此,纵观布迪厄的学术生涯,他所采取的路径也确实形成了一套成熟的方法论,即所谓的"场域理论";而且,"场域"的概念也确实成了他不断发展的方法论的主旋律。通过"场域",布迪厄得以绘制出客观的结构性关系。但是,他仍然需要呈现出这样的客观性何以能够被个体主观性,以他们的"习性"(habitus)——这一借用自古代的范畴——所建构。本书的第2部分将关注布迪厄理论中的这两个关键概念:"习性"(第3章)和"场域"(第4章)。这里将会对这些术语的意思和来源加以讨论。在第2部分的导言中,我们还会进一步考察潜藏在布迪厄"实践理论"之下的哲学方面的议题,因为只有从哲学角度加以理解,才能解释上述这些术语的必要性。实际上,社会科学中的关键问题都来自主客体之间存在的张力:我们将关注这一问题中的这种对立关系,并且在这里对布迪厄旨在调和这些主客体对立的方法加以探讨。

　　第3部分,在"场域机制"的标题下,我们将思考场域的结构及其运作。由于布迪厄是一位社会学家,对他来说首要关注的就是社会阶级结构。第5章致力于透过"社会阶级"来理解布迪厄,并且还牵涉其他一些通达这一课题的路径。场域通过一些规范性(orthodox)的行事方式在一定程度上来界定自身。第7章将讨论布迪厄如何借由"信念"(doxa)观测到场域之中的规范性运转。第6章将聚焦于场域运转的主要媒介——"资本"。布迪厄的绝大多数著作都以这样一种路径展开论证,即我们应当看到"习性"和"场域"是处于互动性的建构过程当中的。当然它们也会在某种程度上跃出彼此。第3部分的最终章将讨论这样一种现象——"迟滞"(hysteresis)——并且展现它是如何在现代生活中占据一席之地的。

本书的第 4 部分将进一步探讨场域运作的本性所在。此处我们将思考"场域状况":换句话说,就是思考一个场域的周边进程是如何塑造社会现象的。第 9 章,关于"利益"(interest),个体基于潜在的动机和原因作出决定和决策,这构成了他们的社会行为。我们将对这些动机和原因进行质询。由此围绕"自然倾向"(conatus)(第 10 章)的相关议题,我们将在更深入的层面上将个体心理和认知因素纳入社会实践。第 4 部分的第 11 章将带我们返回布迪厄自身实践的一个核心议题——"受难"(suffering)。布迪厄进一步将他的方法论视为一种从压迫性的社会强力中"解放"个体以及社会的方式。我们生活在一个高压社会的年代,其中存在着无法回避的摩擦。布迪厄视"社会苦难"和"符号暴力"为社会的内在面貌。这一章就将展现它们何以如此。布迪厄的方法在其核心处是具有"反思性"(reflexivity)的。第 4 部分的最终章将关注对布迪厄来说这种"反思性"是如何形成的——从何种意义上他拥有一种"反思性的方法"? 尤其是,这一章将展现在社会科学家以实证进行研究之时,这种反思性对于他们来说何以是至关重要的。

我已经强调过,布迪厄理论视野中的方法应当被视为对某一范围内的社会语境的探索,并为此提供相应的实践工具。本书第 5 部分就是对这一问题的进一步展开。第 13 章关注的是,是什么构成了布迪厄的方法论。本章提供了一个详尽的讨论,关于布迪厄方法论框架下对研究对象的建构,场域分析的原则和如何建构这种分析,并且再一次强调了布迪厄方法的所有重要性都是以反思性作为尺度的。布迪厄自己的大部分作品都可以被视为"对场域理论的探索",以及"社会空间"的议题是如何成为这些探索的中心。因此,第 14 章提供了一个对社会空间的扩展论述,关于如何对其进行概念化,以及我们在分析中呈现它的方式。实践的应用就是如此被给出的。布迪厄的工作永远不终结于自身的作品，而是始终蕴含于社会与政治行动之中。他身后出版的《介入》（2008［2002］）一书就显示了他终其一生都致力于政治问题。因此，第 15 章所给出的理论与实践上的议题在某种程度上就是关于政治和政治行动的。本书对简短的结语也进行了修订，书后还提供了布迪厄一生中主要的实践与出版物的年表。

　　本书所设想的基本意图有如下三点。首先，是要简明扼要地概括布迪厄的关键概念，这对入手布迪厄研究会有所帮助。第 1 部分和第 2 部分对这类读者的帮助尤甚。其次，由此而来的进一步讨论，主要是针对那些对布迪厄的术语有一定了解的读者，激发他们在原始文本中去反思或反刍这些术语。第 3 部分和第 4 部分的各个概念对于这种深度思考更具价值，因此第 1 部分和第 2 部分也会对这些关键术语更为深远的方面做一定的引导。最后，提供一个从布迪厄式视角出发得出的世界观，这对想要在自身的方法和领域中深化理解和应用布迪厄思想的人士来说是一种鼓励。第 5 部分的主要意图正在于此。因此，本书也将给出一些阅读与使用本书的不同视角。但是，无论读者首要考虑哪种研究路径，我们希望对他们都能有所裨益。

# 第 1 部分

# 生平,理论和实践

本书第 1 部分题为"生平,理论和实践",由两个章节构成,这两章涵盖了贯穿布迪厄作品的这三条主要线索。

在第 1 章的开始,我们将对布迪厄的生平和著作进行简单的勾勒,同时也为本书接下来的内容确立框架。这里要强调的是,对布迪厄思想的理解首先要回到其所处的年代,回到那些促使其生成的实践疑难与议题,这些比其思想的当代运用更加原初的语境是非常重要的。本书随后将对布迪厄生活中所遭遇并刺激他思考的事件进行勾画。这部分内容包括社会、文化、历史、政治和经济等诸多方面。在 20 世纪后半叶的近 50 年间,布迪厄始终保持着专业热情,在该部分中,我们将细数这一时期的诸多潮流,尤其是有关于法国的。在本章接下来的一节,布迪厄将被置于他所属的智识传统中。这一传统与 18 世纪启蒙思想息息相关,也与法国哲学中的核心思想家们紧密相联。值得注意的是,在布迪厄投身社会学并将其作为写作焦点之前,他最初所接受的训练来自哲学。"布迪厄及其智识传统"一节将对他的实践理论的多重线索进行条分缕析,并与社会学的奠基人——卡尔·马克思、埃米尔·涂尔干和马克斯·韦伯,20 世纪三四十年代的法国天主教知识分子,欧洲现象学传统,以及他所处时代的主要知识分子,也就是让-保罗·萨特和克劳德·列维-斯特劳斯等诸多思想进行参照。在关于布迪厄思想背景的介绍中,还会将他与一些科学哲学史方面的写作者,比如加斯东·巴什拉和乔治·康吉莱姆进行对比。这两位哲学家对布迪厄的思想影响巨大,主要体现在社会科学中理论与实践的关系上。他们同时也可以被视为开后现代主义智识风气之先的人物。这一线索是在欧洲传统与 20 世纪美国社会学,以及所谓的"理性行为理论"(Rational Action Theory)的对比和争论中被凸显出来的。

　　第 2 章以第 1 章为基础,进一步探究布迪厄生平及其实践理论之间的关系。我们将以布迪厄自己的乡土背景开始,并且说明他的在地经验和那些影响了他的智识思想之间达成协调一致是如何可能的。这一经验在他早期关于教育的著作和最初采用的研究方法中得到了深化拓展。其中,马克思主义的基本要素和现象学科学占据了很大的权重。这其中还包括对于布迪厄方法论立场的奠基之作,写于 1968 年的《社会学的技艺》的讨论。巴什拉著作的中心,也就是"三重自省"(three degree of monitoring),对于布迪厄自身真正的"社会实践的实践理论"来说也是必须重点提及的。第 2 章为第 2 部分导读的细致展开提供了一个哲学背景。同样,对于那些可能会将这些概念具身化为某些僵化的实体性概念,或者某种隐喻性叙事,而非一种理解场域实践逻辑之必要工具的人来说,这一章也可以被视为某种认识论上的警示。

# 生　平

⊙迈克尔·格伦菲尔

## 导　言

本章的目的是对布迪厄的生平进行勾勒。这里有很多值得思考的议题。在他的大部分生涯里，布迪厄都反对生平写作，也反对对个人生活细节过多着墨，事实上，通常来说他就是反对传记式研究的。在 1986 年发表于《社会科学研究学报》上的一篇文章中，他就写到了"传记的错觉"（l' illusion biographique）[1]。在这篇文章里，他阐明了对传统传记研究的主要反对意见。对于历史学家和民族志学家建构出来的那种有关人们生活的叙述他嗤之尤甚，更不用说传统社会学家的那种建构了。他之所以拒斥这种建构而成的"生活"，是由于这种建构总是处于一种连贯性之中，并且总是暗示着个人所涉及的行为背后所具有的或主观性或客观性的意图。他发现传记式研究者们的字里行间总是存在一种特定的表达倾

---

[1] 文本中对布迪厄的引用，可见参考文献。

向:"已经"、"从此开始"、"从他最年轻的时期开始"、"总是"。简单地说,布迪厄所反对的就是这种有关人们生活的整齐有序的纪年式描述,在他看来,这些生活就算不是命中注定的,也是被人为地赋予了秩序的。

在他的学术生涯中,布迪厄花了大量精力来避免个人生活被牵涉进来,甚至到了今天,关于他个人的基本信息,我们也知之甚少。然而,这里存在一个悖论。正如我们马上将看到的,布迪厄的反思方法所依凭的前提就是社会学家要对其客观化的研究进行"再客观化"(参看 Grenfell 2004b 里的完整归纳)。这一反思方法的核心是需要将同样的认识论概念施于"认识主体"自身,就如同它也是研究对象一样。于是,如何进行这样一种方法运作就成了关键问题,而这样一来传记就必然要在此任务中扮演重要角色。事实上,布迪厄宣称他已经在其研究方法中对这一问题进行了改善和调整,但是关于他个人生活细节的话语仍然是不必要的。在本书后面的章节,我们将看到这种方法的可能性(也可参看 Grenfell 2004b,第七章)。不过,在他学术生涯的末期,对于他的个人生活如何塑造了他的作品之类的问题,布迪厄已经变得相对开放些了。事实上,在法兰西公学院他最后的讲座中(2001 年 2 月),布迪厄将他的研究方法描述为一种"自我—社会分析"(auto-socio-analysis),以这样一种手段来把握那些塑造了他生活轨迹的社会力量。他身后出版的最后一部著作名为《自我分析纲要》(2007[2004]),尽管他在这本书中第一页就写道"这不是一部自传"。他所提供的自我分析在很大程度上是关于他自身在学术场域内的社会历史定位的。

因此,本章将从三个向度对布迪厄的生平加以思考。首先,是关于我们已知的布迪厄生涯中的事件。这里包括他的家庭背景和学术轨迹。其次,对于他"生平"的考察将被放到当代法国的历史

语境当中。在此,我们将考虑布迪厄生涯的社会历史背景。最后,
布迪厄自己的著作是在思想史中占有一席之地的,不仅是在法国,
在法国之外也是如此。布迪厄总是呼吁他的读者要关注他思想的
"社会性起源"(1993e)。换句话说,就是他的思想是如何被至关重
要的社会和智识的时代潮流所塑造的。通过对布迪厄生平这三个
角度的理解,我们的意图是去搭建一个阅读框架,来通达本书所要
陈述的各个概念。

## 布迪厄:一生

1930 年 8 月 1 日布迪厄出生于德甘(Denguin),这是一个不起
眼的小村落,位于法国大西洋畔比利牛斯山区的贝亚恩地区。这
里的人们过着十足传统的农耕生活。布迪厄的父亲最终也没有完
成自己的学业,虽然他的母亲一直受教育到 16 岁。当地的语言是
加斯科涅语(Gascon),一个现在已经消亡的语种。布迪厄的家庭
是一个典型的温饱家庭:他父亲是一个工作并不稳定的雇农,虽然
后来被法国邮政局雇佣,成了一个小公务员和邮差。布迪厄先是
进入了当地的小学,而后去了波城(Pau)的中学,这个镇子距离德
甘相当远,使得布迪厄必须成为一个寄宿生。早在通过巴黎的路
易大帝中学(Lycée Louis-le-Grand)的入学考试时,布迪厄就彰显了
他的学术才能,作为一个预科学校,该校以培养学生进入巴黎的精
英学校而闻名,也就是所谓的大学校(Grandes Écoles)。于是在
1951 年,布迪厄顺理成章地通过了巴黎高等师范学校(École
Normale Supérieure, ENS)(以下简称"巴黎高师")的入学测试,并
于 1955 年以哲学学位结业。巴黎高师在相当长的时期里都享有法
国知识分子"孵化器"的美誉。萨特和波伏瓦是布迪厄之前的毕业
生,而德里达则是与布迪厄同期的学生。

13

　　毕业之后,布迪厄在木兰中学(Lycée de Moulins)任教一年。不过,在1955年年末,布迪厄就去阿尔及利亚服兵役了。此时的阿尔及利亚正处于争取独立、反抗法国殖民统治的浴血奋战之中。在离开首都一段时间后,布迪厄被派往阿尔及利亚,在那里他在当地的督府中负责"行政"职位,更为重要的是,他还管理了一个文献储量可观的图书馆(参看 Grenfell 2006,关于布迪厄早期作品和经历的深入讨论)。在那之后,布迪厄在阿尔及尔大学里的人文学院任教。这些经验显然是具有塑造性的,同时也是充满挑战和启发灵感的。布迪厄最早的一批出版物都是关于阿尔及利亚的状况和这些状况所带来的后果,比如:《阿尔及利亚的社会学》(1958),《阿尔及利亚的劳动与劳动者》(1963),《失根:阿尔及利亚传统农业的危机》(1964)。

　　布迪厄于1960年返回法国,并被指派给当时法国知识界的领袖雷蒙·阿隆做助手。1961年到1964年他执教于里尔大学,而后被提名为巴黎高等实践学院(École Pratique des Hautes Études)(巴黎社会科学高等研究院[École des Hautes Études en Sciences Sociales,EHESS]的前身)的教学主任。而后,他又被提名为欧洲社会学中心(Centre de Sociologie Européenne)的主任,这一机构是由阿隆创设的。在中心工作的最初几年里,他主要关注三个基本领域:教育——《继承人》(1964),《再生产》(1970);艺术与文化——《中等艺术》(1965),《艺术之爱》(1966);以及方法论——《社会学的技艺》(1968),《实践理论大纲》(1972)。

　　我们对布迪厄的私人生活知之甚少,除了在1962年11月他迎娶了玛丽-克莱尔·布里扎德,并与她育有三个儿子(杰罗姆,艾玛纽埃尔和劳伦特)。

　　1964年,他成为"常识"系列的主编,该系列隶属于法国最重要的出版社之一的子夜出版社的"子夜文库"。在他的主持下,该出版社大量翻译社会科学领域的重要学术文献,比如艺术史家欧文·潘诺夫斯基,美国社会学家欧文·戈夫曼。子夜出版社后来也陆续出版了一系列布迪厄的经典著作。1975年创办了《社会科学研究学报》一刊,作为布迪厄及其合作者发表更精短文章的阵地。1981年,他被选为法兰西公学院的社会学教席持有者,这一庄严的机构由52位从法国领袖级学者中遴选出来的成员组成。同年,他还被授予法国国家科学研究中心(CNRS)的金质勋章。这两件事奠定了他成功和卓越的学术地位。1980年代同样是他的一个多产期,出版的主要书目包括下列内容:文化生活——《区隔》(1979);学院与国家专业学校——《学术人》(1984),《国家精英》(1989);更进一步的方法论逻辑和哲学立场——《实践感》(1980)(本书是对他阿尔及利亚研究的再加工),《社会学诸问题》(1980),《关于课程的课程》(1982)(他在法兰西公学院的就职演讲),《说过的话》(1987),《马丁·海德格尔的政治本体论》(1975);以及关于语言的——《语言意味着什么》(1982)。

在1984年和1988年,布迪厄加入了弗朗索瓦·密特朗的社会党政府所设立的委员会,该委员会旨在反思法国教育系统未来的方向和课程设计(参看Bourdieu 1985a和1992b[1989])。这种关涉国家政治的视野持续了将近十年之久。然而在1993年,他出版了《世界的苦难》,这是一系列关于法国社会受难的个人记录;这些受难,很大程度上来源于社会党政府所实施的新自由主义政治经济政策。这个议题同时也是《经济的社会结构》(2000)的主题;其中尤其关注了法国的房地产市场。在20世纪最后十年,布迪厄公开的社会活动开始增多。他出现在电视和收音机之中,这些东西都是他原来避之不及的,并且他还经常参加集会者、罢工者和其他对政府施压的团体的集会。布迪厄由此在更进一步的立场中有了更为丰富的产出:关于方法论和哲学——《回应》(1992),《实践理性》(1994),《帕斯卡尔式的沉思》(1997),《科学之科学与反观性》(2001);以及关于艺术场域——《艺术的法则》(1992)。不过,布迪厄同时也出版了一系列篇幅短小、面向大众的论辩性文本。这其中就包括对现代媒介的攻击——《论电视》(1996),也包括对新自由主义经济及其后果的论著——《遏止野火》(1998)——以及关于欧洲劳动力迁徙——《遏止野火2》(2001)。

布迪厄于2001年从法兰西公学院退休,次年1月23日因癌症去世。


## 布迪厄与当代法国

这一节是关于布迪厄一生所处时代的历史背景。我们也许会轻率地认为布迪厄本质上仍然是一个理论家。巴黎知识分子这一形象本身似乎就暗示着对于真实世界的疏离。不过真实情况却与这种固有印象相差甚远,尤其在布迪厄身上更是如此。事实上,布迪厄从未完全沉浸在理论化的窠臼中(Bourdieu & Wacquant 1989d:50),并且他的全部作品都可以被视为一种对切实的实践语境的回响。布迪厄所专注的任务是去解释那些萦绕在他周围的社会、政治和文化事件。简单地说,就是去"恢复人们行动的意义"(1962b:109)。这些行动之所以发生,都有着相应的社会和历史事件背景。

布迪厄出生在1930年,正值法兰西第三共和国的最后十年。如果稍加回顾,我们就能发现"一战"前法国的那段荣耀时期已经远去,这段好时光是从近一个世纪的战争与革命的创伤和羞耻之中浴血而生的,这段历史就是法国在1789年大革命后艰难前行,建立起民族国家的历史。"一战"前的"荣耀时期",连同它风雅的欢愉和逐渐增强的自信心,都随着"一战"所带来的创伤戛然而止,因为"一战"把一切都驱逐到了政治经济层面，而无涉国家光荣。1930 年代的法国留存在人们记忆中的是经济危机、政治腐败，以及一种越来越普遍的看法，即第三共和国的机构已经无法提供法兰西所需要的东西了。最终，当战争爆发，维希政府与纳粹入侵者勾结——这一政府倒是试图唤回关于劳作、家庭和国家的传统价值——但对于这个被此前 150 年诸多历史事件消耗殆尽的国家来说，它未能提供一种可供选择的解决方法。

这些事情对布迪厄是否有影响，这个问题本身就有些不置可否。除了知道他当时曾经到波城的中学寄宿，我们对他童年的经历知之甚少。在 1930 年代，法国还保持着一个传统重农国的面貌，工业大多建立在北部以及一些像里昂这样的城市周边。另外一些外省的城镇，比如说图卢兹则仍然保持着本来的风貌。在这些乡村地区，比如布迪厄出生的西南地区，这里的人生活在一种与世隔绝的村落状态中。就算是去邻近的城镇观光也是稀罕事，在这样的状态下，人们的阅历基本是限于封闭之中的。"二战"在很大程度上颠覆了这个旧世界。除了它所带来的通敌和抵抗的双重经验外，战争的余波给了法国一个洗心革面的崭新契机，新世界的大门正向法国敞开。战争让成群结队的男女们在抵抗运动中走到了一起。无论以怎样的社会标签或者职业背景区分他们，在共同的敌人面前他们手足相依。知识分子、产业工人和农民为了共同的事业走到了一起。战争同样一劳永逸地打消了对旧制度的怀念，人们再也不会回到上帝与君主的怀抱了。在这一自由的时刻，法国百废待兴，曾经以身犯险与德国侵略者周旋的人们将带领它前进。

战后法国的两大关键主题，一个是政治代表，一个是经济计划。前者寓于创建法兰西第四共和国的憧憬当中，其目的是要将那些已准备好建设新法国的人们囊括其内。不过，法国也不能免

16

于世界局势的影响。随着冷战的来临,来自国际政治中左右两派的压力越来越大,而这也殃及了冷战的后方。处于法国政治左右两面夹击下的政治代表问题——这两面有着非常不同的世界观——最终导致了政治的不稳定和斗争双方的互不妥协。第四共和国最后落入了越来越多的中立派手中,这种情况导致了总统统辖的政治,这种政治由战争时代的英雄来设计并主宰,这一英雄人物就是夏尔·戴高乐。他的政治版本让他成了政府绝大多数关键环节上的裁决者。这种行事方式与对经济计划的高度干预主义相得益彰,在1950年代和1960年代,干预主义确保法国建立起了适应现代世界的工商业基础。这一时期也是一个大规模去乡村化的时期,越来越多的法国人离开乡村和农业共同体,为了能在极速扩张的本地乡镇和城市谋求工作和新的生活。教育被视为这一进程中的关键一环:学生的数量极速增长,大学开始从传统的分类中走出来,出现了很多职业性的和现代的学科。在国际舞台上,法国卷入了残酷的阿尔及利亚独立战争,这一战争寄托了法国自1940年代以来所积累的战后国家荣誉意识。像阿尔及利亚这样的暴动又一次激发了那些反动势力,在他们看来驱逐法国殖民势力的行为是对法国国家荣誉的亵渎以及对国本的动摇,而另外的持不同政见的人们则要寻求把法国从帝国遗毒中解救出来的可能。阿尔及利亚独立之时,戴高乐最终还是接受了这一分割,这是当时风起云涌的国际去殖民化进程中的一个重要部分。

17　　　　这一时期塑造了布迪厄。非常确切地说,正是在阿尔及利亚的经验促使他从哲学转向了社会学。在阿尔及利亚,他看到了与现代世界相对立的传统社会,以及这种对立对个体命运的影响(参看 Bourdieu 1958;1961;1962a;1962c;1979a;Bourdieu *et al.* 1963; Bourdieu & Sayad 1964)。他也注意到了一个相似的平行问题,那就是在他的故乡贝亚恩,尽管它们处于完全不同的文化语境当中。

在那里,现代生活的入侵对当地实践的塑造越来越深入(参看 Bourdieu 1962b；1972a；1989c)。他的受教育体验也很大程度上掺入了他源于家乡的对于自己社会地位的认识:作为一个来自农村的寄宿生,他必须面对那些每天打扮入时的通勤学生,而同时他却只穿着灰罩衫。他的加斯科涅口音也被拿来取笑(参看 Bourdieu 2002a)。教育是一把双刃剑:它会把一个人的原有特质表露无遗;与此同时,它也提供了从当下的窘境中逃出去的途径。因此,布迪厄选择了教育和文化作为他在 1960 年代第一个重要的主题也就不足为奇了(Bourdieu & Passeron 1977a[1970]；1979b[1964]；Bourdieu *et al.* 1990a[1965]；1990b[1966])。在这些作品背后隐藏着两个有待阐明的问题:学校是一个民主化的中介机构吗?——换句话说,真的有人能得偿所愿吗?——另一个问题则是,对于法国普通的民众来说,教育和文化在个人层面上能为他们提供什么呢?

在接下来冲击法国的危机中,教育问题也处于核心地位,这就是在 1968 年它所带来的一系列罢工潮。这一潮流从大学开始,学生和教职人员都逐渐牵涉其中。这一潮流迅速蔓延至整个国家,并且感染了工商业劳动者。很多人走上了街头。街障被竖起,防暴警察被召集起来,越来越多的人开始谈论革命。

这些问题的根源在社会、经济和政治中都可以找到。由于战后的复兴,法国已经取得了令人欢欣的经济增长和投资。现代化的进程迅捷而富有成就。然而,这样的高速复兴难以避免地伴着随之而来的不安和压迫。很多劳动力的生活状况有所改善,但是,他们很多都寄居在贫民区的公租房里,这里的设施看上去似乎只是屈从于繁荣经济的角落里的一项次要支出。缺少广泛参与和商议的集中制在地方层面也同样存在。坦率地说,法国越来越不满于总是被牵着鼻子走。最终,在 1960 年代,传播手段与文化爆炸式

18

的发展引燃了新的独立与反抗精神。到了 1968 年,新的一批学生在教育和日常问题上均会质疑他们的导师。"参与"、"协商"与"自治"成为这场运动的口号,他们力图打破旧有的社会结构,建立一种能关涉更多社会阶层的新秩序(参看 Grenfell 2007,关于布迪厄及其教育语境的一个详尽的讨论)。

布迪厄后来在《学术人》(1988a[1984])的"批判时刻"中写到了 1968 年发生的种种。当时,他拜访了很多大学的院系,并且在所到之处举行的所谓"公开集会"上发表演说,这些开放性集会实际上通常由封闭的共同体组织。1960 年代所发生的诸多事件为布迪厄提供了丰富的分析素材,在《区隔》(1984[1979])和《国家精英》(1996b[1989])中可见一斑,两者分别关注趣味、文化以及法国精英教育系统。

更广泛的介入事实上正是基于 1968 年的觉醒。戴高乐不再占据政治舞台的中心,而是让位于更具改革家气质的总统,比如蓬皮杜和瓦勒里·季斯卡·德斯坦。1970 年代的法国是团结而自由的法国,尽管是以保存传统的国家经济结构为前提的。直到 1981 年,也就是第五共和国,同时也是第一个社会主义政府到来前夜,法国一直都保有真正的选择权。

一种文化的改变往往会持续数年时间,因此当法国先是选了弗朗索瓦·密特朗,而后又把左翼推选为国会里的多数党时,人们也并不感到惊讶。此时,共产主义政党仍然是法国政治中至关重要的力量,所以左派只能以政治联盟的形式才有胜算。在受到普遍支持的皮埃尔·莫鲁瓦总理的领导之下,随之而来的政策是激进的,它旨在改革传统社会以及支持劳工,同时寄希望于在商业世界和工会的愿景中寻求平衡,这仍然是法国社会中的主导力量。然而,这很快被证明是不可能的,这主要是由于左翼稳健派、激进派与部分"雇主协会"派系、右翼之间的两极对立。上述问题导致了法国政治建制中心的分崩离析。正如金融不稳定会重挫法国股市交易的信心一样,政府被迫要采取 180 度的大转变策略:关键位置的官员被更换或者辞退,法国引进了一揽子经济自由主义计划。这套计划在玛格丽特·撒切尔治下的英国和罗纳德·里根掌控下的美国备受追捧。

19

　　这段时期正是布迪厄政治参与度越来越高的时期。很显然,布迪厄自身确实受到了新左翼政府那种热情与激进情绪的感染。在上面提到的这段时间,他列席两个重要的政府委员会,旨在为教育系统提出改革计划。1981 年,他见证了雅鲁泽尔斯基将军在苏联支持下对波兰团结工会所进行的镇压。布迪厄当时积极动员法国知识界,并且以个人身份反对发生在波兰的事件(参看 Bourdieu 1985c)。如果不把这理解为背叛的话,我们就能够体会到当社会党政府公然背信弃义,转身拥抱社会自由主义和自由市场经济模式的时候,布迪厄的那种失望之情。确切地说,对这种政策的反对在布迪厄的作品中随处可见,尤其在 1990 年代更是如此。《世界的苦难》(1999a[1993])事实上就是以新自由主义经济受害者的第一目击视角记录了正在发生的种种,他们是深受其害的学生、退休人员、农民、工会、法务人员、移民,以及绝大多数的普通工人。《遏止野火》的主干也是对当时占主导地位的政策所作的全面批评。在他生命的最后十年,布迪厄成为众多反政府政策的少数派团体的一个重要的公开支持者(比如参看 Bourdieu 1992d;Bourdieu & Eagleton 1992e;Bourdieu 1993d;1993e;1994b;1994c;Bourdieu & Haake 1995a;Bourdieu et al. 1996c;Bourdieu 1998a;1998b;1998d;2000c;2000e;2000f;2005b[2000];Bourdieu & Wacquant 2000g)。在他去世后的几年里,他的这一面貌越来越清晰,在那些社会团体组织起来反对公共薪金改革的集会中,人们会看到写着"怀念皮埃尔·布迪厄"的标语牌。1995 年,布迪厄宣称将为抵抗新自由主义造成的"文明衰退"而斗争(1998a),对于这一立场,他至死不渝。

## 布迪厄及其智识传统

本节将把视线转移到布迪厄在其中占有一席之地的智识传统上。当然,这其中绝不仅仅关涉某一个传统,对于布迪厄所受的影响,我们既关注宽泛意义上的,也关注相对集中一些的智识传统脉络。布迪厄在智识世界中是一个积极分子,他对各个主要的流派之中的观点及思想既有吸收,也有反对。不过,更为重要的是,我们要尽可能把布迪厄定位在和他的概念工具相关的智识传统中,并阐明其中的基本要素。

在过去的250年当中,法国智识传统是一座富矿。通过那些重要的启蒙运动者和文人墨客,18世纪的启蒙运动为之后所有的欧洲思想打好了地基。并且实际上布迪厄的作品形象和许多激进的改革者是颇为相近的,比如孟德斯鸠、托克维尔,以及伏尔泰。卢梭关于"高贵的野蛮人"的准浪漫主义以及后来由社会人所带来的不平等的起源,这些至少在精神层面上与布迪厄是相近的,后者也关注社会区隔所带来的不平等,以及由此导向的符号暴力。奥古斯特·孔德(1798—1857)首次提出了社会学这个词,他秉承社会法也能够被作为自然法一样对待的信念——这一原则在布迪厄的作品里同样受用。

社会学其他的奠基之父包括马克思、韦伯和涂尔干,在布迪厄的作品中当然也能看到他们思想的回响。

卡尔·马克思(1818—1883)是19世纪反抗资本主义的革命先知,是《共产党宣言》的作者。不过,他同时也是个激进的辩证唯物主义者和关注阶级变更的历史学家。马克斯·韦伯(1864—

1920)的作品是对这一现代世界批评的补充,他的分析路径是关于理念是如何塑造人的行为的。比如,新教的职业伦理在资本主义的发展中扮演了重要的角色。他对传统社会和现代社会均有着笔,并且他认为是潜在的人格特质的反作用带来了社会的发展。最后是埃米尔·涂尔干(1858—1917),他研究不同社会组织所带来的截然不同的道德力量,这最终塑造了不同社会中人们的思想和行为方式。和布迪厄后来所做的一样,涂尔干将传统社会和现代社会并置起来,并以此探索当代世界对人的影响。

我们可以看出布迪厄对于这些社会学前辈思想的汲取是显而易见的(参看 Grenfell 2007,第三章和第四章)。不过,更为重要的还是在布迪厄思想成型期的那几年中萦绕在他周围的最直接的智识氛围。

除了启蒙运动的那些先哲们,1789 年大革命之后一个世纪间的法国哲学,其绝大部分仍然是建立在古典哲学基础之上的。共和国的建立,世俗国家和一系列革命从未彻底抹去法国智识界中的天主教思想。其中很多思想家仍然旗帜鲜明地坚守传统。不过,在 19 世纪后半叶以及 20 世纪前 30 年,一种新的现代性宗教智识开始萌发,比如说夏尔·佩吉(1873—1914)这样的诗人和散文家。这些作者均是受宗教信仰激发,但是受到当时城乡环境中具体的社会使命的引导,他们也一样在探寻宗教信仰的社会行动力。"一切始于神秘主义而终于政治",这是佩吉著名的宣言。到了1930 年代,出现了一场名副其实的宗教知识界的智识运动——所谓的"不从国教者"运动——他们在当时的时事评论中异常活跃;而经济危机、西班牙内战以及共产主义与法西斯主义的兴起都甚嚣尘上(参看 Loubet del Bayle 1969)。这些事件使得智识阶层发生了分化;在面对资本主义危机和道德沦丧互为因果的双重压力下,其中有些人选择拥抱法西斯主义,另一些人则选择了共产主义。

　　1930年代,布迪厄还是个孩子,他还很难受到当时这些作者的影响。不过,到了他智识萌发的时候,大概是1940年代到1950年代,这些作者的影响力依然没有消散。比如说,埃曼纽尔·穆尼耶在"不从国教者"运动中仍然以领袖面貌出现。他将社会宗教的招牌融入了其个人主义哲学当中。个人主义可以被看作建立在净化灵魂的宗教目标之上,但作为一个基督教徒要介入世俗社会,这不是仅仅通过祈祷和礼拜就能完成的。穆尼耶受存在主义传统影响颇深,在作品中他广泛地引用索伦·克尔凯郭尔和卡尔·雅斯贝尔斯的思想。

　　但是,并非只有宗教作家受到了存在主义思想家的启蒙。事实上法国的文坛领袖让-保罗·萨特(1905—1980)本身就是一个存在主义者,但是他有着更多美学方面的追求。萨特在1930年代写了很多重要的作品,而他展现出的形象既是一个戏剧和小说的作者,同时也是哲学家。不过,他被推崇为一个世界级的作家仍然要归功于战争年代。萨特也受到德国存在主义的影响,尤其是马丁·海德格尔和埃德蒙德·胡塞尔,他被视为存在主义在20世纪的继承者,尤其是在《存在与虚无》(1943)出版之后。在战争氛围下,对于生与死的讨论是一个很日常的事件,对于当时大多数法国人来说都是如此,一种关于自由选择的哲学是被热盼的,而实际情况也确实如此。此外,它也迎合了当时的社会解放思潮,比如说,萨特的伴侣波伏瓦的《第二性》(1949)就是关于女性社会地位的著作,这部著作作为早期的女性运动吹响了号角。

22　　存在主义,无论它是宗教的还是关于诸种美学问题的,都提供了一种强调个人与主体的"人的哲学"。尽管与之相对的"客观主义"思潮也存在于战后的法国,比较著名的就是人类学家克劳德·列维-斯特劳斯(1908—2009)的著作。1930年代到1940年代,列维-斯特劳斯耗费了大量时间在未开化的共同体身上,从而发展出了一种崭新的人类学视野,即把文化看作结构性规则的运作形式,它掌控着实践。事实上,他认为其中一些结构运作是与生俱来的,比如说乱伦禁忌与图腾崇拜。

当布迪厄开始学术生涯的时候,上面这两类思想统治着法国智识界。但是,如果要讨论1950年代的布迪厄,那么有些更为复杂的智识流派就需要加入其中。除了存在主义与结构主义人类学,还有现象学——一种"回到事物本身的"的科学——在法国开始成为一种重要的哲学手段,主要代表人物是梅洛-庞蒂,布迪厄曾与他是同窗。此外,随着1950年代的演进,智识思想越来越多地要在政治压力之下思考自身,这主要是由苏联和匈牙利事件等一系列事件带来的后果。萨特自己投入了共产主义的怀抱,并且宣称自己站到了被殖民者的一边,站到了"自由斗士"的阵营里。随后,也就是在1960年代,路易·阿尔都塞通过一种极强的马克思主义的扭结发展出来了一种格局更大的结构主义。在这种结构主义中,跨文化的结构总是资本主义的,而阶级则以主流意识形态的表达为基础。

把布迪厄从1930到1940年代那一代智识潮流中区分出来是很有必要的。对他来说,当时的学院哲学"不是非常吸引人"(Bourdieu *et al.* 1986a:36)。与此同时,存在主义对他来说又是一种"寡淡的人道主义"( Bourdieu *et al.* 1986a:36)。事实上,布迪厄早年在《精神》期刊上发表过文章,而期刊的创始人正是穆尼耶,但是我们也能够很容易的找到他对于这一行为的辩解,当时他还在对自己的基督教信仰根基进行思考,而这在当时很难在他的公共生活中得到界定。非常清楚的是,人类学对于布迪厄来说非常重要。不过,他很多这方面的论述都应被视为对列维-斯特劳斯的"反对",因为布迪厄更强调的是文化的社会结构以及个人裨益于其自身及其家庭的生活策略,他对这些问题的关注要超过对列维-

斯特劳斯观念中实践的先天结构性规则的关注。当他被拽入阿尔及利亚的争端中时,对于这段影响至深的生涯,布迪厄也以现象学的态度来面对。正如上面提到过的,这种影响是至关重要的。他抛开了哲学转而投入了社会学的怀抱,后者在当时还没有什么学术地位,也没有在大学中被广泛地教授,这一情况直到1960年代才有所改变。不过,布迪厄的社会学仍然是非常哲学化的。根据他自己的说法,他个人在智识方面的导师是加斯东·巴什拉(1884—1962)和乔治·康吉莱姆(1904—1995),两者都是科学史方面的哲学家。根据巴什拉的看法,真理在很大程度上并非是事物自身的绝对性表达,或者说科学是作为系统化知识出现的,有赖于关系的设定,而这些关系很大一部分取决于其现实化所处的周边条件。进一步说,我们所表达的总是一种表征(representation),而不是事物本身。与其说是在发现科学事实,倒不如说将一个进程科学化就是去"征服"科学事实,这通常有悖于我们对于世界的惯常视角。康吉莱姆是巴什拉在索邦大学的继任者。他对"真理"与"谬误"的考察方式同样更着重于建构,而非对事实的获知。总的来说,不存在彻底的真实,只存在观看它的方式。

这种对于真实的相对主义看法同样推动了战后法国另一种智识思潮——后现代主义。后现代主义将我们完全带回到了一个世纪转向之中,带回到了法国今日语言学的奠基者费迪南德·德·索绪尔(1875—1913)那里。索绪尔认为字词与其所指物之间的联系实际上是随意的——能指和所指并不是同一的(one and the same)——这个发现带来了当代哲学的"语言学转向"。对于像福柯(1926—1984)这样的法国作家来说,他的博士学位是由康吉莱姆审定的,并且是布迪厄进入法兰西公学院选举时的支持者(更不用说在我们前面提及的布迪厄反对波兰事件的行动中,他也参与其中);还有雅克·德里达(1930—2004),1940年代和1950年代初出茅庐的他是布迪厄的同窗,他的哲学也是关于语言的。人类的所有"话语"都可以被"解构"成语言中可比的片段。

布迪厄所引领的路径与后现代主义相距甚远,他考虑更多的是这种以摧毁概念为代价的路径本身所带来的"危险",在人类的发展历程中很多概念都来之不易。比如,国家、福利国家、真理等。他自己的路径是去发展一种哲学语言——关键概念——这种语言对于日常语言会起到一种矫正的作用,同时也是对生产这些日常话语的隐秘社会进程加以揭示。事实上,1960 年代的社会暴动被看作一种国际层面上的行动,因此对于布迪厄来说这场暴动具有更高的意味。社会学思想的拓展使得社会学先贤的路径得以综合到一起——包括马克思、韦伯和涂尔干。比如说,在《现实的社会建构》( *The Social Construction of Reality*, 1971 ) 一书中,伯格和卢克曼所发展出的认识论就是围绕着马克思主义关于上层建筑和经济基础的概念,韦伯式的合理性以及涂尔干式的知识理论所展开的,将三者糅合进一种"外部的内化与内部的外化"的辩证关系之中——而这也是布迪厄在一定时期内所运用的语言。不过,布迪厄更多倾注的思想是"用马克思反对马克思"、"用韦伯反对韦伯"以及"用涂尔干反对涂尔干",以此发展出一种"实在论的第三条途径"( 2004[ 2001:200 ] )。此后,布迪厄对美国社会学的发展也有评论,主要是关于统计分析方面的偏好以及理性行为理论( RAT ),这些都预示了对个体反应加以界定的雄心( 参看 Bourdieu & Wacquant 1992a:124-6 )。在布迪厄看来,在我们对社会世界的理解中统计学应当作为一种补充,而不应被当作一种"横冲直撞的方法论竞争者"( Bourdieu 1999d )。而且与理性行为理论中所设想的人类不同,事实上人类往往只是被置于一种特定的行为方式当中,因为只有在如此的场域条件下他们才能够发现自己。在这种思路下,用布迪厄自己的话来解释,也就是说他自己的认识论以及随之而来

24

的方法论,其意图是为了将统计学的"客观性"和欧陆的"主体性"传统整合在一起,尤其值得注意的是对于韦伯与涂尔干的重组,以美国社会学家的视角对其适当性进行提纯,同样还有对于比如帕森斯、阿隆、许茨以及现象学的再解读。而或许最为重要的是,这种认识论的"第三条道路"是一种复兴马克思主义实践哲学的企图,而又抛除了其中属于19世纪的政治修辞和共产主义宣传辞令,事实上很多知识分子都曾经陷入其中。实际上,这种方法所代表的就是一种哲学社会学,其自身就构成了一种哲学的社会学,其目的是要成为这样一个学科,它超越了其所处的体制内的限制。

## 总　结

　　本章提供了关于皮埃尔·布迪厄一个独特的生平视角。第1节给出了他生涯中的一些具体的细节:他所经历的主要事件以及他重要的出版物。第2节则描述了布迪厄一生所处的社会历史背景,尤其是当代法国的历史背景。最后,第3节是关于布迪厄周边的智识氛围,以及他在何处、以何种方式投入到智识潮流之中。在这样的生平叙述中,各个"层次"是环环相扣的,从个人和主观到社会和客观。每一个层次都需要在另一个层次中加以理解,用布迪厄经常说的一个词,就是要"领会"(apprehended)。在后面我们读到一系列关键概念时,这些领会将作为我们的重要背景。

# 实践理论

◎ 德里克·罗宾斯

## 导 言

如标题所示,显而易见本章是以布迪厄《实践理论大纲》(Bourdieu 1977b)为核心的,译自《一种实践的理论:关于卡比尔人类学的三个研究》(1972)。在开始评估布迪厄在这个文本中所运用的"理论"之前,我们需要先对他人生前四十年(1930—1970)的社会与智识发展轨迹的一些方面加以阐释。本章也会思考《社会学的技艺》(1968[1991b])的重要性,并且会讨论布迪厄与巴什拉、阿尔都塞和哈贝马斯思想之间的关系。[1]

## 社会与智识发展轨迹

布迪厄通常不愿意过多谈及他的成长经历,而只是在其去世

---

1 关于本章所提及的一些讨论,我非常感激 2007 年到 2008 年欧洲社会学中心在研究基金上的支持,那是一个关于让-克劳德·帕斯隆作品的研究计划。

后出版的《自我分析纲要》(Bourdieu 2007[2004])中,布迪厄才终于清楚地论及他的出身,其中有一些段落描述了他的父母。正如第1章所言,我们知道他的父亲是一个"雇农"的儿子——这类农民拥有土地的使用权,条件是一半的产出归雇主所有——在他30岁的时候,布迪厄出生,他成为一名邮递员,而后成为邮政局长,在贝亚恩地区,他所在的小乡村距离波城南部有20公里远,沿着地平线蔓延开去的比利牛斯山脉就像是贝亚恩地区一望无际的栅栏。布迪厄谈起他的童年经历,将之称为"变节者后裔的变节"(Bourdieu 2007[2004:109])。他的父亲看起来就是一个脱离了农业耕作和体力劳动的"变节者",对于他的阶级出身来说,他是一个变节者、一个逃兵、一个叛徒。据布迪厄所说,他的父亲和终身务农的爷爷、叔叔相比,截然不同。尽管在有假期的农忙时节,他也会去帮把手(原话是"donner des coups de main";Bourdieu 2007[2004:111])。布迪厄还暗示,他的父亲似乎曾深受这种社会区隔之苦。

　　布迪厄的父亲之所以被称为"变节者",是由于他最终成为社会流动阶层,但是在布迪厄的回忆中他的父亲投票给了左派,并且以工会主义者的形象出现在一个非常保守的乡村社群。他的父亲崇拜罗伯斯皮尔,让·饶勒斯,莱昂·布鲁姆和爱德华·赫里欧——他在布迪厄的描述中的形象是:"他想让我看到的是,带有学者气质和共和主义理想的完美典范"(Bourdieu 2007[2004:112])。罗德里克·肯德沃德在《新生:1900年后的法国和法国人》(2005)中认为,饶勒斯堪称20世纪社会主义共和传统的典范,在他的叙述里饶勒斯代表了法国政治中不屈不挠的意识形态幸存者,并最终寄托于密特朗而又不止于此。肯德沃德评价饶勒斯为"理性、公正和人道主义在社会主义代言人中找到了最有说服力的世俗守护者,这就是饶勒斯"(Kedward 2005:13),他继而援引了饶勒斯1903年在法国西南部的阿尔比发表的演讲:"饶勒斯将一种社会合作之中广泛存在的共和美德推向了更富自信的前景中去,这一前景将会'让法律和自由协调一致'并且让人们有能力为他们的自由斗争,而又避免彼此撕裂"[1](Kedward 2005:13)。当布迪厄说到他的父亲希望他能够与饶勒斯式的理念产生共鸣时,他的评论多少有些模棱两可("voulait me faire partager"),因为他并没有说明他的父亲是想让他接受这种理念,还是说参与到这种实践中并对随之而来的机遇和利益进行投机。在这里,布迪厄觉得自己是一个双重的"变节者",他背叛了身为社会流动阶层的父亲的平等主义理念,而更确切地说,他所接受的教育本身不仅与饶勒斯对教育系统的期望背道而驰,也背叛了饶勒斯的追随者,比如他的父亲。

1930年代后期,让·扎伊(Jean Zay)在莱昂·布鲁姆的社会主义政府中担任教育部长,他试图对学校系统进行改革,然而战争打断了这一切(1944年扎伊被民兵组织暗杀),这意味着教育体制的架构很大程度上保持着E.高波洛特(E.Goblot)1930年在《阻隔与等级》(La barrière et le niveau)中所述情形(其中的"师范生"章节曾被布迪厄引用;1971a[1967]):学位的主要功能——只有通过大学预科才能得到——是要"创造一个难以逾越的鸿沟,而所有跨过这一鸿沟的人又被平等地集合在一起"(Goblot 1930:128;引自Talbott 1969:18)。

因此对布迪厄来说,他所体验到的教育是一种旨在弥合社会分化的机制。这种分化一度被语言体系所固化,这体现在布迪厄

28

---

1 Jean Jaurès, 1903, "Discours à la jeunesse", Albi.Reprinted in Cahiers laiques, no. 30, November-December, 1955: 4-11.

在故乡环境中所熟稔的贝亚恩方言与法语大相径庭。[1] 在《自我分析纲要》中布迪厄细致地回忆了他形同囚牢的学校时代,当时他被困在一间偌大的 17 世纪的古典建筑中,有着长长的走廊,然而缺乏隐私藏身之所(Bourdieu 2007[2004:117])。这是一种受管制的存在,布迪厄在回忆录中借用戈夫曼"全面控制机构"将它与其他收容机构类比,比如监狱和精神病院(Bourdieu 2007[2004:119])。教学方法和课程大纲是这种管控精神的冰山一角。布迪厄所采取的进路一开始仍然是古典式的研究,仍然保有教会学校的复古传统。终其一生,布迪厄都熟稔拉丁语,在翻译潘诺夫斯基的《哥特建筑与经院哲学》(*Gothic Architecture and Scholastic Thought*)后所撰写的后记中,他对经院式话语的分析驾轻就熟(Bourdieu 1967b)。因此他借用的"habitus"(习性)这一(拉丁语)概念,从语言层面上来说并没有装腔作势的意思。

在卢瓦克·华康德的访谈中,布迪厄回应说他作为寄宿生的身份使得他对福楼拜的作品感同身受,后者也有类似的经历,同样他也不禁去想是否我们本可以有一种与此相似的补偿性理解能力,能够在社会学层面与他人的不同生活经验产生共鸣(Bourdieu & Wacquant 1992a:205)。不过,我要说的重点比这个说法更正式一点:布迪厄的教育经验将一种持续存在的矛盾潜移默化,这就是客观知识的功能与地位的矛盾。教育本希望成就一种包容的社会,但是事实上却成就了一种别有区分的文化,从而促成了"区隔"(distinction),潜在地让自己凌驾于大众民主化进程之上。而这正是布迪厄和他父亲共同的感受。

1985 年布迪厄与阿克塞尔·霍耐特(当时还是哈贝马斯的研究助手)和其他一些人一起参与了一个访谈,访谈记录后来以"哲

---

1　关于布迪厄对法语被强制为官方语言,以及他关于贝亚恩地区口音的相关评论,参看 Bourdieu 1991a:46-8,68-9 相关部分。

学中的田野工作"为题收入《换而言之》一书当中(Bourdieu 1994d
[1987]),布迪厄在其中讲述了在他求学时曾影响过他的主要智识
思想。正如第1章中所提到的,简单地说,布迪厄声明他受到了一
系列法国哲学和科学史学家的影响,与此同时也对胡塞尔有一定
的研读。这些影响首先反映在他攻读高等专业研究文凭(diplôme
d'études supérieures)的论文中,他是在亨利·古耶(Henri Gouhier,
哲学史学家)的指导下进行写作的,文章是关于莱布尼茨对笛卡尔
《哲学原理》中一些基础部分批评的译介和评论(第一部分题为
"论人类知识的原理",第二部分题为"论物质事物的原理")[1]。而
后这些影响又反映在他的博士论文题目的拟定上。布迪厄曾拟定
标题:"情感生活的现时结构"(Les structures temporelles de la vie
affective[the temporal structures of affective life]),由康吉莱姆指导,
但并未继续完稿。我们暂且可以说布迪厄对哲学知识的研读是对
两位前康德时期理性主义者的细致思考,一个是莱布尼茨,一个是
笛卡尔,两者在不同的路径上寻求如何通过调和各种学术性思想
遗产来保留形而上学,在这个目标上他们求助于一种先验理性,并
基于实证观察与经验来完成新兴科学的知识理论诉求。布迪厄提
到的对他产生重大影响的人物很多都来自科学史和科学哲学领
域——迪昂、柯瓦雷、弗莱芒(Vuillemin)、巴什拉、格罗
(Guéroult)——这些人的思想都被视为与康德有着同样的问题范
畴,也就是关于理性主义者和经验主义者之间的冲突问题。在布
迪厄的"批判"哲学中,关于我们外部世界的知识就建基于此,需要
适应并从属于科学。

　　康德在《纯粹理性批判》(1781年第一版,1787年第二版)著名
的前言中写道:

---

1　布迪厄的译本与评论并没有出版,不过可参看 Leibniz 2001, P. Schrecker
　　(trans.):30-159 的拉丁文与法文文本。

尽管我们一切的认识都始于经验,但是这不意味着我们的认识全部由经验带来。因为很有可能我们的经验认识是由我们的认知错误所带来的印象而构造的……是印象的自我输出。

(Kant 1997:136)

在后康德主义以及新康德主义中,极端的理性主义与经验主义开始和解,19世纪的人们开始争论"认知能力"(cognitive faculty)是一种普遍性和非历史性(a-historical)的逻辑进程,还是一种特定的历史性的心理特征。巴什拉试图说明科学进步来自对假说的证明和建构,也就是他所说的"应用理性主义"(applied rationalism)。他发展出了一套"历史性的认识论",这种理论强调理性与观察之间的辩证法,这种辩证法是工具性的,并且理性的建构始终是一种经济条件与社会变革之中的历史性偶发。而另一方面,卡西尔则开始强调对于科学哲学来说,康德的《判断力批判》要比《纯粹理性批判》更为重要,并以此发展出一种符号形式的哲学,这种哲学旨在描述那些彼此竞争的话语的历史性发生——神话、艺术、宗教、哲学以及科学——它们更多的是先验判断的具身显灵,而非一种先验纯粹理性之中的普遍性特征的浓缩。1

对于新康德主义来说,哲学和认识论事实上成了同义词。年轻的埃曼纽尔·列维纳斯在1928年到1929年求学于弗莱堡,在那里他聆听了海德格尔的课程。1930年,列维纳斯出版了第一部关于胡塞尔的法语研究——《胡塞尔现象学中的直观理论》(Levinas 1973[1930])。他认为,胡塞尔和海德格尔的成就在于他们重申了本体论的哲学首要性——存在的哲学——并且作为先驱,他们试图从认识论理解的束缚中将存在的经验解放出来。列

---

1　关于布迪厄、卡西尔与康德进一步的讨论,可参看本书第2部分第6章,Robbins 2006a;2006b。

维纳斯称这种认识论方法为"自然主义",并以下述方式解释他的意思：

> ……自然主义对整个存在的感知是基于物质事物的模型。它领悟这种显现的、对于整个存在的揭示的方式，并以此领悟一个物质事物的存在方式。

> （Levinas 1973［1930］:12）

胡塞尔现象学在一开始就拒斥了心理主义，并且期望在科学思维的基础上分析逻辑本身。胡塞尔早期的先验现象学可以被视为康德先验观念论的一种拓展，因此是站在新康德主义马堡学派的那些心理主义者（包括瑙托尔普、柯亨和卡西尔）的对立面的。然而，在拒斥自然主义的认识论传统这个问题上，胡塞尔又是独特的。在胡塞尔《观念1》的译本中，保罗·利科提供了一篇详尽的介绍，那正是在1950年，布迪厄开始在巴黎高师学习的时候。利科的哲学释经力图对胡塞尔的先验观念论进行辨析，力图将其与笛卡尔的先验主义和康德先验观念论区分开来。利科说道：

31

> 胡塞尔的"问题"……并非是康德的问题；康德所提出的问题是关于感知之可能性的客观有效性，这也就是为什么他仍然停留在一种对自然持保留态度的框架之中……胡塞尔的问题……是关于世界的本源……如果你愿意，可以这样认为，即他的问题是暗藏在神话、宗教、神学以及本体论中，而这个问题还没有被科学地阐明。

> （Husserl, int. Ricoeur 1950: xxvii-xxviii）

与此同时，布迪厄正在阅读关于康德批判哲学的一系列讨论，意图得到一种科学哲学上的解释，利科对胡塞尔的阐释为布迪厄已经意识到的问题开启了一种解决的可能：胡塞尔的著作对于分析康德主义的先验论基础可以提供帮助。现象学不是被当作另外一种哲学来理解,而是一种可以用来分析一切思想模式的方法,同样也包括哲学模式。这就是布迪厄最原初的"反思",或者更确切地说,他用"认识论断裂"这个思想来剖析一切基于社会之"客观性"的社会性本源。这种对胡塞尔的解释——我们在利奥塔于1954年对现象学的引介中也能够发现这一点(不过布迪厄从来没引用过)——使得布迪厄在胡塞尔的遗产与其所受的来自巴什拉关于"历史性的认识论"之科学方法的理论影响之间建立了联系。

## 1960 年代布迪厄的成果

　　至此我们可以尝试为布迪厄在 1960 年代伊始,在其所处的智识定位上所具有的一些主要思想成分作一个解释性的归纳。这一部分的讲述并不完全,因为有一些我们暂不提及,比如说他在统计学和民族志层面上的研究(这是他在 1950 年代的阿尔及利亚的工作);来自美国文化适应理论家著作的影响[1];列维-斯特劳斯的影响(主要表现在布迪厄基于人类学话语所做的研究);总的来说就是不包括布迪厄在阿尔及利亚时期社会运动中所感到的焦虑,这种焦虑并非是一种殖民"目光"的表现(参看第 2 章)。不过,这一时期的主要议题还是很清晰的。布迪厄此时感受到了法国教育体系强大的社会功能,正如 19 世纪末第三共和国的革新者们所设想的那样,但它被滥用了。知识的获取已经开始成为一种社会分离机制,而非致力于团结。他希望学校教育能够成为一种社会融合的机制。通过他自身的经历,早在他致力于教育社会学之前,布迪厄就形成了对教育知识的社会化理解。随着他基于教育系统所取

32

---

1　对于这种影响的一些思考,参看《构架布迪厄》( Framing Bourdieu; Robbins 2007)。

得的智识上的进展,他开始对知识本身的哲学与历史产生了哲学层面上的兴趣,特别是他想要从自 17 世纪到 18 世纪理性主义与经验主义之间的认识论辩驳中找出 20 世纪思想的来源。与此同时,随着他越来越倾向于理性主义和"建构主义"的定位,反对科学方法论中粗糙的经验主义和实证主义,在他对胡塞尔著作兴趣的引导下,布迪厄希望在"生活世界"中建构科学实践的基础,并对自我实现、自我合法化的客观性话语的自治提出质疑。在科学的实践当中,布迪厄对科学发现的逻辑以及科学阐释的逻辑尤为感兴趣,但是一种由胡塞尔和海德格尔混合而来的影响让布迪厄产生了一种期望,即理解认识论之本体论基础,以及去制定一种他所说的科学的社会逻辑(坚持一种基于"社会-语言"[socio-logic]分析的必要性,而不是抽象的社会语言学[sociolinguistics])。[1]

在 1960 年到 1961 年这一年时间里,布迪厄与让-克劳德·帕斯隆从阿尔及利亚回来还不久,雷蒙·阿隆在 1955 年就被任命为索邦大学的社会学教授,并且已经开始教授现代社会结构和工业社会方面的课程。社会学在 1958 年到 1959 年才正式成为被认可的学科,并开始发挥重要影响。阿隆致力于推进经验性的研究,这与他已经进行过理论性讨论的主题息息相关,他同时也致力于巩固社会学作为一个学科的独立地位。他任命帕斯隆作为他的研究助理,并且创立了欧洲社会学中心,布迪厄被这个组织聘用为秘书。布迪厄和帕斯隆有着相似的背景经历。他俩都是农村出身,在学校经历过相似的社会分化过程,都进入了巴黎高师学习哲学,而后被派遣到阿尔及利亚服兵役。他们一起为该中心发展出了一套研究程式,这一套程式能够用来探究社会流动现象,同样也能用来分析大众文化。在 1960 年代,是布迪厄和帕斯隆一起发展出了

---

1    参看 Bourdieu 1990c;Bourdieu 1982b,若干章节。

许多布迪厄后来所运用的社会学"关键"概念,比较著名的如"文化资本"、"习性"和"场域"。这一时期这些概念性的发明还没有被更为细致的运用,更多的意义在于这些概念为社会学这个领域大门的打开提供了佐证。布迪厄和帕斯隆当时着手于实现其导师阿隆的意愿,把一个学科规范化,并且附带地建立起了一种自主的概念话语。不过他们1960年代所有的实践工作证明了他们对于社会科学认识论的兴趣也从未消退。在《国家精英》(Bourdieu & Passeron 1979b[1964])和《再生产》(Bourdieu & Passeron 1977a[1970])这些他们一同完成的作品中,展现出一种对于实践进程一丝不苟的记录,从研究问题(发现问题)的提出直至研究结果(解释或理解)的呈现。这隐含的说明,他们的兴趣始终都在归纳与演绎之间的关系之上,并且专注于他们所发现的东西是否揭示了一种现象之间的因果性关系,还是说仅仅表现了一种预设的倾向,一种先验的逻辑联系。布迪厄在1966年《智识场域与创造性工程》(参看1971c)中,发展了一种基于物理学力场的类比(参看第4章),用来显示个体的智识生产,无论是艺术家还是科学家,他们作品的散播状态都被场域进行着变动不居的建构,这有赖于我们所质询的场域的社会自治程度。一年以后,布迪厄和帕斯隆出版了《1945年以来法国的社会学与哲学:一种去主体化哲学之死与复活》(Bourdieu & Passeron 1967a),在其中他们一方面不遗余力的对当代美国的"新实证主义"进行批评,另一方面还将他们自己独具创造性的社会学计划纳入"二战"后法国智识界的场域中。在之后的一年,布迪厄出版了《结构主义与社会知识理论》(Bourdieu 1968),在其中他如标题所示的探讨了社会学家应当更加留意去承认他们的认知与观察的认识论地位,而非抽象地发展出一套"社会性理论"或者关于社会的理论。这一主题在当年要承担相当的风险,也被归入研究团体的集体名下,它仍然可被看作阿隆意图的实现,虽然这种潜藏的关于社会科学的哲学再也不与之同道了。

同样在 1968 年,这一年《社会学的技艺》(Bourdieu *et al.* 1991b [1968])被设计为一部学生研究手册。像其他学科一样,它认为社会学需要建立自己的认识共同体("场域"),并且它还主张一种关于一系列社会学实践的可定义性与统一性,这是可以从那些经典的"社会学家"的实践中提炼出来的(最明显就是涂尔干、韦伯与马克思),而不必过多考虑他们之间的差异。被提炼出来的是一个方法论的蓝图,它始于巴什拉。这部手册的副标题是"认识论的预备",这个主题被放在两个部分来呈现,第一个是"认识论与方法论"的介绍性讨论,第二个是关于"例证材料"的收集。在第一部分,布迪厄紧密地参照巴什拉早前的解释:

> 正如加斯东·巴什拉毕生的著作所示,认识论不同于抽象的方法论,它总是力图抓住错误的逻辑,从而相对地建立起关于真理探索的逻辑,以此来与错误相抗衡,并且它还服从于一种近似真理的科学,这种方法本身则是一种井然有序的、永恒的矫正……但是这种科学理性的好斗行为是无法尽其所能的,除非"科学思想的心理分析"凭借一种社会条件的分析得以更进一步,正是在这里产生了社会学的工作。

> (Bourdieu *et al.* 1991b:3)

介绍章节的第三部分的副标题是"实用理性主义"(Applied Rationalism),这是非常直接地站到了巴什拉在他的《实用理性主义》(1949)一书中所采用的观点一边。这种精心发展而来的统一程式源自巴什拉——"社会性事实是被赢得的、建构的,以及认证的",关涉一种"认识论活动的层级"(Bourdieu *et al.* 1991b:57)。第二部分的范例文本是从康吉莱姆在巴什拉去世后为他写的悼文中提取出来的,并且也是从《实用理性主义》中引出的。编者对两段

引文都作了简介。在第一个问题上,编者强调了巴什拉方法中的
两个基本要素:

> 认识论拒斥一种不可分的理性的那种形式主义和固化
> 论,而热衷于理性的多元主义,这与其对科学领域的合理化紧
> 密相联。通过把"试错的理论优先性"(theoretical primacy of
> error)作为首要公理,这种认识论将知识的进展界定于一种不
> 断的矫正之中。
>
> (Bourdieu *et al*. 1991b:81)

社会科学实践必须是多元主义和持续的。有一些质疑的看法
对布迪厄极端苛责,这些看法试图把布迪厄的工作去语境化,对他
35　在集体行动中有意识的参与视而不见,并且"僵化"(fixing)地理解
其概念产生的历史性,从而就产生了一系列肤浅而又大而化之的
歪曲。在第二个问题上,通过对巴什拉的引用,编者概括了他所说
的"三重自省"是什么意思:

> 第一重自省——对预料之中的作好准备,对预料之外的
> 保持警戒——保持一种经验主义者的思考姿态。第二重自省
> 是当预先给出了某种方法论的时候,要对方法论本身保持一
> 种方法上的警觉,根本上说就是一种方法应用的方法论……
> 只有在第三重自省中,认识论上的质询才会出场,并从"方法
> 的绝对"之中断裂出来————一种"理性的审查",从传统文化的
> 绝对性谬误中解放出来,而这一点即使在第二重自省中可能
> 仍然有所保留。
>
> (Bourdieu *et al*. 1991b:87)

这里所呈现出的"认识论活动的层级"很显然与需求"认识论
断裂"的主张密不可分。

## 《实践理论大纲》

我所阐释的这些早期对布迪厄产生综合影响的思想，其产生的效应在 1960 年代日益增长，而布迪厄开始感到自己被一种单一化的、体制化的话语所束缚，这些思想被纳入了学术场域，并且成为一种"智识"，他已经背弃了自己最初的、本土的或者说他在贝亚恩地区成长中的最切身的经验，而这种经验他在阿尔及利亚卡比尔人那里也观察到了。在 1972 年，他重新审视早期关于阿尔及利亚的研究，他想要运用巴什拉的方式在上面提到的第二重自省的层面上超越他早期的作品，将其在社会学层面"定位"于他所采取的欧洲中心论的结构主义分析。他想要通过这种重新审视确保他当下的实践并非是一种内省的、特质鲜明的社会学认识共同体的自我指涉，以至于成为走向僵化的一个环节。反之，他希望他带来的是一种逆向转化者式的行动，这种行动通过将学院式的客观性相对主义化，以此来解放原初经验。这一尝试是意义重大的，通过返回他早期的人类学视角以及胡塞尔的思想，布迪厄试图超越他在 1960 年代的社会学实践。巴什拉的思想工具是为了保卫一种"历史性的认识论"，而这些思想工具最终会被化入现象学还原的进程。 36

体现布迪厄这方面的改进最关键的文本，毫无疑问就是 1973 年取自《实践理论大纲》之中单独翻译出版的篇章，出版时被命名为"三种理论知识的模式"（*The Three Forms of Theoretical Knowledge*）。在《实践理论大纲》（Bourdieu 1977b）英文版中，其副标题为"从模式机制到策略辩证"（From the mechanics of the model to the dialectic of strategies）。这一文本是高度浓缩的，必须在充分地理解之后才能征引，但是我们还是可以提炼出布迪厄的思想递进：

　　社会世界大概处于三种理论知识模式的视野之下,每一个都隐含着(通常是心照不宣的)一套人类学命题。尽管这些知识模式严格来说并不互相排斥,并且都可以被描述为一种辩证的时刻,借以走向充足的知识,但是它们真正唯一的共通性,就是事实上它们都站在实践知识的对立面。而我们称为现象学的那种知识……是用来阐释一种关于社会世界的原初经验的真……而我们称为客观主义的……是用来建构客观性的关系……是结构化了的实践或者说实践的表征……最后,这里意谓的是第二重断裂,我们需要这重断裂是为了把握知识的客观主义的局限性——并且把理论的理论以及实践的理论澄明出来,(在其实践的立场上)铭刻在知识的模式当中,由此才能将我们从中所得融入更为充分的实践科学。

(Bourdieu 1977b:3)

　　布迪厄用巴什拉的学说来谈论自己的方法,在他的方法中,对于那些将实践理论化的人来说,理论必须被用来恢复实践自身,这样一来理论本身就成为一种实践,对社会性行动有所激励——社会学家的实践或者说技艺是作为多元社会中实践者的一员,与众多实践者别无二致。


## 总　结

　　总的来说,澄清布迪厄所说的“实践的理论”是可能的。我们可以通过援引与其对立的理论,比如说哈贝马斯给出的那种理论;同样也可以对比阿尔都塞的一些观点。

37　　我在前面已经提到了1985年在巴黎的那次由布迪厄和三名德国采访者——A.霍耐特,H.柯西巴(H.Kocyba)和B.斯维伯斯

(B.Schwibs)所组织的访谈("哲学中的场域工作";参看 Bourdieu
1994d[1987]),对于探索社会科学所属的两种哲学传统的对抗来
说,这次访谈是一个理想的案例。在《符号形式的碎片化世界》
(Honneth 1986[1984])中,霍耐特认定布迪厄的路径是与列维-斯
特劳斯的那种"结构主义"决裂的。我们已经看到布迪厄的人类学
研究使得他对结构主义充满了怀疑,霍耐特评论说这些研究"为他
提供了发展自己观念的动力,他所走向的领域也就是回到社会科
学的功能主义,而这正是列维-斯特劳斯所反对的"(Honneth, in
Robbins 2000, vol. 3:4)。不过霍耐特所没有注意到的是,布迪厄
远离了结构主义,而走向了另外的道路,即把行动者理解为理论
生成中的行动者自身,而不是那些解释客观存在的学院派社会哲
学家。正如布迪厄在 1985 年的访谈中对霍耐特的回应所说的
那样:

> 我开始怀疑科学主义与客观主义分析的特权地位(比如
> 说谱系学研究),就在我与诸多事例的本土视野相周旋的时
> 候,我怀疑那可能只是一种固有的职业意识形态。简单地说,
> 我想要摒弃那种学院人类学家的固有立场,他们总是预先制
> 订计划、进行沙盘推演、绘制表格与谱系。对于人类学家研究
> 程序中的客观主义立场来说,这些不仅是不容置疑的,也是必
> 不可少的。但是你也不应该忘记对于社会世界来说,还有另
> 一种可能的关系,比如说行动者确实会被市场所影响——这
> 是我有兴趣去描绘的层面。一个研究者必须因此描绘出关于
> 这种"非理论性"的理论,尤其是在社会世界中最为切实的
> (down-to-earth)那些关系,也就是日常经验中的那些关系,并
> 且也必须建立起关于这种理论的关系性理论,一种关于所有
> 这些意涵的理论。它起始于一种对于实践从属性关系的打破
> 以及一种直接的投入(investment),而这种理论最终会被转化

进一种遗世独立的、超然的关系当中,而这正是科学家所处的位置。

(Bourdieu 1994d:20-1)

在回应更进一步的疑问时,布迪厄同样强调了他并非意图生产出一种关于"实践"(praxis)的理论:

38　　　　我真的必须指出,我从来不曾使用什么关于实践的概念,至少在法国是如此,我从来没有意图创造什么宏大的令人眩目的理论性——那会是相当矛盾的——我也不曾让人们想到那些时髦的马克思主义者、青年马克思、法兰克福学派、南斯拉夫马克思主义……我从来都只是如此单纯的谈论实践(practice)。

(Bourdieu 1994d:22)

在这些回应中,布迪厄清楚地澄清了他所谓实践的理论不是什么,但是鉴于他拒绝与马克思主义发生任何干系,他没有承认他的观点与阿尔都塞在1960年代所表达的那些观点之间的相近性。这些观点被集结成《读〈资本论〉》,内容来自巴黎高师在1965年上半年开设的研讨班。在介绍性章节"从《资本论》到马克思的哲学"中,阿尔都塞谈到他所关注的基本问题(而且他多是引用马克思主义者细致的解释)是"对存在于思想之外现实世界之中的现实客体的认识论把握,它是通过何种整体性思考的知识进程机制才被生产出来的?"(Althusser & Balibar 1970:56)。这同样也是布迪厄的基本问题。在《读〈资本论〉》第二部分的前言中,阿尔都塞为他以及他的同事们的讨论被视为"结构主义"而感到遗憾。他希望能够把他对于结构主义的客观性态度确证为一种"理论主义"的模式。再一次地,他又分享了布迪厄的立场。无论如何,阿尔都塞承认他的议题之一就是他积极地"表达了一种确实的'理论主义'的倾向"。他继续说道:

更确切地说,把哲学界定为一种理论实践的理论……这是一种一厢情愿的努力,因此也是不甚准确的。在这个层面上,并不仅仅存在着目的论上的不置可否,就连概念本身也会成问题。在一个单边的路径上把哲学定义为一种关于理论实践的大理论(Theory)(以至于最终成为一种关于实践差异的大理论),这是一种程式化,它是毫无帮助的,并且其所激发的效果与回响,要么是"投机性的"(speculative),要么是"实证主义的"。

(Althusser & Balibar 1970:8)

虽然思想与社会现实之间的关系是阿尔都塞与布迪厄共同关心的问题,但是我们可以这样说,布迪厄意识到阿尔都塞对理论和实践的哲学化尝试是一种冒险。布迪厄给出了一种关于实践的实践性理论,这意味着他能够采用巴什拉的认识论断裂来将所有的实践主题化,包括他自己的社会学实践,这样一来在一个不同的层面上,他就得以进入社会学自省的第三阶段。

布迪厄对于社会科学研究独特的哲学路径在阿尔弗雷德·许茨和阿隆·古尔维奇的著作中能够得到进一步的例证。这两位"被放逐的哲学家"[1]也都意识到他们致力于发展的现象学社会学也许是不同的,但确实是具有互补性的。

1932年,许茨在维也纳出版了《社会世界的意义构成》,这部著作于1960年在德国原样再版,并于1967年出版英文版《社会世界的现象学》。在早期文本中,许茨力图通过将所谓的"理想型"(ideal-type)作为一种探索工具,从韦伯对于社会行动者"有意义的行动"的分析成果中提炼出一种研究方法。通过潜在的借用胡塞尔与柏格森关于时间的作品,许茨寻求在我们行动的内在意识与

---

1　参看两者的书信题头(1939—1959),格拉瑟夫(Grathoff)的英文版出版于1989年。

客观理解之间直接作出区分,这种区分源于社会的客观性。他过着一种分裂的生活,在他的整个成年生涯中,在白天他都是一个银行业者,而在晚上他则成为一个哲学家。他最主要的兴趣就是给出一种关于社会活动的现象学社会学。尽管他在哲学上并不完全赞同韦伯所谓的"理想型",但是他还是在功能上保留了韦伯所给出的思想与行为之间的二元性,这种二元性在作为职业的"科学"与"政治"之间得以表达。许茨热衷于重新思考社会活动,但却不包括关于活动本身的思想。

古尔维奇是一位立陶宛犹太人,曾经求学于德国,而后在1933年移居法国,并在1940年移居美国。他于1937年在巴黎所作的讲座受到了莫里斯·梅洛-庞蒂的关注。在1920年代和1930年代,他学习格式塔心理学,并且开始对认知、知觉以及意识问题发生兴趣。梅洛-庞蒂于1945年出版的《知觉现象学》使他获益匪浅,并基于这部书进行了十年的研究,于1957年出版了他的成果。他的《意识场理论》(*Théorie du champ de la conscience*, 1957)于1964年被英译为《意识场》(*The Field of Consciousness*)。

许茨与古尔维奇都试图在诸多主体性社会活动看似无法融合的对立之间,挖掘出他们所描述的那种暗道[1]——前者是通过活动中的关系,而后者则是通过知觉中的关系——我想要特别指出的是[2],在1960年代后半叶到1970年代前半叶,布迪厄正是试图将这两者融合起来以发展出自己的思想。布迪厄当时也承认曾经受到过梅洛-庞蒂和胡塞尔的影响。最明显的证据是,在1966年他写作了(和J.D.雷纳德[J.D.Reynaud])《一种行动的社会学是可能的

40

---

1　参看 Grathoff 1989:75。

2　我正在对这一看法进行更为深入的论证,有一篇关于布迪厄和现象学的文章已经以法语于2012/3年发表在《城邦》(*Cités*)上,而且我还希望能够对这一问题进行进一步的探讨,并且作为我的《法国战后社会理论:国际知识转型》(*French Post-War Social Theory: International Knowledge Transfer*)之中补充性的一个章节。

吗?》(Bourdieu & Reynaud 1974[1966]),以及作于1968年的《艺术知觉的社会学理论大纲》(Bourdieu 1968b[1968])。此后他又写了一些关于韦伯的文章(Bourdieu 1987b[1971],以及 Bourdieu 1991d[1971]),这些文章都是后来《实践理论大纲》(1972)中"三种理论知识的模式"和"策略性行为"(strategic action)概念的先声。布迪厄可以说完成了对许茨与古尔维奇的桥接工程。被社会建构了的行为往往基于一种内在的、被社会建构了的思想,而关于这种思想的理论正是布迪厄所一直致力于达成的目标。

# 第 2 部分

# 场域理论：超越主观性与客观性

　　社会科学中所分化出的主观主义与客观主义之间的"对立"一直是布迪厄著作中的一个讨论立足点，他认为这是"最为基础性的，也是最具有毁灭性的"（1990c：25）。他进而把这种对立称为一种"知识模式"，并且主张超越两者的敌对关系，同时又保留两者之间的互惠。对于理解社会世界来说，两者都是基础性的，但是两者各自又只是提供了一种单边的认识论。世界不可能被化约到现象学或者社会物理学的层面，因此主客观两者必须被用来建构一种真正的"实践的理论"（theory of practice）。本书的这一部分将会呈现出关于这一工程的那些关键性的基础概念。

　　正如我们在第 1 部分所看到的，布迪厄的"实践的理论"的轨迹可以回溯到他据以确立自身思想的智识传统与当代环境当中，同样也与他早期的田野经验密切相关。在之前的章节中，我们已经在法国智识思想的领域中谈论了这些，至少在 1940 年代到 1950 年代，法国的智识思想是被两种对立的传统塑造的——结构主义与存在主义——两者分别被视为客观主义与主观主义传统的代表。结构主义来源于人类学，最具代表性的就是列维-斯特劳斯的著作，他往往专注于多样的、异族的文化。而主观主义的传统则更多是基于哲学的，它根植于克尔凯郭尔、胡塞尔和海德格尔的德国

哲学,并且更关注人的自由问题——由于"二战"带来的体验,这个
主题对法国人来说显得更加迫切。对这一问题的极端简化形成了
一场争夺,在关于人类行为的不同视角的争论上,两种对立的传统
在基础上就截然有别。一方面,人类学传统认为决定个人习性的
决定因素在于某种社会法则(rules)的建立。比方说,存在关于一
个人是否能够与他人结婚的法则——如乱伦禁忌——同样,文化
的预设还关系到什么被视为神圣的,什么被视为世俗的。另一方
面,存在主义传统把个人选择和作出决断作为优先考虑的依据,它
们是人类自由最彻底的行动。在这种精神下,人们在他们作出选
择时之所以是自由的,是因为他们接受自己所采取的反应和决定
所带来的后果。然而,在布迪厄早期于贝亚恩和阿尔及利亚的观
察中(例如,参看 Bourdieu 1958;1962b;Bourdieu *et al.* 1963;
Bourdieu 2002b),两种传统都无法给出很好的解释。在法国乡村,
有事实上的关于婚姻的"法则"用来规定年轻男女是否应当结婚。
虽然这种"法则"并非总是被应用,或者至少在解释上有一定的变
通空间。不过,它也明显不是个人的"自由选择",因为人们在是否
可以结婚的问题上还是被限制的。在阿尔及利亚也同样有类似的
情况,虽然其文化传统与法国乡村截然不同,但是它们背后的基本
问题则是相似的。对于布迪厄来说逐渐清晰的是,关于任何一个
人结婚的社会议题会带来什么样的社会后果,这依赖于社会整体
中一系列的个人条件及其身处的语境状况。而思考这一问题的最
好方法并非探寻一种制约个人选择的法则,而是要探寻一种"策
略"。换句话说,当一个个体无法自由单纯地遵从自己的个人意志
和意识来行事,那么所谓法则就既有直截了当的层面,同时也是一
种有意识的运用,而这只有在具体实践中才能显露出来。更有甚
者,个体的行动往往是一种无意识的利益算计的呈现——虽然只
是象征性的(至少在一开始是这样)——而一种策略性的定位总是

寓于个体尽其所能在最大限度上得以把控的社会空间之中。布迪厄需要一种理论方式来把握这种混杂的活动，它来自一种由社会性塑造而来的策略，但却又是由个体建构，由个人实践的，而后被规范为一般性的趋向。

布迪厄"实践的理论"的发展来源于对田野记录的理解，这些记录均来自经验性研究；先是在阿尔及利亚和贝亚恩，而后是对于1960年代教育与文化的研究。这种实践的理论基于一种他所说的"本体论共谋"（ontological complicity），这种共谋发生在客观结构与内在结构之间。他理论的科学基础就是两者之间的"协同"这一朴素的事实：与个体相关的，一方面是物质的，另一方面是社会世界。万事万物均处于这种联系之中：观念、感觉和思想的基本结构——一种在人类与现象之间建立起来的复数的张力联系[1]，它既是物质的，也是观念的，通过这种结构之间的联系，双方才能进入一种互动关系中。关于这个世界我们所知道的每件事，它们的建立与发展都是基于知觉的个体行动所带来的结果。而这些结构所界定出的原则，它们的预先架构及其展开都诉诸蕴藏在社会领域之中的各种各样的分异逻辑。换句话说，这种原则并不存在于柏拉图主义那种价值中立的现实当中，而是由那些已然预判价值的事物生产和推动的，这些已有的价值寄于现状当中，又或是在那些浮现出来的社会形式当中。这种现象学的结构关系产生于境遇性的结构状况之中，它为思想与行动提供了客观的引导法则——也就是如何行事的方式。

在布迪厄"实践的理论"中，这些主客观的基础性问题在他对文化的理解中同样能得到确证。布迪厄论述了两种文化研究的传统：结构主义传统与功能主义传统（Bourdieu 1968）。结构主义传

45

---

1　这个"复数"是用来提醒我们此处的意向性设置了一个"结构"，位于感知者与被感知物之间。

统把文化视为交流与知识的工具,它基于一种对世界的基本共识(比如,列维-斯特劳斯的人类学)。而另一方面,功能主义传统把人类所规范出的知识视为社会基础之上的产物。涂尔干和马克思的社会学都属于第二种传统,而且两者所关注的是社会结构之中观念形式的发生问题——物质的、经济的、组织性的——只不过他们一个是实证主义者,一个是激进批判主义者。正如之前提到过的,布迪厄对这两种传统都有批判。对于布迪厄来说,第一种传统太过于静态了:完型结构(structured structures)被作为一种共时性形式,往往基于原始社会。而第二种传统则把意识形态具体化了——作为一种建构中的结构(structuring structure)——从而把主导阶级的意识形态暴露在批判传统之下,或者以一种实证主义者的立场维持一种社会控制。通过将结构视为一种符号系统,布迪厄通过对结构的分析将那些隐含的主导原则或者说实践逻辑揭示出来,结构性的力量正来源于此,如此一来两种传统就在他的分析中得到了调和;简单地说,一种关于结构的理论,它既是完型的(因功能而生效,因此也是向客观性开放的),同时也是处于建构之中的(依规则而行事,因此同时也产生思想与行动)。

正如第1章所指出的,布迪厄在一系列的"断裂"中开启了自己的道路。

46　　首先,他想要从实践的、经验性的知识中"断裂"——这些缄默的知识引导着个体的行动,并将其放入某种确定的方式中——从而揭示这些行动之下潜在的生成原则。其次,上面我们所描述的将主观主义与客观主义教条化的传统,布迪厄试图与其决裂,而这在他看来是一种从事社会科学研究的一般途径。偏重于其中任何一者都会在构建一种确实的(或者歪曲的)关于社会世界的解释时忽略另一方的重要意义。这种断裂所带来的是这样一种可能性:"一种关于客观性结构之间辩证关系的科学……而主观性也伴随其发生作用,从而实现了这些结构的潜在性,并意图对其进行再生产"(Bourdieu 1977b:3)。所有的社会结构——无论是主观的还是客观的——对于布迪厄来说都是具有共通性的,并且都同样被社会性所界定的原则建构而来。因此,对同样的结构性关系的运作方式加以分析也是完全可能的,无论是通过对组织结构的研究,通过思想与实践,还是通过它们彼此建构的途径,无论是对于社会层面还是个体层面来说都是如此。最后,布迪厄与"理论性知识"(theoretical knowledge)本身决裂——无论是主观主义的还是客观主义的——因为它们都只倾向于抽象的事实,用布迪厄从马克思那里借用来的话说,就是倾向于"以事物的逻辑混淆逻辑的事物"。对布迪厄来说,在任何理论性分析中未加分析的正是理论家自身与社会世界之间的关系,而所谓社会的客观性状况也就建基于这种关系之上。对这种关系分析上的缺席导致了一系列"中间派知识分子"(intellectual-centrism)的出现。而理论家自身的主体性位置显然在分析活动中是首要的,即"关于'知识主体'之知识的科学实践,对于一切理论性知识的内在局限来说都是一种基础性的批判知识,在主观主义与客观主义两方面皆是如此"(1990c:27)。

关于这个问题的一些基础性成分仍然与那些社会学创始者们所坚持的原则性观念息息相关。比如说,韦伯所理解的社会现实即由人类表义所带来的持续性建构,涂尔干把握人类活动的途径则是将其视为具有"自身物性"(choseité)的存在者,作为两种用以对抗个人化的观念,它们都是正确的。他们都分别试图厘清社会现象中所蕴含的主观性基础与客观性事实,并以此导向主观性及其对象之间的辩证关系。同样的,马克思也写到传统唯物主义的缺陷在于,对于它来说外部世界——客体、现实、感官质料——都只是被视为直觉之中的客体,而非处于"具体的人类活动中"或者实践之中的对象。这就是马克思在《关于费尔巴哈的提纲》中采取的讨论途径:"行为一方是由唯心主义发展出来的,这确与唯物主义相对立——但是仅仅在一种抽象的层面上我们才这么说,因为唯心主义自然对这种真正具体的行为是一无所知的"(引自Bourdieu 1977b:ⅵ)。因此,如何在一开始就处理好这一对立,这在布迪厄看来是非常基础性的问题,如果处理不当,其后果也将是"灾难性"的。

　　正如第1部分所提到的,布迪厄的途径也与巴什拉和康吉莱姆这样的作者的思想关系紧密。比如说,我们建构知识的方式才是重中之重,尤其是关于关系性与主观性思考之间的纠葛。由于主观性的缘故,无论是集合、个体、行动还是预设都被视为具有一些潜在的性质(properties);而同时由于关系性的缘故,这些范畴又只能在彼此之间的关系之中才能被视为是可定义的(参看Bourdieu 1998c[1994]:4)。而布迪厄关于实践的理论根本上还是关系性的。主观性与客观性的议题,以及理论与实践的议题将会贯穿本书始终,无论在最为基质的理性层面还是实践应用层面。同样的,理论的本性与建构性也将伴随着我们直至那些关键概念的核心,它们彼此之间的关系,以及对这些概念周旋于其中的实践世界的理解。由此我们一定会发觉这些概念绝非只在研究对象上发挥作用,在这个问题上,不同的作者都会有这样的共识,他们都会注意到这些概念运用于研究者自身时具有的重要意义。

　　第2部分所给出的第一组概念是关乎布迪厄两个原则性的"思考工具"。第3章考察的是"习性"这个概念,也就是实践的主观性要素。这一概念表现了一种"生成性图式"(自身的完型结构与建构中的结构),在个体的生活轨迹中我们能够获得这种图式。第4章在此基础上对"场域"这个概念加以探索:存在于任何社会空间或者特定语境中的客观性网络或者关系构型(又是一种完型结构与建构中的结构之间的关系)。这两个概念分别关涉社会现象的主观性与客观性。不过,通过对这两个概念的理解,我们就会发现这里必须强调的是,这两个概念不应当被视为彼此无涉的,而是彼此建构并且互相渗透的,正如上文提到的那样,它们以此产生出一种本体论层面上的共谋关系。

# 习　性

⊙ 卡尔·马东

## 导　言

　　习性是一个高深莫测的概念。[1] 对于布迪厄与众不同的社会学方法、"场域"理论以及实践的哲学来说,它又是一个核心概念;并且就布迪厄的独创性以及他为社会科学所作出的贡献来说,它也是一个关键概念。它可能是布迪厄所有概念中被引用最为广泛的一个,其参与实践和语境研究的数量及种类都是惊人的,并且它已经成为相关学科范围内的一个经典词汇,这其中就包括社会学、人类学、教育学、文化研究、哲学和文学批评。然而,习性同时也是最容易被误解、被误用的概念,并且也为布迪厄的思想招惹了激烈的质疑。它既具有启示性,同时也具有神秘性,虽然极具辨识度,但是想要加以界定也绝非易事,既是直截了当的,同时也是婉转狡

---

1　为了在讨论中不把这个概念想要概念化的对象忽略掉,我使用楷体(习性)来指代这个概念本身,不是楷体的(习性)则指代概念所指向的对象。

黯的。简单地说,抛开流行度不谈,说"习性"这一概念什么都可以,但就是不能说它清晰。在本章中,我将试图探讨这个复杂的概念。我认为在布迪厄的社会学中,如果我们从它的主要作用上看,这个概念在运用中似乎有一些自相矛盾的地方。简单地说,习性在布迪厄的方法中承担了繁重的工作。对于社会世界来说,习性这个概念意图超越一系列根深蒂固的二元对立的结构性思维。这样一来,习性自身也就被充分带入到了一种丰富而又多面向的讨论当中,触及了一系列涵盖广泛且具有深意的议题与辩驳。不过,这一概念还意图提供一种通过经验研究来对社会世界的运作进行分析的方法。因此,它不仅仅对于布迪厄的思想方法来说是核心的,对他涉猎范围惊人的诸多实例研究来说也是如此。进一步说,需要尤其关注的是这样一个三段叙事:习性这个概念是如何被理解与使用的;又是如何被误解与误读的;在其他的经验研究中的情况又是如何。习性现今的生命力已经不限于布迪厄的作品。这在 49 第 1 章的叙述中就可见一斑。

　　本章从界定什么是习性开始,并将探究在克服二元对立思想的努力中它所扮演的角色。接着,我将描绘布迪厄关于习性这一概念的形成所依据的背景,以及在他的经验性研究中这一概念是如何发展的。习性这一概念是不能进行综合归纳的,这不仅由于布迪厄将其运用于现象研究时所涉及的范围实在过于广泛,还由于一旦我们把"习性"作为一个术语来思考,那么它的影响就显得无处不在了。对此,我将对布迪厄如何对待这一概念给出一个分析性的看法。最后,我将考察习性这个概念能给我们带来什么,由此触及的是,这一概念能够并且也应当向何方发展才能够实现它所具有的解释潜力。我所提到的"可见习性的影响无处不在"是此处的一个中心议题。习性是这样一个概念,它规定了我们对研究目标的建构,突出了某种主导性的意义,以及一种对于这些重要意义的理性思考方式。因此,这一概念的贡献就在于,它指出我们要据此塑造我们的习性,由此转化我们看待社会世界的固有方式,激发出一种社会学的目光(gaze)。而正如我所要探讨的,这使得这一概念具有一种双重影响,一方面这确实是其发挥价值的基础,但另一方面也容易带来对于这一概念的误识。因为在后一种看法中,习性仍旧只被当作某些具体的研究工作中至关重要的部分而已,而非寄望于在我们关于社会世界的理解中掀起一场精神上的变革。

## 什么是习性?

习性这个概念既来源于经验性之谜,也来源于社会学之谜。在经验层面上,我们经常觉得我们是自由的行动者,但我们每天所作出的各种决定又往往是基于可预见的、规定的行为以及他者的态度。在社会学层面上,社会实践是由规则塑造的——工薪阶层的孩子更倾向于工薪阶层的工作(如威利斯[Willis 1977]提到的),中产阶级的读者倾向于中产阶级趣味的文学,诸如此类——然而却没有明确的法则指导这种实践。这些现象所带来的基础性问题正是习性这一概念所要力图解决的。正如布迪厄自己所说:"我的所有思考都源于这样一个立足点:如果行为并不是顺从法规(rules)的产物,那么它们是如何被规定的呢?"(1994d:65)换句话说,布迪厄是在问,社会结构与个体能动性是如何被调和的,以及(用涂尔干的术语来说)我们如何能够让"外部"与"内部"彼此塑造。

50　　为了探索习性是如何在这些问题中发挥作用的,我们首先要暂且偏离主题,先进入理论化的领域(terrain)。从表面的形式上看,布迪厄把习性定义为一种社会行动者的特质(无论是个体的、团体的或是机构的），其中包含一种所谓的"完型结构与建构中的结构"（1994d：170）。"完型结构"是通过一个人的过去与当下的处境所达成的，比如家庭出身或是教育经验。"建构中的结构"是指一个人的习性帮助他塑造了他当下的与未来的实践。而所谓"结构"，就是由此而来的系统化秩序，而非随机的或者未成型的。这种"结构"包含了一种性情（disposition）系统，它生成了感知、鉴别力与实践（Bourdieu 1990c：53）。对布迪厄来说，这里所提到的"性情"对于综合这些关于结构与倾向的想法来说至关重要：

> 这个词首先表达了一种组织性行为的结果，它的意思与结构这样的词是相近的；同时，它也指派了一种存在方式，一种习性的立场（尤其是关于身体的），并且在特定的情况下，它是一种前提预设，一种趋势，一种偏好或者说一种倾向。
>
> （Bourdieu 1977b：214，强调为原文所加）

这些性情或者倾向是持久的，它们会持续很长时间，而又会在社会活动广泛而多样的戏剧中旋即（transposable）成为一种生成行动的能力（1993a：87）。因此，习性既是由存在者的物质条件所带来的完型结构，同时也依据其自身的结构生成实践、信仰、感知、感觉等。

不过，习性并不能自顾自的一意孤行。布迪厄并没有暗示说我们看似自主的行动总是被预先规约了的，它反映了我们挥之不去的出身背景。而是说，实践是处于习性与场域之间的，也就是一种他所谓的"被遮蔽的双重关系"（Bourdieu & Wacquant 1992a：126）或者"一种无意识的关联性"（Bourdieu 1993a：76）。从大的形式上看，布迪厄（1986c：101）用下面这个等式来概括这种关系：

$$[(习性)(资本)]+场域=实践$$

这个等式可以被这样陈述:实践是一个人的性情(习性)及其在场域中所处的位置(资本),两者在社会舞台(场域)上,在现行状态中运作而来的结果。对于理解布迪厄的方法来说,这个简明扼要的方程式凸显了一些至关重要的东西:他的三个"思想工具"是自然而然的铰合在一起的(引自 Bourdieu & Wacquant 1989d:50):习性、场域和资本。实践因此就不仅仅是一个人习性的结果,而是源自一个人的习性及其所处的现行境遇之间的关系。以另一种方式说,就是我们不可能在每个个体自身孤立的习性中理解行动者们的实践——习性确实有一定的代表性,但是也仅仅是方程式的一部分而已;这些个体行动于其中的场域的自然状况也是同样重要的。

51

布迪厄将这种关系视为两种逻辑或者两种历史进化路径的交汇(Bourdieu 1993a:46;2000a:150-51)。换句话说,我们所占据的社会空间(如同习性)是被完型结构了的,而这两者所属的结构之间的关系生成了实践。这种"遮蔽的关系"由于场域的原因被一种"本体论的共谋"进一步复杂化了(1982a:47),成为我们生存于其中且持续运作中的语境的一部分,一种结构化的习性,而与此同时这种习性又成为社会行动者理解他们生活的基础,同样也包括对场域的理解:

> 一方面是一种调节性(conditioning)的关系:场域结构化了习性……另一方面,这又是一种关于知识或者**认知**的建构性(construction)关系。习性助力于场域的建构,从而形成一个有意义的世界。

> (Bourdieu & Wacquant 1992a:127)

当布迪厄所谓"实践的逻辑"以这种抽象的语言给出时(正如

布迪厄自己常常做的那样），读者可能或多或少会有些疑惑。因此就有必要在更细致的层面上对上面所作的定义加以审视。简单地说，习性关注的是我们行动、感觉、思想与存在的方式。它是一种捕捉（captures），我们是如何在我们自身所身处的历史中周旋，我们又是如何把这种历史带入我们当前的境遇，以及由此我们如何选择以某种特定的方式来行动而非另外一种。这是一个进行中的同时也是主动的进程——我们在一种创造历史的持续性进程中辗转反侧，然而我们所寄身于其中的周边条件又不全然掌握在我们自己手里。我们所生活之处，每一个时刻都是从过去数不胜数的事件中悉数得来，正是它们塑造了我们所走的道路。我们所面对的每一个时刻，都是这条路径上可能出现的分叉路口，或者说是我们对于信念与行动所作出的抉择。这种选择所具有的范围大小依赖于我们所处的现行语境（我们在特定的社会场域中所处的位置），但是与此同时，哪些选择对于我们来说是可见的，哪些可能又是我们看不到的，这取决于我们过去的历程，因为是我们的经验塑造了我们的视野。因此，哪一个决定是我们能够作的，这有赖于在这一时刻我们可选的范围（诉诸我们当前的语境），依据我们的视野所及，以及依据我们的性情（习性），这也就是我们过去经历的具体化。我们的选择反过来又塑造了我们将来的可能性，因为任何选择都关涉一种先前的可选择性，而我们对此作出的选择把我们放到了一条特定的路径上，这样一来，未来关于我们自身以及世界的理解就这样被塑造了。因此，这种习性的结构就不是一种"设定"，而是"演进"（evolve）——它们是持久的，具有渗透性的，但又不是一成不变的。而与此同时，我们所经过的那些社会景观（我们语境化的场域），它们也是依据自身的逻辑而不断进展的（这其中也有我们的影响）。因此，要理解实践，我们所需要理解的，一方面是演进中的场域，在其中社会行动者得到了定位；另一方面是演进中的

52

习性,社会行动者通过它引发了其实践所属的社会场域(Bourdieu 1990c:52-65;1991a:37-42)。

### 超越二分法

习性不仅仅是过去、现在与未来之间的联系,同时也是社会与个人之间的联系,主观性与客观性的联系,结构与行动者之间的联系。正如这个清单所示,它身上承载了太多概念化的东西——习性这个概念的目标就是克服一系列二分法,这一点值得我们暂且回头简要地考察一番。

习性是社会与个体的连接,也许一个人的生活经验在他的特定内容(contents)中是独一无二的,但是却也是被一系列结构所塑造的,这其中包括与他人共享的社会阶级、性别意识、伦理观、性表征、职业、国家意识、宗教信仰等。比如说,同一社会阶级的成员通过这些界定在社会的结构化进程中分享着相似的位置,这是由社会关系、进程与结构中相似的结构化经验所带来的。对于我们每个人来说,我们的社会力量都是独一无二的建制(configuration),但是这些力量同时也是社会性的,甚至当我们作为个体或者做出一些"标新立异"之举时,我们仍然是在社会规约中行事;或者正如布迪厄指出的,"个人风格……从来也不过就是对于某一时期或者某一阶级风格中所具有的关系的一种偏移(deviation),因此,向一般风格的回归不是只有通过寻求符合才能达成……即使是通过差异,这也是可以做到的"(Bourdieu 1977b:86)。

通过对这些社会事实的内在化描述,习性将主客观之间或者说"外部"与"内部"之间的关系客观概念化了。习性,正如布迪厄指出的那样,是一种"主观性的社会化"以及"社会性的具体化"(Bourdieu & Wacquant 1992a:127,128);换句话说,就是结构的内

在化,是由客观制造出来的主观性。[1] 这同样也关涉个人如何在社
会中发挥作用——左右我们行为的那些性格反过来对社会结构也
发挥作用。习性因而就把客观社会结构和主观个人经验整合到了
一起:"一种外在的内在性以及内在的外在性之间的辩证法"
(1977b:72,强调为原文所加)。

　　布迪厄希望习性这个概念能够超越"结构/行动者"这一组二
分法。这就涉及我前面所提到的"历程"(journey)这一隐喻所具有
的局限性。取而代之的是,布迪厄用游戏这个概念来进行类比,并
且用"策略"(strategy)来强调实践所具有的行动与创造的本性。每
一个实践的社会场域(包括作为整体的社会)都可以被理解为一种
竞争性的游戏或者说"斗争的场域"(field of struggles),身处其中的
行动者,当他们寻求自身所处位置的最优先地位时,他们的即兴行
为是策略性的。社会行动者在充分浸入场域时,他们对场域运作、
所处位置、信仰与其他社会行动者的态度,关于这些知识他们的理
解并非是全知全能的(god-like)。他们所面对的情况是,他们沉浸
于某种进程中的某种视点,而这又取决于他们所处的位置,并且他
们通过自己经验的日积月累学会了一种速率、节奏和不成文的游
戏规则。一般我们会认为有意识的选择与理性算计才是行动的基
础,布迪厄反对这种理性选择理论,进而给出了"游戏感"这种说
法,这种感觉是指一个人永远都不可能成为一个完璧(perfect),因
而会长期围于未经之途。这是一个关于实践而言特别具有实践性
的理解——布迪厄运用诸如"实践操持"(practical mastery)、"实践
观念"(sense of practice)以及"实践知识"来凸显这一特质——他主

─────────

1　布迪厄进一步通过素性躯体这一概念来强调社会结构的具体化——一个人的
　过去将一系列的素性铭刻于其身体表征之上,比如步态、举止、站姿、面目表情
　等(1985d;1990c:80-97)。这也牵涉出了另一组他试图超越的二元对立的关
　系,即身心的对立。

张这就是结构主义者以及列维-斯特劳斯式的客观主义所遗失的东西。布迪厄站在了这种抽象逻辑方法的对立面,他所反对的一方面是把实践视为"遵守规则"(rule-following)的观念,另一方面则是把实践理解为仅仅依仗社会实践者的实践逻辑。甚至就连游戏这个概念本身,他也提醒我们必须小心地把握它:

> 为了说明一系列规则反馈式(rule-bound)的人类活动,你可以使用游戏分析这个概念,但这种活动却不必然是一种服从规则(obedience to rules)的产物,一种服从于某种常规(regularity)的产物……我们能够谈论一个规则吗?可以,但也不可以。只有当我们能够明确区分什么是规则、什么是常规的时候,我们才能谈论。社会游戏是常规化的(regulated),它是诸多具体的常规的踪迹。

> (Bourdieu 1990c:64,强调为原文所加)

为了理解实践,我们必须在这些社会场域的常规与社会行动者的实践逻辑之间建立联系;他们的"游戏感"是对这些常规的感觉。而实践逻辑的源头就是习性。"习性作为游戏感",布迪厄对此说道:"它是社会游戏的具体化,并且被植入第二本性当中"(Bourdieu 1994d:63)。这种与社会结构的联系凸显了布迪厄的创造性,而又没有被唯意愿主义(voluntarism)和主观主义所压制,这两者塑造了萨特式的存在主义。因此,布迪厄主张超越结构主义与阐释学之间的对立,这种对立存在于两种观念之间,一种是试图为社会常规提供一种客观依据,另一种是对于行动者在意义创造上所具有的主观执念。

对于现实的模式与模式化的现实之间的混淆,布迪厄予以尖锐的反驳,而这种反驳的基础就是对于实践本身的境遇性与实践性的强调(参看 1977b:29)。对布迪厄来说,在将分析性的逻辑术语转而运用于现实——作为被具体化的现象的观念时,这里始终存在一种威胁,这种威胁是一种对外部视角的抬高,一种学者式视角的冷眼旁观(参看 1994d:61)。对于日常生活中的实践基础来说,这种视角就错误地把对社会常规的观察当作了一种冷峻的社会观察——前面所提到的游戏的视角与这种循规蹈矩的参与性视角是不同的。比如说,想象一下一张地铁地图系统在形式与功能上的不同,在形式上,通过五颜六色的线条以及中转于换乘站的井然有序的蜿蜒线路,通过一张显示了车站之间确切地理位置的地图,或者更确切地说,通过在这一系统中的跃迁经验,它显示了车站之间的位置关系。而从另一方面说:"一面是理论性理解的理论性目的,另一面是与实践性理解相关的实践性目的"(1994d:60),这两者有着基础层面上的不同,而如果我们想要充分理解社会实践,那么就必须克服这种分割。习性这个概念归根结底便意在于此。

于是,对布迪厄来说,习性是一个至关重要的联系媒介,一面连接着一系列的双重性(dualisms),这种双重性常常被其他不同类型的二分法(dichotomous)所篡夺;另一面则连接着行动者经验之中的社会常规的存在。严格地说,由此一来,习性就意在鼓励我们进行一种关系性的思考:布迪厄所强调的是"间性关系"(relations between)而非"两者之一"(either/or),其中所有的相关尺度其自身也是由关系性界定的。不过,关于超越二分法的讨论除非被用于理解与解释社会世界,否则就只是单纯的智术训练罢了。因此,我接下来要转而讨论为什么布迪厄要对习性这一概念进行进一步的发展,以及这一概念在他的经验研究中所具有的解释力。

## 习性的历史

对于习性这一概念的历史性议题,同时也是对哲学思想自身

历史的解释,这其中的诸多问题总是若即若离的。有很多领域的
哲学家也都提出过相似概念。比如说,我们在詹姆斯(James
1976)、加芬克尔(Garfinkel 1967)、许茨(1972)和伯格与卢克曼
(Berger & Luckmann 1971)的作品里也能找到相似的概念。在布迪
厄之前,描述过与"习性"相似概念的包括亚里士多德、奥卡姆、阿
奎那、梅洛-庞蒂、胡塞尔和埃利亚斯,同样还包括涂尔干与韦伯。[1]
布迪厄自己也引用过黑格尔的"精神气质"(ethos),胡塞尔的"习
性"(Habitualität)和马塞尔·莫斯的"素性"(hexis)作为他自己概
念的先导(Bourdieu & Wacquant 1992a:121)。还有一个直接的影
响来自潘诺夫斯基的《哥特建筑与经院哲学》(1957),布迪厄是这
本书的法语译者。[2]

　　布迪厄运用习性这一术语的目的就是与传统的看法相决
裂——"我说的是习性(habitus),而不是爱好(habit)"(Bourdieu &
Wacquant 1992a:122)。这里关键的区别在于布迪厄所说的习性强
调的是诸多实践的潜在结构;比如说,行动是以一种生成性
(generative)原则为基础的。正如布迪厄阐释的那样:

　　　　为什么我要唤醒这个旧词?因为通过习性这个概念你能
　　　够引出一些切近的事情,这些事情是用爱好这个观念来表达
　　　的,而这样一来,这两个概念之间在一个重要方面上的不同就
　　　凸显了出来。所谓习性,一言以蔽之,就是一个人已然具有

---

1　关于"爱好"的历史,参看卡米克(Carmic 1986);而关于"习性"的历史则参看
　　布迪厄(1985d)、赫兰(Héran 1987)、纳什(1999)和李斯特(Rist 1984)。
2　布迪厄从潘诺夫斯基那里汲取来的观点是思想方法(经院哲学)自身也是由其
　　所处时代的社会文化条件所塑造的,这种看法从哥特建筑风格的研究中生发出
　　来,而布迪厄则将这种看法投入当代教育。他指出,学者式的思想是教育场域
　　的组织性与意识形态结构的产物,其自身也是被社会历史场域所境遇化的。因
　　此,学校本身是作为一种"惯习塑造力"(habit-forming force)而运作的,并因此
　　导向了"习性培养"(参看 Bourdieu 1971a:184)。

的,但是又被并入稳定的性情形式当中的东西,这一转变是持续性的。因此,这个术语从根本上说是在提醒我们,它所指涉的事物都是历史性的,它与个人史相联系,属于一种思想的遗传模式,与思想的存在主义模式是相对立的……进一步说,通过习性这个词我们看到,学院式的方方面面也不过是某种类似财产的东西,是一种资本。

(Bourdieu 1993a:86,强调为我所加)

换句话说,布迪厄在前面的讨论中并不是直接谈论那些实践的原则性基础和生成,而是倾向于从通常的实践或者说爱好上着眼。对于未经训练的目光来说,这其中的关系很可能是一种"不可见的关系","因为他们被遮蔽于日常感知经验的亲缘性(relational)之下"(Bourdieu 1984:22),对布迪厄来说,这是理解社会世界的重中之重。这种"基因性"或者说"亲缘性"思想模式运作于经验性现象的表面之下,假定一种生成性原则的存在,这就是习性,它所意味的比实践本身所能带来的要更多——它能够被占据,拥有自己的财产与倾向。

习性这个概念在布迪厄的写作中是不断发展的。正如格伦菲尔(2004b)所强调的,习性这个观念发生于他早年关于贝亚恩农民的研究当中,其中他描述了他们的爱好与躯体行动(Bourdieu 1962b;2002b)。布迪厄在《继承人》(Bourdieu & Passeron 1979b [1964])中表达他的核心看法时,通过使用"习性"这个词来讨论不同社会阶级之间在大学教育中不同的成材率。习性这个概念在《再生产》(Bourdieu & Passeron 1977a [1970])、《实践理论大纲》(Bourdieu 1977b [1972]),以及《实践的逻辑》(Bourdieu 1990c [1980])中得到了比较正面的界定,并且在这之后就成为一个更为综合性的概念,无论是在理论性框架里还是在更为广泛的实际运用中。于是长此以往,这一概念范畴就从对认识问题的关注进而

56

拓展到更为具身性的领域(主要通过素性概念),从关注行动的社会化形式进而拓展到对实践之创造性的关注。通过这种发展,习性对于各种各样的社会场景来说就成为分析的关键。要对这些研究进行完全的概括,这绝非我的视野所能企及的,布迪厄始终坚持自己概念的价值存在于具体的经验性分析的阐释力当中,所以例举布迪厄在这些研究中是如何运用习性这一概念的,这对我们来说是非常有价值的。

## 习性的运作

习性作为一种阐释工具而运作,这其中的中枢就是习性与场域之间的关系。正如导言所提到的,无论是习性还是场域,它们都是关系型的结构,而正是这些关系型结构彼此之间的关系成为理解实践之匙。这两方的结构是共生性的(homologous)——它们所表征的是同一种潜在的社会逻辑,只不过分别表征了主客观两方面——并且它们是互相建构的,一方总是在另一方的塑造中发挥作用。严格地说,双方各自都处于演进当中,因此习性与场域之间的关系也是进行中的、动态的和有所倾向的:它们的结合并非天衣无缝,因为它们各自都有着自己的内在逻辑与历史。这就使得场域结构与场域中成员的习性在不同的程度上可能是适配的,也可能是错配的(参看第8章"迟滞")。比如说,我们可以想象一下,在一个社会处境中,我们感到或者预感到尴尬,它超出了你所能接纳的范畴,就像"脱水之鱼"。你可能会决定不去,声明那"不适合我这样的人",或者(可能已经)找到借口离开。在这个例子当中,你习性的结构就不符合这个社会场域的结构。反过来说,想象一种处境,你觉得在其中会感到舒适,"如鱼得水"。在这里你的习性就符合场域的逻辑,在信念上你得到了协调,在潜在的不成文的"游戏规则"之上运作的场域实践中,你实际上也是如此。这里只是粗糙地说明习性与场域之间的关系,在布迪厄广泛的关于实践的社会场域的研究中,这种关系是中枢性的,尤其是它在社会再生产与变迁之中扮演了重要角色。

比如说,在《继承人》和《再生产》中,布迪厄和帕斯隆(1979b;1977a)就关注到为什么来自中产阶级的社会行动者比那些来自劳动阶级的人更倾向于进入大学。他们描述了那些贯穿在成长过程中数不清的刺激是如何塑造了人的外观、信仰和实践,这些都对他们的受教育生涯产生了影响。教育系统的准入是有教无类的,但这些出身卑微的社会阶级还是会意识到自己在这个系统之外的自身定位,把大学看作"不适合我这样的人"的空间。反过来,中产阶级的社会行动者则更倾向于认为大学教育是一个"自然而然"的步骤,是他们固有的一部分。在大学他们更会有一种"在家"的感觉,这是由大学场域潜在的生成实践原则所带来的——这是不成文的"游戏规则"——和他们自身的习性具有共生性。布迪厄认为,通过这种境况的延续,人们于是把他们所面对的客观性问题内在化了——他们开始"阅读"未来并且选择自己的命运,而左右他们的则是统计学上更适合他们的结论。布迪厄指出,给定境况中的实践是由一种对行动结果的期待所带来的,而这种行动又是一种给定了路径的行动,这反过来又回到了过往那些结果的经验基础之上,而这就是诉诸习性。

通过这样的研究,布迪厄展现了关于我们习性的塑造是如何通过一种实践上的精训而给予我们的;我们的过去以及正在发展中的存在境遇会使我们在一些游戏中比其他人更具有一种"感觉",同时也以特定的方式来进行那些游戏。我们的愿望与预期,我们对于合理与不合理、合适与不合适的观念,我们关于什么是无需赘言的行为,以及什么是自然而然的信念,这些对于布迪厄来说既不是本质性的,也不是自然的,而是由我们的习性境遇化而来的,也因此成为模棱两可的社会结构的一种调剂形式(参看Bourdieu 2000a)。是我们存在的物质性条件生成了我们不胜枚举的关于可能的与不可能的经验、可然的与不可然的结果,这反过来塑造了我们关于可能性、可然性以及可欲性的无意识观念。简单地说,我们在社会世界中领会我们的合法位置,我们在此基于被给予的性情与原委从而行有所得,也是在此,我们辗转反侧(参看Bourdieu 1984:471)。通过这种方式,我们获得了"客观可能性上的主观期待"(Bourdieu 1990c:59):客观可欲的成了我们的主动选择。于是,社会行动者就逐渐坠入(gravitate)那些与其性格最适配的社会场域当中(并且也在其中定位那些场域),而如果试图拒斥那些场域,就会遭遇一种"场域—习性"的冲突。

在另一些关于教育(参看 Bourdieu 1988a;1996b;Bourdieun *et al*.1994a)、文化消费(Bourdieu 1984)、语言(1991a)、艺术创造与圣化(canonization)(1993b;1996a),以及数量庞大的其他焦点问题中,布迪厄条分缕析地讨论了人们是为何以及如何如他们所示的去思考与行动的,这些行动与信念又是如何影响社会的再生产与变迁的。在这些问题层面上,我必须要提醒的是,这里的"场域—习性"的匹配以及冲突不仅仅对于上面描述的进程至关重要,对于同样关涉其中的社会活动者来说,这些社会进程是如何在通常意义上成为可辨识的也是如此。在"如鱼得水"的情况下,社会行动者对于支撑他们的东西是没有意识的,这里的"水"对于他们来说是赖以为生的(life-affirming),在匹配于习性的场域中,他们的兴致或者感觉都是适配的,而他们也是如此浸入这些语境之中的。进一步说,由于"场域—习性"的匹配性,社会行动者所分享的场域中的信念(doxa)假定了一些"心照不宣"的东西,而这些东西决定了可做与可思的限度。正如布迪厄指出的:"最有利可图的策略往往就是由那些事物生产而来的,通常在对一切的算计中,在一种'真正的'真诚的幻觉中,通过一种习性的客观性与客观性结构的适配来达成"(1977b:214)。社会行动者通常会拥抱自己的命运而"误识"了本质的任意性。习性"持续地将必要性通过'选择'转化为德性,而这种'选择'是符合那些使它们得以生产出来的社会条件"(1984:170)。因此,对于布迪厄来说,对习性的一系列隐而不显的运作的解释是一种"社会分析",一种政治形式上的治疗,授权社会行动者去更加充分地理解他们在社会世界中所处的位置。

不过,习性与社会实践之间的关系也不总是只处于匹配与聚合的层面上——他们同时也会是"非同步的"(out of aynch)。因为性情总是要被具体化的,习性会发展为一股势能,有时候当塑造了它的原初情境已然销声匿迹,这股势能仍然会在随后的时间里推动实践。进一步说,对于布迪厄来讲,这种亲缘关系中最基本的社会化(socialization)是深层的结构要素,并且虽然习性是由进行中的语境所塑造的,但这种塑造也是缓慢而无意识的——我们栖息于社会世界当中,而我们的性格却不是轻易地随着变化的潮汐随风飘摇。由此,一个人能够身处于一个比其自身习性变化更为激烈的场域当中,反过来也是如此。社会行动者的实践于是也会被见证为一种错时性的(anachronistic)、墨守成规的或者信息滞后的(ill-informed)。比如说,这种"迟滞效应"(hysteresis effect)(Bourdieu & Passeron 1977a:78-9)在布迪厄对阿尔及利亚农民经济实践的分析中就是中枢性的概念(Bourdieu *et al.* 1963;Bourdieu & Sayad 1964;Bourdieu 1979a;2000d)。[1] 在法国殖民统治下,阿尔及利亚的传统农业社会屈从于"一种历史性的增速当中,这使得两种经济组织形

59

---

1 参看布迪厄(1988a)中另一个关于迟滞的分析,其中解释了1960年代法国学生运动的原因,即一系列错配的发生。一方面是不断膨胀的学生人数;另一方面是客观存在的就业率。与此同时,职业资质的滥发依然如故。

式共存,两者之间的分离已经持续了几个世纪,并且逐渐形成了彼
此矛盾的实践要求"(2000d:18)。货币经济的引入与殖民主义的
干涉要求农民对时间以及一种财政理性采取新的态度。这种"恰
当的经济习性"(2000d:29)也关涉一种他们自身经济图景中的视
角,即一种依据日常社会关系的分野,尤其是在家族之间。不过,
农民也会在一些时候保持他们传统的行事模式。布迪厄指出,这
并非是非理性的、固执的或者说保守的。更确切地说,农民的性情
在一个截然不同的社会世界中被锻造;尽管这个世界正处于转型
之中,但是这些久而久之的性情也不会被指望以同样的速率发生
改变,这就会带来一种迟滞,这些实践在某一进程中进行着缓慢的
适配与变迁,它们并不是一种"纯粹力学化的以及被动的受迫适
应"而是一种"创造性的再发明"(1979a:4)。习性与场域,我们的
性情和存在的物质条件,这其中具有一种由此及彼的关系性自治,
这不仅仅让布迪厄宣称他能够以一种社会—个人的逻辑超越"哲
学二分法",同时更为重要的是,在对经验世界里的社会行动者的
分析中,这种思路为布迪厄提供了分析之阐释力的基础。


## 习性:超越布迪厄

至此,我已经对习性这个概念作了一定勾画,布迪厄的意图一
方面是要超越哲学的二元对立,另一方面则是为社会世界提供具
有认识论性质的有力依据。现在还遗留的问题就是,不限于布迪
厄所描述的领域,在其他领域,习性这个概念还为我们提供了哪些
超越的可能。我想要指出的是,习性这个概念最重要的遗产就是
它在一种更加广阔的工程中也扮演着重要的角色。布迪厄宣称:

> 任务就是去生产,就算不是生产一种"新人",那么也至少
> 要生产一种"新的目光",一种社会学之眼。而想要做到这一

点,就不能脱离一种真正的(genuine)对话,一种转义(metanoia),一种精神上的革命,一种关于社会世界整体性的视野转型。

(Bourdieu & Wacquant 1992a:251)

布迪厄通过自己的镜片观察社会世界,而习性是其中的一个关键部分。正如已经提到的,这种新的社会学的"目光"是由一种思考的关系型模式潜在的确定下来的。关系是习性的根本基础。有很多方法都是将实践减损到一种二分法的尺度之上,比如要么是社会的要么是个人的,从而通过还原论消解掉这种二元对立,而习性则提供了一种保持非还原状态的途径,但同时也还牵连这种二元性。进一步说,相对来说它有利于与其他概念形成呼应。比如吉登斯的"结构化"(structuration)观念就把结构和行动者结合到了一起,但这又是以丧失两者各自整全的(integrity)可分析性为代价的,使两者都丧失了俘获对方的能力(参看 Archer 1995,1996)。通过习性,布迪厄想要允许结构与行动者(比如个人与社会、"外部"与"内部")保持各自整全的可分析性,同时又彼此关涉。正如上面说明的那样,习性这个概念就其自身而言也是关系性的。正如本章所提到的那些引导例证所显示的那样,实践并不能化约为习性,而是一种从关系之中浮现出的现象,这种关系处于社会行动者的习性与他们所身处的语境化社会场域之间。对布迪厄来说,习性、资本和场域必然是互相扭结的,无论在概念上,还是在经验上(Bourdieu & Wacquant 1992a:96-7)。脱离开场域来谈论习性,以及主张脱离开"场域"分析来进行"习性"分析,对于习性来说这便是一种自恋(fetishize),是把它从具体的语境中抽象出来,而恰恰就是这些语境给予了其意义以及运作的场所。习性是一种关系性结构,其意义寄于相关的场域关系之中。因此,无论是习性这个概念还是要被概念化的对象,两者的意图都是彻底的关系性的。通过

60

这一概念,布迪厄鼓励我们采取这样一种关系性的思考模式,这种模式超越了表面的经验实践,进而去挖掘它们潜在的结构性原则。习性由此塑造了我们的习性——它意图帮助我们扭转看待社会世界的方式。

如果说习性这一概念的最主要贡献就是塑造我们的习性,那么同时这也是我们得以超越布迪厄的基础所在。这一概念隶属于一种重要的哲学争论。不过,我的关注点在于这一概念在经验性研究方面的作用。这个考虑是基于布迪厄自身对于这一概念的价值的苛刻理解——他说,他的理论性框架意指:"一个临时的结构,它既塑造经验性工作,也被经验性工作所塑造"(Bourdieu & Wacquant 1989d:50,强调为原文所加)。作为一种适应性的(orientating)观念,习性通过关注某些意义重大的事物并提供一个思考它的方式而运作。于是这就成了一种强有力的启发式行为,而这要部分归功于这一概念的一般性质——一旦我们在习性这一术语下进行思考,那么我们就会发现习性的影响对我们来说是无处不在的。由此,习性就能够,也通常就是这样参与到各种各样的问题分析当中去的,并且它还跨越了诸多学科领域的界限——这一概念是高度应用性的,而其他研究者如何使用这个概念的例子也足以成书了(比如,参看 Grenfell & Kelly 2004;Fowler 2000;Grenfell & Hardy 2007)。然而,作为一个与经验性研究相关的概念,习性这一概念的力量也足以制造出许多疑难。

习性在布迪厄的方法中承担了大量的工作,而且不管是在宏观(macro)、中观(meso)和微观(micro)层面上都能找到用武之地。虽然它仍然是很难被定义的。正如一个评论者所说的:"这种引人入胜的概念的多功能性在确切地应用于经验性的指派时,往往显得模棱两可"(Swartz 1997:109)。更重要的问题还在于习性的结构。这也就是要问:如果习性被凸显为一种生成性的结构,那么这一结构的内在结构又是什么呢？据布迪厄所说,实践是由习性生成的,并且所有的实践都为生成习性的结构提供了证据。而研究者的任务就是去分析实践,从而揭示出习性之下潜在的结构性原则。然而,从经验层面上说,我们无法"看见"某种习性,而只能在实践以及激发它的信念之中看到习性的效果。习性的结构必须通过挖掘深层的实践才能够被捕获,并以此再去在诸多可能性结构的范围中捕获与之相关的结构。于是,对于研究来说问题就变成了:在此是什么样的习性结构在运作,并且处于一种与其他可能的习性结构的对照当中？再者,当习性变化了、衍生了或者保持不变时,我们怎么能够分辨出来呢？

这里,我要研究的是,当这个概念作为一种通行的公式之时它的界限究竟在哪里。雷蒙·布东(Boudon 1971:51,102)区分了意向性的关系性概念和关于这些意向的运作实现。后者要求概念能够像一个关联性系统那样来分析现象。正如很多对这个问题有共鸣的批评所说的那样,如果想要达到一种运作性的关联性概念,阐明习性的内部结构的能力就是必须的,而这种阐明必须与一种由实践本身引发的对实践的描述相分离,比如说,要阐明结构 X 何以处于 W、X、Y、Z 诸多可能的结构性范围当中。[1] 如果没有这样的能力,我们就有可能陷入循环论证或者一种特设(ad hoc)的解释当中。比如说,布迪厄自己就承认一个人有可能会断言:"为什么有些人会作出典型的资产阶级的选择？因为它具有典型的资产阶级习性啊!"并且他说自己"敏锐地意识到了这种危险"(Bourdieu & Wacquant 1992a:129)。不过,有所警觉是一回事,在概念上找到一种方式避免循环论证则是另一回事。正如巴塞尔·伯恩斯坦指出,如果对于他人来说没有一种清楚的途径来界定"X",那么:"一

---

1　参看比如伯恩斯坦(1996)、利普马(LiPuma 1993)、马东(2000;2003;2005)和摩尔(2004)。

62　　旦一个例证受到了挑战,或者出现了另外一种可选的解释,那么问题就来了"(Bernstein 1996:136)。这并不是说习性这个概念是有缺陷的,或者说布迪厄自己的分析是没有说服力的,而仅仅是要凸显出这一概念的解释潜力仍有被进一步充分发挥的可能,从而成为一种关于社会世界的具有认识论意义的强有力的解释依据,这正是布迪厄要提供给我们的。因此,正如这个概念自己所显示的那样,当我们将其运用于研究之时,习性也存在着被误解和误用的可能。比如说,当我们认为这一概念需要被进一步说明的时候,有两种可能的结果是有违布迪厄的意图的,它们或是还原论的,或是一种过度增殖。

　　第一种情况是,当我们将习性这个词用于经验研究时,这一概念往往不是在布迪厄的定义之上被使用,而是退居到其自身的阴影当中。比如说,在关于教育的研究中(在其中习性这一概念经常被用到),关于研究对象的关系性结构常常被布迪厄视为研究途径的基础,而他往往有意避免将习性用作社会背景或者社会化的同义词。在那些声称运用了布迪厄方法的研究中,研究者有时也只是单纯的指向实践而已,比如学生对于教育的态度,或者学生对大学的选择,而这样他们就声称展现了习性的效果。于是习性就被剥离出了关系性结构,被剥离出了在生成的实践之中及其动态品性之中与场域之间至关重要的联系。如果只是被孤立地使用,习性往往也不过是经验认识之上的一层理论糖衣而已。如果仅仅是这样,那么就算我们不用这个概念,已有的解释力也不会有丝毫减损。

　　第二个影响是,习性这个概念会衍生出一系列的形容词来修饰它。这种形容词的添加(比如"情感习性")往往被用来弥补场域分析的不足——形容词凸显了关于社会生活的某一范畴,在其中它的影响被抬举出来——或者说特指了一种社会行动者被专门加以研究的部分,比如"制度习性"和"家庭习性"。这种习性的增殖说明了这一概念是如此的多功能。不过,这也反映了一种对于习性这一概念去语境化的诱惑,把它从给予其意义的方法中剥离出来,代之以经验主义者的有色眼镜——给习性以部分命名,将实践区分以不同的经验面目,而不是探索潜在的生成性原则。正如最近的一些评论所指出的那样,加入像"制度"和"家庭"这类形容词实际上是有违布迪厄方法中本体论的相对性的,并且这样一来也就带来"一种强制的概念逻辑,这样一来也就潜在地削弱了布迪厄这些概念的价值,甚至完全消弭它们的价值";这些概念由此"不仅仅不再发声,甚至显得多余"(Atkinson 2011:332,333)。如果站到这一立场上,我们就退回到了关于习性的前布迪厄式的理解。这种诱惑,以我所见它凸显了习性这一概念,我们需要精心对待,需要通过理论性与经验性之间的转译来推动其意谓的发展(比如说我们如何定义"X"的问题)。[1]

63

　　不论如何,这个概念所留存下来的价值还是非常重要的。对于否定习性价值的论调,罗伊·纳什在一篇回应文章中问道:"这个概念值得我们如此关注吗?"他总结道:

　　　　对于澄清布迪厄理论的核心概念来说,它是过去十年之间最有价值的部分,而如果它仅仅是用来说明我们并无能力超越我们之前对世界的理解,那么可能它就不是最有价值的了。然而,通过运用布迪厄的概念来进行坚苦卓绝的工

---

[1]　关于如何进行这种定义,合法性符码理论(legitimation code theory)就是一个实例。这种理论将布迪厄和伯恩斯坦所达到的洞见(1975;1996)结合到了一起,在诸多合法性符码之中对实践的组织性原则加以分析(Maton 2012)。这些符码为潜在的结构性原则提供了一种系统性的分析,对于习性和场域来说都是如此,对于其中诸关系的描述是以符码的冲突、匹配与转化来呈现的。将这种理论应用于经验研究中已然成为一种正在兴起的潮流,尤其是在关于教育的研究上(Maton *et al.* 2012)。

作……是异常有价值的,单就它推动我们去进行思考这一点来说就已值得。

(Nash 1999:185)

我要进一步说明的是,它的价值并不仅仅因为它推动人们思考,而是因为这些概念提供了一种多产的思考路径。正如伯恩斯坦所说的,习性"是某种对其进行思考或者用以思考的良品",并且时刻警醒我们要"面向新的可能性,面向新的集成,面向新的看待诸多关系的方式"(Bernstein 1996:136)。习性之于布迪厄,其重要性不亚于知识/权力之于福柯,或是编码取向(coding orientation)之于伯恩斯坦——一旦我们将这些理念内化到了我们观察与思考社会世界的方式当中,它们就成为我们的第二自然。如果习性是社会性的具体呈现,那么习性就能够成为社会学的具体呈现。在习性这一术语下思考,这本身也会成为我们习性的一部分。当这一概念已经深入骨髓,那么通过这种方式我们就达成了一种"转念"(metanoia)的意识,这正是布迪厄希望给予我们的。这是他的概念最为强有力也是最有价值的成就。不过,还远不止如此。习性,正如布迪厄作品所示的那样,它是不断演进的,而这种演进本身似乎就是它想要抓住的东西。因此,我们不应把它设想为固定的或者永久性的,而应该把它当作一个不断演进的思想。习性的这种发展使之成为一个富有可操作性的关系性概念,它总是预示下一步的发展,关于习性的任何一个概念化的演进阶段都会带来新的刺激。

# 场 域

⊙ 帕特丽夏·汤姆森

## 导 言

布迪厄曾经指出，为了理解人们之间的错综往来，或是解释一个实践，又或是某种社会现象，那么仅仅关注人们说了什么，仅仅关注所发生的事情是远远不够的。这里真正必要的是对这些互动、事务和所发生事件之中所蕴含的社会空间进行考察（Bourdieu 2005b［2000］:148）。据布迪厄所说，一种对于社会空间的分析并非仅仅意味着在对象所特有的历史性、在地性/国族性/国际性，以及在相关的语境中寻求它们的定位（locating），而是要去探寻所研究的对象是以何种前在知识生成出来的，又是以谁，或者说以谁的趣味为依据，而这些趣味又恰恰是被那些"知识—生成"的实践所支持的（比如，Bourdieu 1993a；1994d［1987］;2004［2001］）。

本章着重关注的是布迪厄所说的"社会空间"，或者说像他所命名的那样，称为"场域"的东西。我们首先会讨论如何理解"场域"以及如何完成对指定"场域"的理论化工作，在此之后我会通过布迪厄自己对这些主题所写的东西来针对性地思考"场域",同时也会涉及其他的社会科学学者,他们也都运用了布迪厄的方法论工具。最后,我将对一些批评意见以及这一概念在研究中的具体化操作作一些评价,以此作为总结。

## "场域"的观念

布迪厄对于场域概念的首次使用是在名为"智识场域与创造性工程"(1971c[1966];也可参看 Boschetti 2006:140)的文章中。在该文中他讨论了两位法国学者观点上的分歧,一位是罗兰·巴特,另一位是雷蒙德·皮卡德(Raymond Picard)。布迪厄认为,除了两者的分歧之外,两位学术人都具有相似的学术追求:这种分歧实际上也只是学术实践上的分歧,而他们对辩驳与质疑的内在价值的评估是基本相似的(Lane 2000:73)。

场域被认为是布迪厄著作当中最为重要的一个方面,而他后期的作品也特别关注场域研究:比如说,关于教育(Bourdieu & Passeron 1977a;Bourdieu 1988a;1996b)、关于文化(1984;Bourdieu *et al.* 1990a;1990b)、关于电视(Bourdieu 1998b)、关于文学(Bourdieu 1996a)、关于科学(Bourdieu 2004[2001])、关于住宅(Bourdieu 2005b[2000])、关于官僚体制(参看 Wacquant 2005),以及关于全球范围内去工业化的社会重构(Bourdieu 1999a)。同样,在关于自己生平的讲述中,他也用到了这个概念(2007[2004])。

在英语中,"场域"这个词常常会唤起的图像想必是一片牧场;也许是初夏的草场,丰沛的草地上开满了野花,周边被一大圈的树木环绕。在法语里,这个词所指的那种区域实际上是 le pré。不过,布迪厄并没有把它写成美丽且良善的 les prés,而是更多地描述成战场(le champ),用以描述一种尤为内在的土地范围,一片争斗之地,同时也是一片知识之地。关于布迪厄的这种描述可以找到很多具体的类比:比如说,举行橄榄球比赛的场地(在法语里称为 le terrain);在科学中被虚构出来的域(比如"激活力场,斯波克!");抑或是物理学中的力场。布迪厄关于战场或者场域的概念包含着这三个重要的类比,而又不能孤立的完全等同于其中任何一个。

我将依次运用这三个类比来解释布迪厄关于场域的观念。

### 橄榄球场

橄榄球场是一个有边界的区域,比赛在其中进行。为了能够进行比赛,球员被指定在一定的位置——当橄榄球场被表现在一定的视觉形式内,它就成为一个广场式的区域,既有内部的分割,也有外部的边界,其中的位置也是被事先标定了的。橄榄球比赛有特定的规则,新手必须首先学会一些基本技巧,这样他们才能投入到比赛中去。球员能够做什么,他们在比赛中可以去哪个区域,这取决于他们在场域中的位置。场域中确切的物理条件(比如场地是湿的还是干的,是平整的还是坑洼的)同样会对球员所能做的事情产生影响,从而左右他们在场上的发挥。

把社会场域的思想类比于橄榄球场,这其实并没有看上去的那么牵强。布迪厄确实就是把社会生活作为一种比赛来谈论的。他自己就经常提到这一图景与橄榄球比赛的相似性,这也许是由于他年轻时曾是一位敏捷的橄榄球运动员。

同时,和橄榄球场中各场域的划分一样,社会场域也不是孑然独立的。布迪厄所发展出的社会场域观念是作为人类活动研究的一部分出现的。这就是说,仅仅凭借这个概念自身,社会场域的思想所能"进行"(take)的解释仍是不充分的。比起陷入对其他人类行动者所处社会结构之优先性的无助批驳,布迪厄所要探讨的是这样一种方法论,这种方法论是由一种互相依赖又扭结于一体的三重奏——场域、资本与习性——组成,其中任何一者都不比其他两者更为优先、更为主导或者更具归因性。其中每一者都是理解社会世界不可或缺的一部分,不过这三者纠缠在一起就形成了一个"戈耳狄俄斯之结",只有通过个案的逐层分解才能被理解。

据布迪厄所说,在社会空间或者场域中所发生的游戏都是具有竞争性的,在其中,各种各样的社会行动者运用不同的策略来维持或者改善他们的位置。而场域中的筹码就是资本的积累:它既伴随着场域的进程,同时也是场域的产品。布迪厄指出了资本的四种形式:经济的(金钱与资产);文化的(比如知识形式;品味、美学与文化上的指向选择;语言、叙事和发声);社会的(比如联盟与人际网络;家庭、宗教和文化遗产);还有符号的(代表所有其他资本形式的事物,可以在其他场域中进行"交易",比如文凭)。不过,并不像修剪齐整的橄榄球场地,在社会场域里大家并不处于同样的平面上;那些以特定的资本形式起手的玩家往往会赢在起跑线上,因为场域既基于资本,同时又生产更多资本。这些幸运的玩家有能力运用他们的资本优势获得更多的积累,从而把其他玩家抛在身后。

场域依据不同的游戏而得到不同的塑造。这些场域具有其自身的规则、历史、明星玩家、传奇以及古谚。而在这里,下面关于场域的隐喻对我们的理解会很有帮助。

## 68　科幻小说中的力场

科幻小说中的力场是通过一道屏障的竖起而被建构起来的,这道屏障处于内部进行和外部发生之间。为了保护圈内人,他们所建立的是一个具有自我约束的小世界。那是一种内部活动遵循规律且有章可循的模式,并且多多少少具有一定的可预测性;如果没有这些,处于力场之中的社会世界就会变得无政府并且丧失功能。小说中的太空飞船上的社会秩序处于等级结构当中:并非所有人都是平等的,有一些人是处于主导地位的,他们拥有下决断的权力且不受这个小社会世界中诸多功能途径的制约。不过,这艘自我约束的飞船上的法则与其他相似的飞船上所执行的法则相比也大同小异,当然对于生存来说,一些因地制宜的变体既是可能的也是必要的,在诸多太空飞船上所运作的法则实际上也具有一般模式。

布迪厄的社会空间也可以被设想为这样一个小世界。比如说,当他谈到经济场的时候也用了比如“一个宇宙”(2005b[2000]:5),又比如“以其自身法则分而自治的宇宙”(2005b[2000]:7)这样的描述。

同力场一样,一个社会空间的运作是半自治的。它是由人类依据自己设立的信仰(或者说神义论——见第10章的进一步讨论)而建构起来的,这样就把场域的行为规则理性化了——每一个场域都有自身清晰可辨的“实践的逻辑”。占据了特定位置的社会行动者能够理解场域中的行为,而这种理解不仅仅是感到“自然而然”,甚至可以用真理或者信念(doxa)来进行解释,这就是场域的一般性语调(parlance)。信念被误识为在场域中工作的实践逻辑,所以甚至当社会行动者与场域社会中的(再)生产意图发生冲突的时候,他们仍然有能力通过解释来化解这种冲突。

一个社会场域并不是固定不动的,它很可能随着它特定的历史轨迹滑动,这种历史性关系到场域的塑造、运作以及维持与适应它所需要的知识范畴。按照这些特定的历史性如此行事,也就是去理解场域之中的变化是怎样发生的。

在某一时期,人类集体所占据的并不止一个场域。他们/我们可以被视为占据了一个一般性社会空间——布迪厄称之为权力场——它由多元场域所组成,比如说经济场、教育场、艺术场、官僚与政治场等。布迪厄认为,就像科幻社会空间通过竖起力场创建出类似的场域一样,诸多社会场域也都具有重要的同源性(homologies[likenesses])。在模式化的、有规律的和可预测的实践之中,各个场域都承载着显著的亲近性,对于在各个场域中占据主导地位的社会行动者来说亦是如此。场域之间也存在着交易的关系,从而使它们互相依存:比如说,被教育场接纳的受教育人群,其中什么样的人能够取得过人的成绩,这就关涉他们在经济场中所占据的位置(见第6章关于资本的论述)。不过,这又有一些与虚构的太空飞船不太一样的地方,前者是处于一种大写的权威的控制之下的,布迪厄则不把权力场视为对各种社会场域中所发生的事情具有决定性作用的存在。进一步说,他提倡一种互相影响的进程以及一种进行中的共同建构:在权力场中所发生的事情塑造了在社会场域中所发生的事情,与此同时也存在着反作用,并且也有可能对其他的社会场域产生影响。

这就把我们带入了第三个隐喻当中。

## 力 场

在物理学中,力场通常用一组矢量线来表现,用以示意力如何由一者作用于另一者。布迪厄对社会场域的思考与此也并无太多不同。他认为场域可以被设想为诸多作用力与反作用力的结果,而这就是所谓的交叉(chiasmatic)。他把文化与经济的资本运作视为社会场域中的两个等级化的极点。场域的运作有点像磁场,其中的位置取决于他们与两个极点之间的关系。一个场域可以被象征性地理解为一个由两条交叉的轴线所构成的直角坐标:一条轴线是经济资本(由增至减),另一条轴线则是文化资本(由增至减)(详见图4.1),"在这一极上,经济的或者说现时的占据主导地位,从而决定了文化的被主导性,而在另一极上则正好反过来"(Bourdieu 1988a:270)。

经济资本+

文化
资本–　　　　　　　　　　　　　　文化
　　　　　　　　　　　　　　　　　资本+

经济资本–

**图 4.1　处于场域位置描画中的文化与经济资本**

　　经济的轴线是纵向的,这是因为虽然经济与文化两者的共同 70
作用才成就了权力场,但是经济资本仍旧要比文化资本带来更有
力的地位与权力。然而,在物理学的力场中并不存在必要性的硬
边界,而只存在着力在边界的一种渐隐状态。换句话说,力场的存
在仅仅取决于它的效果。不过,与这种物理学的力场不尽相同,在
社会场域中的人往往挣扎于不同资本价值的边界上,并且他们也
正是为了确定这个资本的边界而殚精竭虑(Bourdieu & Wacquant
1992a:104)。

　　每一个社会场域都有其"区隔"(Bourdieu 1984)或者自身的性
质——比如说,在精英先锋派与大众流行两种文学形式之间
(Bourdieu 1996a[1992]);在学术学科的"硬"科学与"软"艺术之
间(Bourdieu 2004[2001];Bourdieu *et al.* 1994a[1965]);在画廊中
的艺术与家庭摄影艺术之间(Bourdieu *et al.* 1990a[1965];1990b
[1966]);在设计住宅与预铸件拼装住房之间(Bourdieu 2005b
[2000])——这些区分表达出了文化或者经济资本的诸多样本和
形式,它们是各个特定场域中被争夺的筹码。这些不同的样本和
形式就掌握在社会实践者(机构与个体)手中,而通过积累关于这
些样本的一系列数据,我们就能够对各种社会位置加以勾勒:比如

说,关于个体的社会出身、教育层次以及参与机构、社会人际网络、特定的组织身份与联盟关系、受雇用状况、居住区等。相同或者相似的特征又或是对应关系构成了一簇簇关于个人的剖面,在此基础上通过使用一种多元变量(multivariate)的因素分析(参看Bourdieu 1988a:69-72)并且在场域的位面上标记就能得到进一步的进展。关于这种"绘制"(mapping)的一个实例可见布迪厄在《国家精英》中对权力场的解释(Bourdieu 1996b:264-72),其中有工业和商业首领、审计员、矿业工程师、内阁成员、部门主管、地方行政长官、军队长官、教师以及主教,这些形形色色的人是通过一种错综交叉(chiasmatically)的关系来定位的(Bourdieu 1996b:269);这样一来也就在权力场中指出了诸场域所具有的关系性权力。

因此,并不像力场那样通常作为一个单一实体而存在,布迪厄所指出的社会世界(权力场)是由多元场域所构成的:庞大的场域可以被分解为诸多次一级的场域(比如说,把艺术分为文学、绘画、摄影等)。每一个次级场域在遵循它所属上一级场域整体性的逻辑之时,也有着它自身的内在逻辑、法则和规律,而对于社会行动者来说,从较大场域向次一级场域跃迁的过程可能也需要一种"真正质上的飞跃",对于研究者与试图理解场域的人来说同样如此。

正如上面所说到的,形成权力场的诸多场域并非都在同一层级上运作:其中有一些是更具主导性的,而从属性场域中的游戏又往往依赖于其他场域中的行动——比如说,发生在住房场域中的事情就高度依赖于区位(state)与财政场。布迪厄坚持所有文化场的次级场域都处于经济场的辖制之下(Bourdieu 1994d:144)。对更为复杂的情况来说,布迪厄认为场域中的机构也是作为次级场域来运作的,比如他对住房市场的分析,既是对该场域的分析,同时也是对特定房产公司这一次级场域的分析。

布迪厄着重指出,"特定的场域与整体的社会场域之间的同源共生性,而这意味着很多策略功能都是双重运作(double plays)……在若干场域中的同时运转"(2005b[2000]:271)。布迪厄还指出,这种共生性通常不会被身处场域中的成员所理解,因为各个场域中信念的运作都为整体的权力场及社会不平等的生产与再生产提供了助力,而正因如此,其自身的运作又往往会带来误识。

布迪厄的研究所带来的成果就是显示了各种各样的次级场域是如何出现在人们的生活中的。比如说,在《区隔》(1984)中,布迪厄对为数众多的经济与文化场域一并作出了细致的分析,以此显现出这其中不仅仅是场域之间简单的对应关系,更重要的是跨场域的多重互动,这造成了社会团体的高卑定位,这种人以群分是通过饮食、住房、学校教育、休闲等活动之中所具有的"趣味"(taste)做出的。这一研究以一小簇社会行动者的教育履历作为关键的指标,以此来测定与各个社会位置相关的文化及社会资本的样本与形式(参看 Bennett *et al.* 1999;更新进的实例参看 Trifonas & Balomenas 2004 中关于趣味与区隔的两个解释)。《世界的苦难》(Bourdieu 1999a)是更为后期的研究,这个研究旨在显示法国社会是如何在权力场的鞭策下发生转变的——全球化、去工业化、新自由主义政治的影响——这些转变在困顿阶层的生活中涌现,同样也让另外的一些人举步维艰,那些小商贩、老年人,那些需要养家糊口的人,那些移民与难民。

尽管场域总是愈加阶层化的,总是有占主导地位的行动者和结构,他们拥有至关重要的权力来决定场域中所发生的事情,但是这其中仍然存在着能动性与变革。与物理学中的力场不同,力场是处于恒定不变的法则控制之下的,而布迪厄非常清楚地指出人并不是机械的存在者:

> ……没有什么特定的主体是处于机械力之下的,其行动也不受制于强因果关系:他们不是对于事实全知全能的知识

72

性主体,由于对理性行动理论信仰的拥护……(他们)是行动
与知识的行动者,但又是被一种特定的观念所授权的,一种被
要求执行的参数系统、原则系统、洞察系统,以及……行动
方案。

(Bourdieu 1988a:25)

布迪厄所要谈论的是场域中"自由游戏"的可能性,以及临近
场域或者场域外部的事件(人口统计学上的变化,新科技的产生,
全球化危机,自然灾害等)也会生成场域之中的变革。

让我们来看看这些思想是如何融合在布迪厄的著作当中的,
这有助于我们得出一个大致的总结。在讨论关于电视场域的时
候,布迪厄是如此界定场域的:

……一个结构化了的社会空间,一个诸多力量作用的场
域,一个力场。它限定了谁处于主导地位而谁又处于被主导
地位。恒定的、永久的不平等关系在此空间中运行,与此同时
它变成了这样一个空间,在这里各种演员竭尽全力地对这个
场域进行转化或持存。在这个宇宙中所有的个体都在其所布
置的一切(关系性)的权力中展开竞争。这就是在场域中界定
他们位置的权力,而他们所最终得出的,就是他们的策略。

(Bourdieu 1998b:40-1)

这里的重点是要理解布迪厄是如何作为一个社会科学家来讨
论社会场域的。尤其是他自己的场域必须被理解为一种学者式的
策略——一种认识论和方法论上的启发式教育——这有助于研究
者们在认识世界的时候制定出相应的方法。而这也不意味着要对
布迪厄的方法亦步亦趋:虽然社会场域中所有的人、实践、机构、商
品以及服务都具有物质表现并且能够被研究,但是对于一个场域
来说,并不存在什么相同的物质性位置。

布迪厄同样申言,场域的概念也不应被理解为一个"系统",他声称:

> 一个场域就是一个创造者缺失的游戏,而且相比于原初的游戏设计来说,场域游戏的流变与复杂程度要远甚于此……为了充分地辨明场域与系统这两个概念之间的差别,我们必须把它们放到应用当中去,然后比较它们各自所产生的经验性后果。

> (Bourdieu & Wacquant 1992a:104)

对任何给定的情境来说,场域都并非一种刻板如公式一般的理论。以案例积累为基础,它自身是不断发展的。

73

## 运用"场域理论"进行研究

为了研究给定场域,布迪厄给出了三个步骤:

1.要成对(vis-a-vis)地分析场域的位置和权力场。

2.绘制出各个位置之间关系的客观结构,这些位置被社会行动者或结构占据,他们为特定权威的合法性形式展开争夺,而场域则作为其场所。

3.分析社会行动者的习性,他们不同的性情系统是通过将决定性的经济条件与社会形式进行内化而获得的,而这又可以通过场域在一种确切的路径中发现……一种走向现实化的或多或少有利可图的契机。

> (Bourdieu & Wacquant 1992a:104-5)

这个路径使得研究者能够揭示出对应或者"适配"(fit),这种对应与适配发生于场域中的位置之上,以及占据该位置的社会行动者的"立场"(stance)和他对该位置的攫取(position-taking)(参看

Grenfell 1996;Grenfell & Hardy 2007;Grenfell & James 1998;以及格伦菲尔[2007]对这一问题详尽的阐释与应用)。布迪厄指出在一个情态均势的场域中,已经占据位置的空间就趋向于对正在攫取位置的空间发号施令,这就是场域对社会行动者在特定的社会、经济和文化语境中所作的斡旋(mediates)。换句话说,场域与习性一道建立起了一种辩证关系,通过特定的实践对社会世界进行生产与再生产,而与此同时又反过来塑造了它们自身。

布迪厄所勾勒的这"三步走"为"看见"正在进展中的结构化开启了可能性,这种结构化是关于生活世界诸多方面的,无论其数量多少。

### 对于教育场和场域中的教育的再研究

布迪厄在教育的研究方面投入了大量的实践和思考,主要是通过对学校与大学的具体研究。他所关注的,是要显现出正规教育在社会层面所带来的生产与再生产效果。远远不同于精英化机构,现代教育是任何一个作为个体的孩子都能够进入的,而布迪厄的论证是,那些受益于法国学校教育系统的人恰恰是那些已然占据了社会与经济优势的人。布迪厄讨论到,学校系统的目的是生产和维持精英阶层:学校教育的运作是成套的,从而通过筛选把孩子们分派到不同的教育路径当中——职业雇佣向的教育、专业训练向的教育和更进一步的教育,还有其他各种不同种类的大学教育。这种区分化的实践包含着一种反民主的教育方法,理所当然地使用精英的话语和知识,并且在教师的选择与培训上也遵循着一套差别系统。他指出,教育是一个再生产自身的场域,对于自身的再生产要远甚于其他,而那些占据了主导性位置的社会行动者也深深地被这些实践与话语所侵染(Bourdieu & Passeron 1977a;1979b;Bourdieu *et al.* 1994a)。

布迪厄也同时给出了两个关于高等教育的研究。《学术人》(1988a)详尽分析了知识场生产中机构与学科的位置,在这里,学生被获许进入的是一种精选过的"经典"学校教育系统,这些学生所获得的资助来自相似的具有较高教育背景的家庭。在《国家精英》(1996b)中,布迪厄揭示了精英化大学中的教育对于正在大学权力场中攫取主导位置的社会行动者来说,这是非常必要的文化资本,而这一过程又是通过政府、商业、政治、艺术和教育等诸多场域达成的。

布迪厄(1996b:273)认为,教育是一系列策略当中的一环,被一些家族用来巩固或者提升他们的社会地位(其他的还包括农业生产力——确保有一个继承人,有遗产,确保过世之后的财产收益得到法律保证——同样还包括纯粹的经济策略,比如财政投资以及建立有效的社会关系网)。教育的符号资本与其他的资本的共同作用产生有利的或者不利的结果,从而在多重场域中对社会行动者加以定位。

不过乍一看,布迪厄自己就是其继承权规则的例外者。正如本书第1部分所言,他是一个走上现代道路的乡村孩子,他是通过非常典型的法国学校体系向上爬的,而这正是他主要批判与解构的对象。在《自我分析纲要》(2007[2004])中,他谈到了自己的社会晋升之路,他如此开篇:"我们去理解,也就是要首先理解那些塑造了我们的场域,我们在怎样的场域中,以及这样的场域中存在怎样的对立"(p.4)。因此,这部书并非如读者期待的那样是按照时间顺序来写作的自传体文本;其中在最前面的也是占最大篇幅的反而是对法国学校体系的一个相当广泛的讨论,而后才跟着一些简短的生平记录。读者如果想清楚直白地理解他的一生,只有在其所处的特定的社会场域里追寻他的轨迹。布迪厄以自己的方式,将他所体验的教育系统分析为一系列分类与拣选的操作——

选择了什么样的教育,什么样的教育指向就会选择你——通过这一程序,他被"圣化"为一位哲学家、人类学家以及社会学家,以此将读者引向对"场域"的关注。我们被这种方式引导,以此来理解布迪厄的社会流动,他的学识——以及他对橄榄球的痴迷——这些都来自他一生所处的"矛盾调和"(conciliation of contraries)状态当中,对于穿梭于各种社会层面上对立阶级/文化阶级之间的他来说,这是无法避免的。

但是,布迪厄对教育的关切远不止于此。他的批判还包括由教育中的学科分化所产生的对于社会世界中各个场域的特定理解——经济理论就是关于经济的,政治理论就是关于政治场的,诸如此类。布迪厄写到了他自己所属的社会科学学科以及这一学科的影响,这种影响一方面体现在对社会世界我们能看到什么以及能言说什么,另一方面体现在对不可见事物的描绘(比如 Bourdieu 1993a;Bourdieu *et al.* 1991b;Bourdieu & Wacquant 1992a)。他对知识生产的研究,也就是在《科学之科学与反观性》(2004[2001])中,他探讨了关于科学知识的生产(包括社会的与物理的,应用的与理论的),科学的事业越来越多地受到商业与政治趣味的腐蚀,并且产生了一种半自治化的次级场域,也就是所谓的"研究技术"(research technology),它在学科化的次级场域之间运作,并伴随着一种庸常的合理(doxic)效应。实际上,布迪厄的绝大多数对场域的研究都与另外一方面的研究协同,也就是通过其他关联性学科来研究那些我们已然被告知和被灌输理解的东西。他指出这些知识就是学术游戏的主要目的,这样一来对于社会行动者来说,当他们想要追求新的表述(命名和构架)社会和物质世界的途径时,这种知识就是必不可少的。这一行动需要时间、一种具有特权地位的生活姿态以及一种"神圣经济"(scriptural economy)(de Certeau 1988)。布迪厄将这种反思与争辩(disputational)的时刻称为"闲暇"(skholè,用于沉思的休息时间)(参看 Bourdieu 2000a)。

布迪厄对住房问题的研究,也就是《经济的社会结构》(2005b[2000]),在这一研究中他不再仅仅是展示住房这一次级场域是如何运转的,他更多关注的是"经济人"的想法,这些想法并没有什么解释力,但是却会带来非常有力的合理化效应,这样就使得支持与制订经济政策的人得到了特殊的地位,与此同时房产公司也据此拿出相应的策略,以此为不同社会团体的房屋保有者创造了特定而又有所限制的契机。这一研究详尽分析了经济行为的理论化是如何作为理性行动的一种形式出现的,它在大学经济学科的精英教育中得以发展,并通过一系列错综复杂的智库、咨询、审计、报表与政策得以正名并质料化(经由学院、委员会,以及行政系统中具有影响力的阶层)。在这里,教育经验是意义重大的,它被表达为技术与管理资本,以及通过教育被锻造而来的社会资本。

在布迪厄基于教育的场域研究中,有一些关系到具体的场域位置。布迪厄关于文学场的研究,也就是在《艺术的法则》(1996a)中,他描绘了畅销书与知名作家的位置,通过关注他们的出生年代、专业背景、居住区域、获奖情况、装帧、荣誉口碑以及他们的出版商等(p.155)而不考虑他们的受教育状况。不过,布迪厄始终坚持对"纯美学"概念进行解构,揭示出"艺术家"与"艺术作品"是如何被认证的,这其中有很大一部分要归咎于教育中对神学与哲学所具有的学术式的追求。他指出,在艺术场中存在着两种对立的阶层区分原则———一种是迎合商业趣味的,另一种是不含有商业趣味的,或者说是以其自身为目的的生产。正如布迪厄很多其他的场域分析一样——比如关于学校与高等教育的,关于文学的,关于更为一般性的区隔的——艺术场的分析也是具体的。它需要提供具体的国家及具体的年代。而在高度现代化的时代,这个场域已经改变了。文化资本投入到先锋艺术当中,这些据它们的生产

76

者说是完全以其自身为目的的艺术,如今已经高度商业化而不再是经济资本的对立面了(参看 Grenfell & Hardy 2007,对于英美两国当代艺术场域的探讨)。

而与之形成对比的是,布迪厄对电视新闻不断增加的轰动效果的批评(1998b)则仍然具有明显的当代性,并且在媒体与日俱增的全球化性质之下,这一研究还具有明显的国际性。《论电视》根本上是基于一种游戏分析(场域逻辑)而展开的,在场域中,新闻业的行动者在商业压力下被驱使,被迫去迎合短期内的吸睛效果,制作出去语境化的新闻片段。这一分析在法国引起了巨大的争论,这是由于新闻工作者自身无法超越他们自己的场域伦理与理性的限制,不能够欣然接受布迪厄所给出的历史性与社会性的论述。

正如布迪厄所指出的,这些时下具体的议题分析说明,我们总是需要新的场域分析——而这也进一步地说明了另外一个问题,也就是我们之前所提到的,布迪厄所提供的是一个分析工具箱,而不是一系列关于场域的恒久不变的概念事实。

## 77　场域理论的问题

在总结中,我觉得重要的是思考一些场域所带来的问题,它们也是布迪厄研究程式中所具有的成分。在此我不会把它们一一列出,但是会把重点放在其中几个问题上,它们主要是在将场域运用为方法论的过程中显现出来的。

### 1.边缘地带的问题

布迪厄对边缘地带投入了非常多的关注,他指出这一区域往往是"失真"(fuzzy)的和充满争议的。对于那些使用布迪厄工具箱的学者来说,方法论边界的难题就是要在何处划下边界的问题,也就是说,如何找出场域的影响应当止于何处。比如说,在知识社会学中,当"终身学习"被视为一种必要且普遍的实践,当知识拾零被看作有助于发展的事情,当从有利可图的电视节目中能够获得的东西越来越多,就如同通过正规渠道的学校所获得的一样,以及当每一个大型文化机构都推出了自己的公共教育栏目之时,那么教育场又要在何处终结呢?

### 2.场域过多的问题

布迪厄自己的场域解释常常关涉四重半自治的层面:权力场,基于考量之下的拓展场域,具体的场域,以及场域中的社会行动者其自身所组成的场域中的场域。这一四重层次在早期关于住房的研究中表露无疑,其中牵涉权力场、经济场、住房场域以及房产公司的场域。这种研究思路在关于教育的研究中也可见一斑,这其中也关注到了权力场、高等教育场、作为场域的各个学科、作为场域的大学,以及作为场域的院系与学校。或许这里面的场域实在太多了!也许更好的做法是像布迪厄自己在对教育分析时所做的那样,把自己之于教育的关系带入其中,并且缩减在同一时间运作的场域数量(比如,参看 Ladwig 1996,对作为场域的学科知识所进行的分析)。

### 3.场域内变化的问题

在对布迪厄的批评当中,其中最为顽固的一种批评就是把布迪厄视为决定论者,或者至少是把太多的东西归属于场域的再生产而不是它们自身的可变性。这里有一个有趣的现象,就是布迪厄有一些关键的研究实际上已经在某一时期发生了变化,比如对于艺术、文学和住房问题。他所强调的历史性同样也看重对场域自身发展的审视,这样才能更好的理解其当下的形式。他特别讨论了社会行动者在场域中是如何经验到这种改变的,这主要发生于他们的习性与场域中的当前状况发生断裂之时。不过,除了上面提到的,在将场域理论化的过程中,布迪厄是将其作为一种敌对性、一种反抗的立场。在场域的游戏中没有绝对的赢家,这是一场永无止境的游戏,而这总是意味着潜在的变革,在任何时候都是如此。

### 4.场际(inter-field)联系的问题

有些场域是主导的,有些场域是从属的,对于这一点,布迪厄毫不隐讳,然而非要厘清这种主导性是如何以物质性的形式表现的,这一点则不是那么必要。布迪厄也提供了一些例子。比如说,在住房研究中,他就对政府行为作出了解释,住房财政相关的政策、土地开发、社会福利援助,这些一并塑造了住房场域所能左右的事情。另一个关于场域互动的例子就是关于电视的,媒体的所有权处于经济场中,并被该场域的逻辑所驱动。而在之后的进程中又发生了转义,通过编辑的能动性在场域中展开行动。布迪厄认为场域的互动关系是特定的,不能被归结为一种普遍的理论。事实上,他或许是在暗示,对于场域中的变化作一种普遍性理论的探索,这也是学者式信念(doxa)的一部分!

当然,也并非对场域的所有问题都能够简单地求助于布迪厄的作品。比如说,拉内(Lane 2000:198)就指出,布迪厄(错误地)主张一种场域的形而上地位。这个质疑来自《国家精英》中,权力场的发展问题被缺省了,并且对各个专业团体"缺乏对智识诸形式、文化或者经济权力的清楚分析",这些专业团体被标示于错综的场域沙盘之上,拉内认为"这里存在的风险是,混淆现实的模式与模式的现实。"换句话说,布迪厄以一种套用的方式把现象置于某种对应性当中,不顾与之相对立的可能出现的断言,而是屈从于某一种解释力。拉内指出布迪厄在事件的因果问题上可能得出了错误的结论(对应性)(p.79)。

　　不过，无论这些问题多么层出不穷，还是有越来越多不同学科领域的学者开始在工作中挑战布迪厄的方式，运用他的工具箱，以实例积累为基础。场域理论遍布各种研究当中——在英语类的出版物中，其应用范围包括时尚问题(Entwistle & Rocamora 2006)、研究实践问题(Grenfell & James 2004)、教育管理问题(Gunter 2003)、食品问题(Wood 1996)、殖民地文学(Smith 2006)，以及全球化政策(Lingard & Rawolle 2004)，也包括性别问题(McNay 1999)和平权问题(Naidoo 2004)。然而，这些研究中很少有让人兴奋的作品，在他们的方法中也很少有人达到了布迪厄研究中所体现出的那种理解力(除了一些关于趣味的研究[Bennett *et al.* 1999; Trifonas & Balomenas 2004]，以及关于艺术的[Grenfell & Hardy 2007])。布迪厄所主张的这种对应性分析的进程，首先是费时的(time intensive)，其次，他的方法对知识范畴的要求也是极高的，无论在质上还是量上。也许，当被放于更高的教育场域中时，很多当代的社会科学家就不再受到"闲暇"的庇护——时间以及资金——因为这将会是一种严苛的研究活动。或许这里的问题在于，至少那些被布迪厄的工作吸引的人，并没有足够的统计知识背景来拓展他的方法论途径，他们与布迪厄所做到的还相距甚远。

## 总　结

　　布迪厄认为他的方法产生了截然不同的结论，对于观测与理解世界来说，他提供了另外的可选择的道路，对那些主流社会科学来说尤为如此。场域是理论工具三重奏的一个声部。与习性和资本这两个稳固的同伴一起，它们为社会生活的具体的和历史性的理解提供了认识论与方法论的途径。场域并不会发展为一种宏大理论,但是却会作为一种转义方式,将实践问题转入具体的经验运作之中。

这种工作不是一种简单的文案或者图书馆式的工作,而是场域中的白描书写(literally)。正如布迪厄在巴黎教授社会科学实践时对同学们强调的那样:

> 数据的可获得性要么依赖于个体,要么依赖于机构。因此,要掌握法国的经济权力这一次级场域,以及其再生产所依赖的社会与经济条件,除了采访法国最有权势的两百位首席执行官之外,你别无选择⋯⋯这就是这种建构性工作所要付出的代价,它不是一蹴而就的,只有通过检验与试错,我们才能日积月累地建构起社会空间。

> (Bourdieu & Wacquant 1992a:232)

80

# 第 3 部分

# 场域机制

　　第 3 部分总共包含四个章节,所关注的都是场域运作的诸多
方面。在此,我们先对习性与场域的运作和交互关系作一些附加
的思考。场域运作常常发生于社会阶级的标签之下,而第 5 章要
思考的正是这些标签对我们来说意味着什么,以及布迪厄又是怎
么来对待它们的。比如说,像教育、文化和政治这些场域往往会基
于其中参与者的社会出身而显现出一些横贯多个场域的阶级特
质。在这里,地位与权力是争夺的筹码,文化与经济身份也同样如
此。群体通常就是以这些方式来表征自己的社会出身的,而布迪
厄的场域理论就是讨论这种情况何以发生。不过,场域也同样需
要媒介和运作,而第 6 章关于资本的章节将对"流通"问题展开讨
论;换句话说,场域的参与者就是通过这些途径来定位他们自身以
及带来变革。这一章考察了资本的多种形式:符号、经济、文化与
社会。不过,场域从来就不是"价值中立"和均质化的。第 7 章是
关于信念(doxa)的讨论,模式化的价值判断、实践与信念是如何同
时表征了场域和习性的,以及如何对这些方面加以构架,从而制作
出特定场域独一无二的拓印底本。在此我们将思考一系列的场域
例证,这其中就包括科学或者学术场域自身。信念所隐含的东西
会经由这些分析显露出来。最后,我们把视线转移到场域的变更

以及由此给场域内部运作所造成的影响。布迪厄的场域理论是动态的,在一定程度上是用来显示社会现象是如何演进的。在第2部分我们所讨论的习性与场域之间的"复杂性"是永远不会完结的,并且这其中总是存在着个体与社会环境之间的张力,在这种张力之中它们得以发现自身。

84　　　第8章将关注迟滞问题,这个概念是指,当习性与场域"不同步"的时候所发生的情形。我们将讨论这种情况是如何发生的,以及对于经验到它的人们来说可能发生怎样的后果。这一章将指向动态变化及其可能带来的影响。和本书的其他部分一样,第3部分也将关注布迪厄是如何使用这些概念的,并且进一步思考这些概念在作为分析工具时所具有的持续性价值。

# 社会阶级

⊙ 尼克·克劳斯利

## 导　言

　　布迪厄在他的同辈人当中是独特的,因为他总是试图在自己的著作中保持一种平衡,一边是对文化与生活方式的关注,另一边是对社会阶级的关注。他对文化生活的分析始终保有对阶级的强烈关注,这种把阶级置于优先考虑的方式如今已经不常见了。并且他的文化分析总是要运用该语境中一系列数量庞大的(调查式的)数据,这使得布迪厄的分析有别于其他的文化分析。同样,布迪厄对文化的关注也使得他的分析有别于其他的阶级分析。据萨瓦赫(Savage 2000)的评论,布迪厄对绝大多数阶级分析中的倾向都持反对态度,这些倾向一方面是将阶级分析撤出主流的社会科学领域,另一方面是忽视文化与生活方式,从而仅仅把关注点放在狭隘的关系以及技术议题上。布迪厄所坚持的,是社会阶级必须在主流的语境中占据一个角色,并且在文化的层面上,以社会学的眼光加以关注。不过,在他的作品中直接谈到阶级概念的地方却少之又少。他从来不深入了解任何重要的当代理论家关于社会大众的说辞(比如说,约翰·哥德洛普[John Goldthorpe]或者 E.怀特[E.Wright]),并且也不会提供某种阶级类型学,以便能够在学术市场里与其他人一争高下。他关于社会阶级的"理论",如果说他有这样一种理论是恰当的,那么它也是蕴含于时代当中的(尽管在布迪厄[Bourdieu 1985d;1987;1991e[1];1998c:10-13]的这些作品中也能够看到这样的理论表述)。我在本章中的目的就是要对这一问题进行解释,并且还将解释为什么这一"理论"能够避免走向程式化的泾渭分明的阶级类型学。

本章包括四小节,每一小节都按照布迪厄的理解描述了阶级构成的一个关键方面。首先我们要讨论的概念是社会空间。其次要考虑的是如何在社会空间中塑造个体的经验、生活契机以及习性,这些都带来了心照不宣的"场位观念"(sense of place)或者"阶级意识",正如布迪厄自己所称呼的那样(1985d;1991e)。布迪厄很多广为人知的作品都基于这种"位置"与"性情"的绞合关系。不过,我将讨论的是对布迪厄来说,位置与性情之间的对应还不足以塑造一个阶级如他所描述的那种"真"观念;也就是说,一个阶级作为一种力量,它具有真正的社会性与历史性影响。对布迪厄来说,真正的阶级必须被视为一个被动员的群体,而这一预设在一种双重意识中表征了阶级:一方面它预设了阶级分类,其功能作为社会身份而得以发挥;另一方面它也预设了具有代表性的组织,他们是被动员的、被组织的,以及阶级趣味也是被清晰表达了的。这是我们在第4小节要讨论的问题。不过在此之前,在第3小节我将先做一些迂回,先转入布迪厄《再生产》与《区隔》中的两个关键主题,以显示这两个主题是如何被联系到阶级问题的讨论中去的。

---

1 布迪厄 1985 年和 1991 年这两篇文章实际上是同一篇文章的两个译本。

## 资本与客观性社会空间

布迪厄阶级分析的出发点,是首先主张特定场域中的一切行动者在社会空间中都具有自己的客观位置,这是基于他们的资本档案与文化资本。首先我将要对这个主张进行展开。

布迪厄致力于从狭隘的权力与不平等的唯物主义概念中脱离出来,正如我们所知道的,他通过引入文化、社会与符号资本这样的概念来达成这一目标。在关于阶级问题的重要文本中,他清楚地表达了自己与马克思主义的区别,并且他也是这样做的(Bourdieu 1985d;1991e)。权力与主导力的趋势不仅仅来自对物质资源的占有,还来自对文化与社会资源的占有。除此之外,通过符号资本的概念,除了捕捉社会认知中重要的一般性记号之外,他所关注的事实是,任何形式的资本价值都至少部分地基于社会认知之上。资本之所以有价值,这是因为我们赋予其价值,有时是基于共识,有时又是身不由己。这样一来,我们对资本的评判就陷入了一种双重价值的境地:比如说,拥有很多财富是有利的,因为它既可以用来消费权力,也可以用来消费社会地位。

布迪厄与马克思的不同主要表现在他们所处的历史境遇。马克思写作的年代是19世纪,马克思所观察到的还是资本主义发展的早期阶段,此时两个新兴阶级(资产阶级和无产阶级)既对立又在多种层面上互相关联,两者通过新的生产形式(比如说工厂)联系在一起,并以此塑造自身,火光四溅的冲突在长达一个世纪的时间里成为他们主要的社会性内容。将两者彼此区分的是对生产方式的所有权与控制权,也就是经济资本。与之相反,布迪厄的写作发生于20世纪后半叶,此时两个阶级交叉而又分异的结构已经开始隐而不显了,并且越来越融入其他的事物中:生产方式的所有权与控制权开始部分分离;社会部门(public sector)的就业率也与日俱增;并且一些高薪行业开始涌现,手工业劳动的价值亦有提高,因为它们更少地依赖科技文化方面的知识。当经济福利方面的巨大差异开始或者已经显现,社会分层较之于19世纪开始变得越来越复杂。此外,教育上的扩张和资格证书重要性的激增也是社会变革的重要部分,这使得经济资本的问题变得格外值得重视。

据布迪厄所说,每一个个体都有一个资本档案。他们在数量和体量上都各有不同,也都有自己独特的构成方式。比如说,在富人当中,我们会发现有些人的财富权重直接是经济资本,而其他的一些人则更趋向于文化资本(在具体操作中,布迪厄在绘制社会空间的时候倾向于同时关注这两种资本形式)。这两者都是个人占有与个人属性。不过,一旦这些能够被量化,对于任何给定的人口来说都存在一个分配的问题,这样一来就可以构建出一个关于人口的图表或者说"地形图",在其中每一个个体都具有一个位置,这些位置与他们个人所拥有的资本构成与体量都是相对应的。

这种关系在经济资本中能够被轻易地概念化,因为经济资本本身就是一个数量形式。如果我们每个人都把我们的收入、储蓄和资产(房、车等)按经济价值累加,我们就得到了我们"财富"的派生图示。并且,如果我们建立一个纵向的坐标轴来表示我们的共同价值范围,我们就能够在上面标识出我们的位置,显示出彼此之间的比较关系。如果我的收入、财富或者占有物的货币价值高于你,那么我在坐标轴上的位置就比你离原点更远。如果我能够在我们的文化"财富"上也找到一个相似的派生尺度(比如说,通过"累加"我们的素质以及文化方面有价值的事物等),那么我就可以在纵轴上加入一个水平轴并在上面标示出我们的位置,在两个尺度上标出彼此之间的比较关系。显而易见的是,每个个体的经济与文化财富会提供一系列坐标,以此我们可以在图标上找到自己的定位。

这就是布迪厄社会空间背后的机制性思维,虽然这里只是以一种简化的形式表达出来。社会空间是这样一个图表,其中每一个个体都来自一个研究样本,这些样本被认为代表了广大的人群,并由此能够定位他们的资本所有。在具体操作中,布迪厄的核心是要建立其他的图表,从而能够反映出前面所提到的资本"体量"与"构成",而不是把经济体量与文化资本分开讨论。不过两者根本上基于同样的一种逻辑。

图 5.1 提供了一个简单的假定实例,为了达到说明的目的,我们给出了四个个体的坐标。在这张图中,莎莉和汤姆具有比迪克和安相对较高的资本体量。不过,汤姆的资本档案的权重在文化向度上,与此同时,莎莉的权重则更侧重于经济资本。莎莉的社会权力是通过财政资产衍生出来的,而汤姆的权力则更多的基于文化。安和迪克同样分化于坐标轴的两端,安更趋向于经济向的极点,而迪克则在文化向度上。

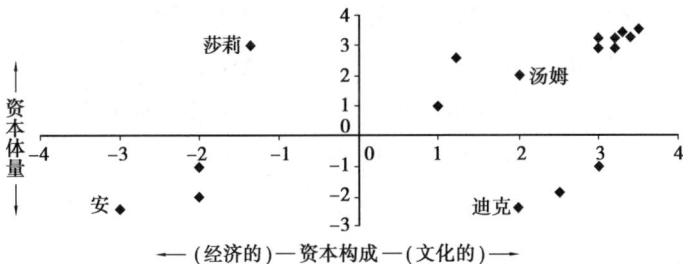

图 5.1 一个社会空间的假想坐标图

我的"图绘"与我们能够在《区隔》(Bourdieu 1984)中找到的那些关键研究的图绘相比,除了我的图绘是假设之外,这里还有三个关键性的不同。首先,布迪厄的图是基于数以千计的个体调研之后做出的。如果这些个体的定位是有所指定的,那么就不太可能对其进行区分。因此在未指定的情况下,图会被星星点点的标识塞满:有一些研究布迪厄后期项目的数学家称之为"个体云"(Le Roux & Rouanet 2004)。其次,正如图中所显示的那样,这种个体云在布迪厄的出版物中并不常出现(只有在《学术人》中是个例外)。他通常只有在定位职业群体和社会实践,而不是针对个体的时候才会使用这种图绘。我会简要解释我们如何从个体云走向一种对实践的图绘。而现在,我们需要注意的是"个体云"是建立其他图绘的基础,是布迪厄社会空间概念的关键,同时也是阶级问题的关键。第三个不同在于修饰性。布迪厄通常会从他的图表中删除一些坐标轴,只留下实践的相关性位置。这样一来就形成了这样一种看法,只有相关性位置才是有意义的。不过无论如何,我都在我的坐标轴上留下了标识,以记录下每个人是如何基于他们资本的"体量"与"构成"而被定位的。

## 建构社会空间

把社会空间视为布迪厄阶级概念的中心,这有助于我们直截了当地思考他用以建立坐标轴的方法。数学总是很复杂的,但是这其中的观念却是足够简单直接的(关于数学方面的介绍,参看Clausen 1998)。布迪厄所运用的技术被称为"多元对应分析"(multiple correspondence analysis;MCA;进一步的讨论可参看第13章)。这是一种"数据缩减"法,类似于"因素分析",但是更适用于分类变量(categorical variables)。这种方法能够让我们获取相对大量的非数值型变量,并从中衍生出少量的数值型变量。例如,我们以30个不同变量开始,包括个人的素质、工作、储蓄、资产所有、头衔等,然后我们可以把它们简化为两种数值型"分数",分别代表资本的体量及其构成。

下面就是使用这一方法的基本原理了。如果我们想要处理复杂而深奥的结构,比如说"文化资本",我们就不能简单地问别人:"你有多少文化资本?"我们必须质询的是那些我们所确信的文化资本的所有层面,比如教育、文化事物的保有等。但是,这样一来我们也许就会想要把这些不同层面合并回某种我们确信它们就是(比如说,文化资本)各个层面的基本变量。我们可以简单地从我们通过调查所得到的,由人们给出的标识所归档的(文化)资料盒子当中抽出"一个文化资本指向",并赋予一个个体。不过,这种做法面对如下情况的时候将会失败,即有些变量对于其他一些来说在文化资本中处于更核心的位置。并且当我们对我们所假设的文化资本的方方面面进行检验的时候,这种做法也会被证明是失败的。我们需要一种技术,它一方面能够检测不同的变量之间互相关联的程度,这样一来我们就能够检测我们所设想的某个单一的基本变量的各个层面;而另一方面这就为我们提供了一种有意义的方式,可以衡量这些层面对于"基本"变量的显著性。"多元对应分析"通过运用各个变量之间的相关性程度(卡方),可以同时在这些事情上有所斩获。比如我们可能会发现,"拥有文凭"在我们的调查中与其他的文化变量具有极强的相关性,其所得到的分数三倍于"拥有超过五十本书"。在这个多少有些简单化的例证中,调查被试会在我们的文化资本量表中"拥有文凭"的项目上打三分,而在"拥有超过五十本书"的项目上打一分。我们同样也可以发现有些变量作为我们所假设的文化资本的各个层面与其他变量呈现出极少的正相关,这样我们就可以将其排除出我们的测量之外。

　　当然,我们对"多元对应分析"的图绘也要有批判的目光,这与我们对一切研究发现所持的态度是一样的。这种技术是精密的,它所得出的结果常常会让研究者惊讶,挑战着他们的观念,迫使他们必须重新审视自己的想法。不过,正如很多其他的统计学技术一样,使用"多元对应分析"所得出的结果也受到决断与操作的影响,并且也要求研究者对有意义的结果进行复验(随之我们才能将其归于一种解释)。布迪厄并非仅仅是"发现"了社会空间包含两个关键维度(资本的体量与构成)。这种"发现",虽然是源自那些任何旧有的解释与操作都不能把握的经验采集,但是它仍然是依赖于解释与操作的,这一点并没有什么不同。

## 位置、性情和阶级无意识

图绘社会空间使我们能够将个体分配到各个阶级当中。比如说,我们也许会倾向于把那些资本体量较高的和那些财富主要以文化形式出现的个体归结为一个群体。不过,布迪厄也不得不承认,这样的阶级仅仅是"理论上"的;也就是他所说"纸上的阶级"。他们不是真正的群体。在社会空间中彼此切近的个体也不一定就必然有相近的身份,或者有共同的行为,而只有同时具有这几种共同性才是布迪厄所说的"真正的阶级"。在此,他再一次将自己区别于马克思,并区分出两种阶级:一种是"以自己为目的"(for itself)的阶级,其中的成员将他们自身识别为一个阶级;另一种是"在自身之中"(in itself)的阶级,其中的成员没有这种阶级意识。不过,对马克思来说,"在自身之中"的阶级也仍然是一个阶级。布迪厄(1985d;1991e)显然关注了萨特的后期作品(2004),并且选择了另外一种不同的观点。在社会空间中共享某一位置的个体也仍然还是个体。想要作为一个阶级而存在,他们就必须像一个阶级那样"形塑"(form),无论是行动还是身份确证都应是集体性的。

91　　不过,虽然这些个体可能没有形塑为一个阶级,但在社会空间中共享相似空间的个体毕竟还是共享了某些东西,因此他们也有着相似的工作与生活条件。进一步说,他们所切近的社会空间反过来将会产生某种程度上的人际切近性,这就鼓励了某种确切模式的团体形成。在社会空间中彼此切近的个体更容易在同样的空间里生活,在其中展开交际(这促成全国人口的地理性分布),并且他们也因此更容易走到一起,通过家人或者邻里的形式成为一种("真正的")群体。进而,他们倾向于发展出相似的生活方式、外观、性情,以及关于其在世界中的位置的心照不宣的观念,或者说"阶级无意识",这就是我们所说的阶级习性。

这就是我关于"差异联系"(differential association)的看法——也就是说,事实上具有同样资本体量与构成的个体更容易会面、交涉并塑造出某种关系(举一个简单的例子,比如说他们能够付得起同样的住房,把他们的孩子送进相同的学校等)——这种相似性是理解他们习性与生活方式的关键所在。习性是由具体社会中人际网络的交涉塑造出来的。然而,布迪厄有时似乎对这个看法的接受有些勉强,把这种看法轻视为一种"相互作用主义"(interactionist)。他提出的是一种位置与性情之间更为直接的联系。他坚持认为在社会空间和被赋予的社会条件中的诸多位置,对习性中的诸多变量的解释是相对独立的,并不受各种社会差异混合体的影响,因为人们总是被强加了某种限制和紧迫性。如果这里有什么不同的话,就在于这里更多的是以习性中的相似性来解释社会接触的模式,而非相反。

依据客观条件来解释习性中的变量,而这种客观条件又是基于社会空间中的客观定位,这种思想主要展现于《区隔》一书当中。彼时回响着的语言来自科耶夫(1969)、萨特(2004)和哈布瓦克(Halbwachs 1958),而布迪厄则指出了手工业者和白领在习性上的不同,这可以从他们的"必需品"上得到清楚的解释;这也就是指出,他们能够在多大程度上远离自己的经济生产单元,就必不可少的维持生存的食物和居住需求来说,他们又有多大的周旋余地。手工业者往往会居住在食物救济点附近,它似乎是在暗示手工业者的生活方式对于生存紧迫性的适应要比功能性的要素多一些,这是一种"无虚饰"的适应。他们只能承担最基本的开销,而这就形成了他们对于必需品的看法。这就形成了相应的群体精神,把他们的习性具体化了,进而从周边条件中获得了一种相对自治的存在性。他们对"虚饰"采取回避的态度。相反地,更富裕一些的个体,他们与生存压力相距甚远,由此他们会更为自由地去追求更为审美化的东西。由于不用担心基本生计问题,他们所享受的是将生活投入到某种风格当中去的契机,选择压抑身体的基础性冲动,并且需求那些他们能够担负的价值实现(比如说,通过日常饮食或者审美上的纲领来全面辖制"本能反应")。当然,也许文化上富裕的人更享受远离物质必需品的事物是毋庸置疑的,但是也正是他们相对于他人而言在资源上实实在在的优势才构成了他们的文化优势。

92

　　甚至在布迪厄写作的年代,这种看法是不是真实的也仍然是个问题。这种看法一方面暗示了手工业者在当时的法国生活近乎赤贫,而这种贫困另一方面又否定了潜在的想象与文化上的革新。这显然具有还原论的意味,而很多写作者对布迪厄的批评也都在于布迪厄对于工人阶级文化形象的刻画,因为他没有认识到工人阶级的活力与创造力(比如,詹金斯[Jenkins 1992]所说的)。不过,物质资源是非常重要的,而且习性这个概念所暗示的恰恰是对困境加以适应的多种方式刻画出了困境本身,如此一来在社会群体脱离了贫困之后,他们也可能会一如既往地仍然在与贫困作斗争。

　　当布迪厄图绘社会空间的时候(比如在《区隔》里),其中呈现的是实践/性情与资本的体量/构成之间的关系,而不是前面所提到的"个体云"。不过,前者是以后者为基础的。在一系列变量的基础上建立起社会空间,并将个体置入其中之后,布迪厄开始进一步使用另外一系列(被动)[1]变量来定位性情与品味,并经由个体来确认它们。他标识出特定的消费亚群体在图中的位置,然后再参照他们(假定他们聚集在不大的范围里)以定位其他的消费相关者。倘若一簇标记聚集在图 5.1 的右上角,这包括所有我假设主张去剧院看剧的个体,那么剧院自身的实践就处于这一簇的中心。布迪厄统计团队设计出了一套精密的几何学技术来标识簇的中心(Le Roux & Rouanet 2004)。不过,我们同样也可以使用求平均值的方法来求去剧院的人所拥有的资本体量与构成。

我的例子太规整,可能会显得不够真实。实际上并没有什么"实践共同体"在其社会属性的表现上如此同质化。这些标识点通常不会如此聚集,而是会离散开。但是我还是例证出了这样的一个观点,即通过个体的具身化,实践、趣味和性情是能够在社会空间中找到定位的。

## 再生产、区隔与符号争夺

93

在社会空间中把习性或者趣味与位置相连接,这是布迪厄最广为人知的思想之一。这同样也是他两个关键研究的核心:《再生产》(Bourdieu & Passeron 1977a)和《区隔》(Bourdieu 1984)。在《再生产》中,他主张要显示出孩子如何从文化财富的背景中,以怎样的性情具身化形式来继承这些财富,这一过程之所以能够被认识并且被赋予价值,一方面是通过师资教育,另一方面是通过教育场的机构

---

1　"多元对应分析"同时关涉"主动"与"被动"两个方面的变量。主动变量是指那些实际被用来构建坐标轴的变量(也就是原初变量,对它们进行的组合与缩减能够用来形成新的变量)。被动变量是指我们相信随着新变量的加入它们会发生改变的变量:比如说,我们设计了一份有关资本"体量"的量表并为我们的调查被试计算出了分值,我们可能想确定的是,"操作进程"(一个被动变量只有在这个基础上才会被考虑)是否留下了那些具有高体量的被试。

程序。这些学生对他们的老师表现得更为活泼，也更善于表达，因为他们之间"说着同样的语言"，也因为教育系统中的文化知识与能力价值以及奖励机制，都是这些孩子已经经历过的了，他们在自己的家里就已经获得了这些。也许他们父母读的书或者听的音乐就是学校教学大纲中的内容，这样家庭就成了一个场所，对他们的学校功课有所裨益。这样一来，这些学生的文化资本的具身化就被用来（不过往往是不自觉的）获取资质（一种体制化的文化资本），而这反过来又为他们在职业市场中提供了权力。在迪瓦恩（Devine 2004）最近的调查中，他指出这一进程并不是直接的、自治的或者说有保证的，并且在最近十年来越来越不是这样。不过，他的调查同样也提供了一些令人着迷而又重要的证据，即中产阶级父母也开始动用各种资源以确保自己的孩子在教育与职业上获得成功。

布迪厄并不直接讨论这些再生产进程对于他的阶级概念有何重要意义，但是毫无疑问它们是重要的。对很多社会学家来说，不平等本身并不足以构成阶级。当高阶层的职业群体中的成员，通过他们的优势，在相当长的时间里为他们的孩子持续地再生产相似的高阶层职业，从而缩窄了那些出身"更低"的孩子们的进路，那么我们只谈论阶级的合法性即可。阶级构成关涉"级别"（ranks）准入的关闭以及把社会流动降到最低的图谋。从这个方面看，布迪厄对再生产进程的分析对于理解阶级是至关重要的。

关于"再生产"还有另外一个重要的方面；名义上，教育系统是在中产阶级文化之上授予合法性、声望与价值（符号系统），从而构成文化资本。尽管在我提到的这个观点上，布迪厄是犹豫不决的，这表现在有时他似乎想要在"教育文化"中界定一种固有的价值（他在这方面的很多批评都否决了这条进路），不过他的绝大多数工作还是通过声明官方判断的价值不过是有待争夺的筹码，来试图解构价值的观念。由于人们（所受教育）文化的官方合法性，这种受教育是极具权力的,并且人们也运用他们的权力来维持这种教育体制的合法性。

这个问题就联系到了"区隔"这一议题上。在一些段落中,布迪厄(1985d;1991e)主张,他所说的"区隔"单纯意味着社会空间中的一簇客体,他们发展出自己各自的文化特质,这让他们彼此之间有所区别。他们都拥有互相区分的文化——因此就出现了"区隔"。不过,这些不同会转变成一种对于符号争夺的倾注(也是对区隔本身的争夺)。在这场争夺中,那些簇中的成员一方面寻求建立自己文化特质的优越性,另一方面又寻求建立一种官方认证。这些符号争夺就效果上来看也是阶级斗争的一方面。通过教育系统来全面地控制何种知识是有价值的、受到仲裁保护的、值得嘉奖的就是鲜明的例子,但是在《区隔》中(以及相关出版物中)布迪厄撒了很大一张网来捕获更为一般的观念,这些观念是关于趣味判断的主导形式的。

对于判断一个文化是"更高级"还是"更低级",在这一判断进程中,在文化差异与标准两方面,习性都是异常重要的一部分。它让个体簇中的差异与根本上的不平等自然而然的显露出来,因此它既是必不可少的,又是公正的。并且据布迪厄指出,这其中还会产生悖论,在同样的个体与社会层级之间也会出现"自然而然更具文化"的一方。

对于区隔的争夺是区分阶级习性形成的另一语境。在某些层面上,团体会通过文化上的区分性形象以及"优越性"的标志来进行自我塑造。不过,注释(note)这个行为本身就已经预先设定了"团体中"身份与互动的某种层级。这并非在社会空间中占据了同样的位置就会产生,正如很多对区隔的标识实际上都是武断的,而且只在一定的范围内才有意义,其意义只能在相关群体内才能达成共识,这些群体也正因此才互相联系。

## 团体的形成

正如上面提到的,对布迪厄来说,社会空间中的位置仅仅对于构成"纸上的阶级"来说是充足的。这些阶级并非是全然任意的。从某种程度上说,社会空间中的位置是客观的,它们能够解释和预测习性与生活方式中存在的差别。进一步说,布迪厄既承认具体的团体(亲属、邻里、友谊人际网络),也承认一种心照不宣的"处所感",以及在该处所中所进行的塑造。个体依据他们在社会中的所属发展出自己的意识,以及他们是什么,又不是什么,正所谓"人以群分"(for the like of us)。不过,布迪厄想要说的反而是阶级并不存在于充分发展的观念当中。他所坚持的是,这些模糊的区分界限最终会转入一种阶级团体的历史取效性当中,阶级的表征是一种共鸣,这来自我们前面所提到的实践感,这种实践感又来自个体位置与适配之间的共鸣,行动者让这些表征显露出来,从而将个体组织为诸多团体。比如说,在工人阶级的问题上,劳动单元与工会在组织乃至在事实上构成了一个阶级活动中的角色,这是至关重要的。他们的存在说明他们已经说服劳动阶级的成员将自身认作组织中的一员,如此一来这些组织就能够进一步塑造和规整它们自身。

不过,实际上这些区分的界限仍然要保持着相对开放的状态。布迪厄指出了两点微妙之处。首先,尽管就像他自己所界定的那样,他坚持社会空间中的切近对于团体巩固来说是最好的保卫形式,他也承认个体往往会从属于多个不同的类别(比如说,种族的、国家的和宗教的),这些在他们的身份与团体从属上往往被放在优先的位置。其次,他指出即使是对于鲜明的阶级,它们划下界限的方式也绝不止一种。我们可以在不同的途径上对阶级进行分类

（正如所有社会学一年级生很快就会发现的那样）。这种分类进程受到两个方面的约束，一方面是由客观性位置所勾勒出的范围边界，另一方面是由个体自身的共同意识建构（这也是由他们的社会位置塑造出来的），如果这些分类确实是具有历史取效性的话。不过，这些分类都可以在不同的尺度上来划界，而会引起竞争的就是那些关于如何划界的精密的细节，这就是符号所要争夺的对象。

　　之于阶级的符号争夺发生于一系列场域当中，且情况复杂，因此这种争夺也就屈从于这些场域中截然不同的逻辑。其中具有代表性的就是学院中的社会科学。社会科学又构建了社会阶级。他们做这件事的方式是受到他们自身阶级生活观的影响的，他们需要在研究发现之上建立某种观念，从而永久性地固化社会不平等以及他们的权威。不过，这一过程也同样受到学术场逻辑的塑造，也要面对学术场内的冲突。学院人想要抬高他们自身的专业性位置，并且留下他们自己的印记。进一步说，就是争取来自政府慈善部门的各种津贴，他们中的每个人都需要进行阶级建设以便有人为他们在行政上的麻烦买单，同样他们也运用结构性的强力。由于这个原因，布迪厄拒绝直接讨论特定的阶级应该如何确定边界的问题。对布迪厄来说，边界在哪，这是有待争夺的。从根本上说，这就是符号争夺的筹码，也是阶级斗争的一部分。布迪厄所处的是一个反思性的位置。为了更好地理解分类这种行为（当然也由此打上他们自己的印记），他退回到事物分类最初开始启动的地方。或者更准确地说，他对阶级所采取的定义是与阶级自身相结合的，他把阶级从根本上视为一种竞争性概念。

　　不过，分类法一旦最终达成，那么其所带来的后果与影响会比任何反思性的记忆都要长久。太多的职业与阶级分类对于我们来说都是自然而然的，这正是布迪厄所要警示我们的。这些已然形成的分类要求一种"理所当然"的具有某种信念（doxic）的地位（参

96

看第7章的进一步讨论)。如此一来像"案牍职员"与"手工业者"就很容易作为一种阶级名称从我们这里脱口而出,而我们也确实通常会持久地将这些个体视为某一种阶级分类中的成员,而这种分类对我们来说是自然存在的团体。为了反对这个看法,布迪厄对这些团体的"团体性"展开讨论,他选择的出发点至少是我们对这些标签在某种程度上的使用或者挪用。我们塑造出这些群体(正如他们也自我塑造)是因为我们倾向于贴标签,并且倾向于把他们看作某些群体。这就是布迪厄所说的"理论效用"(theory effects)的一个实例;也就是说,社会理论基于其自身的描述意图而塑造出了一些真实性的存在,而这就是一个实例。

和学院社会科学场域同样重要的是政治场(参看第15章的进一步讨论)。这里的问题也是相同的,"阶级"是被建构的,建构的进程是被场域逻辑塑造的。政治参与者必须权衡自己的想法,他们必须考虑到他们需要时刻准备站到他人的对立面,而对面的人也是如此,比如说,他们都要声明谁是自己的对手。而且在这种语境中,产生出的代表反过来也必须是其所代表的阶级中的成员。比如说,正如上面提到的,对布迪厄来说,尤其是劳动单位与工会,它们在劳动阶级的组织形成中扮演着关键的角色。在相当程度上与不同的时间段里,它们已经成功地说服成簇的个体接受了社会空间中的特定位置,在一定的范围内接受了某种身份,并且围绕着这个身份展开动员。而由于这种身份界定,动员将变得更为隐微,争夺将进一步发生于习性与社群精神的养成层面。这一切长此以往地助力"团体性"的形成,并也因此形成了与之相关的"阶级性"。

在这种意识下,阶级的出现就具有真实的历史性,他来自真实的政治斗争与动员史。事实上,各种阶级本身也参与了争夺与动员的进程。这种动员性虽然可能是朝生暮死的,但是它们所产生的影响会长久的以习性、社群精神与信念的方式沉淀下来,而这些将会持续地塑造其他一些活动,这些活动超越了政治竞争的周期,也由此开始了一种在未来对于"诉诸秩序"这种观念的脱敏,这往往是政治投机者喜欢掀起的话题。实际上,阶级的形成是一个持续的进程,尽管潮涨潮落,这一进程依然固我。

## 总结:阶级动力学

我在本章中的讲述是线性的。我已经指出,个体是在社会空间中被定位的;而这塑造了他们的生活方式和习性;这两个条件又为代表与动员预备了方法与进程,从而使得阶级显露出来。这是一种阅读布迪厄可选择的线索,一种基于性情之上的动员,这是社会位置所带来的结果。不过,这里仍然可以看到阶级形成的三个"时刻",它们在本章里被作为互动而又同时发生的作用力来讨论:比如说,动员既塑造了习性也塑造了社会空间,反过来也同样被它们所塑造,而位置与习性同时又相互影响。我并不清楚这是不是阅读布迪厄最好的线索,但是对于读者来说,这也许是最好的选择。

**6**

# 资　本

⊙ 罗伯·摩尔

## 导　言

本章的第一个任务就是描述"资本"这个概念，而且是在通常的符号形式中，而不是在诸如"文化"、"社会"、"语言"、"科学"等特定类型中加以描述。我首先要说明的是布迪厄对这个概念的使用有什么特别之处，以及这种特别之处在他的理论中发挥了怎样的功能。

一般来说，"资本"这个概念是在经济方面与货币交换相联系的。不过，布迪厄在更广泛的意义上使用这个术语：

> 事实上直接对社会世界的结构与功能加以解释是不太可能的，除非我们重新引入所有形式的资本概念，而不仅仅是在经济学理论的层面上理解这个词。经济学理论中对资本的使用掩盖了一个事实，就是这种对于经济实践的定义本身是资本主义的一项历史性发明；把普遍的交换缩减为商品交换，在主观与客观上都以利益最大化为指向，比如说(经济学意义上

的）利己的（self-interested），这在暗中也将其他的交换形式定义为非经济的，也就是非功利的。尤其是，它将某些交换形式定义为非功利的从而就可以实现一种"变容"（transubstantiation），即将资本最为物质的形式——也就是那些最严格意义上的经济资本——表现为文化资本或社会资本的非物质形式，反之亦然。

（Bourdieu 2006:105-6）

由此可见，布迪厄的目的是力图通过在一个更加宽泛的交换系统中运用"资本"这个词，从而拓展关于这个词的观念，以使其能够被运用于复杂的人际网络与圈子，以及不同的场域之间所进行的不同种类的转化与交换之中。他试图将商品交换这种狭隘的理解从经济交易的模式中解放出来，重新放入一个更广泛的关于文化交换与价值衡量的人类学范畴中，而经济交易也仅仅是其中的一个类型而已（虽然是最为基础性的）。不过，这里重要的一点是要注意到资本的其他形式，比如说文化与社会资本可以被视为经济资本的"变容"形式。

布迪厄的资本[1]理论以及对于这一理论的多领域运用是布迪厄独特性的来源。其所带来的一个重要影响，就是指出了一系列对于符号资本形式应当如何理解的问题，尽管这个影响有些隐而不显。实际上，在布迪厄自己的著作以及旁人对他思想的使用中，

---

1　我将把布迪厄一篇文章的标题，即"资本的诸形式"作为我最核心的指向，因为这个说法指出了资本可获得及可流通的特质。我会推荐兰德尔·约翰逊在《文化生产场》的"编者导读"中对于文化资本的讲解。布迪厄生前最后一部出版的著作——《科学之科学与反观性》（2004[2001]）——为他的理论化模式提供了一个很好而又简洁的导引，它指向科学的社会学以及"科学资本"。在这一章中，我的论说建立在一个更早的关于文化资本的论文之上，最初发表在《英国教育社会学期刊》的专题号"皮埃尔·布迪厄的教育社会学：实践的理论与理论的实践"（vol.25 no.4，2004；也可参看 Moore 2007：第五章）。

对这个词都有两种用法。第一种,某些社会团体的价值观、品味和生活方式(由社会中权力关系视野所带来的地位不同的群体所通常保有的习性,以及他们被认定的身份与差异),在一种专制的武断地辖制下,以某一种方法抬高一部分人并置于他人之上,赋予社会优势(比如在教育中就是如此)。第二种,资本的诸多形式,比如说文化资本可以被理解为不同社会团体之中在意识形式上的性质差异(这里所说的社会团体指的是同一阶级的不同组成部分,而不是阶级本身);也就是说,习性这个术语在使用中是作为一种意识的具体化("培养"[cultivation])出现的,或者指的是看得出来掌握了某些技巧。换句话说,社会成员身份自身(比如某个特定地位的社会群体的成员身份)不会自动地转变为习性,从而以某种同一的方式向所有成员授予符号资本(比如说,中产阶级与工人阶级的父母在涉及孩子的教育时,会进入一种争夺利益的零和游戏,这是由他们所掌握的不同程度的文化资本所决定的,而这又与阶级习性相关)。

上述区分对于掌握布迪厄关于符号资本概念的独特性来说是至关重要的。如果只采用第一种用法,那么我们就很难分辨出这个词的用法在布迪厄的思想中与传统的关于社会分化的思想有什么不同——文化资本的全部指向与目标就是成为"地位"的同义词,或者习性的"社会化"。这样一来,布迪厄所使用的语言就仅仅是目的论意味上的了,而不是一种概念区分,那么除了换了个词之外对旧有的分析也就没有什么超出。进一步说,第一种用法在方法论上将会导致一种约翰·贝克(John Beck)所说的"阶级本质主义与还原论",从他的观点看,这种用法带来了一种教育研究中的主流趋势,也就是使问题全部回到了以自由市场经济的影响为基础的层面之上,而这就消弭了布迪厄的影响(Beck 2007)[1]。

---

1　本章中关于这些方面的讨论可以与贝克(2007)的观点互证。

　　在一切社会实践的场域中,展现出布迪厄所说的"良好习性"的人与那些没有展示出的人之间都会存在等级之分。资本的符号形式与良好习性有关,在任何团体里都是如此,不过经过界定,那些更具良好习性的人在文化资本上更有优势;尽管不是所有的习性以及他们的文化资本实体在社会中都具有同样的价值——比如说,在艺术家与工匠之间。在第二种用法中,符号资本的重要性就不仅仅在于它是一种释经式的归因,而是因为它通过审视团体内变量所带来的效果(比如说,在教育中)以及阶级单位之间的互补性,为我们开辟了新的可能的分析渠道,而非仅仅指出团体间的差异以及一种导向本质主义与还原论的趋势 [1]。

　　在本章余下的部分中,我们首先要思考的是资本的诸多形式。其次会继续讨论那些对这些形式有奠基意义的独特类型与模式。其后就是关于在社会结构中如何评估资本价值的讨论,尤其是如何通过支配性来达到这一点。最后,我会给出一些具体的团体之中或者不同的团体之间的资本差异,以结束本章的内容。

## 资本的诸形式

　　正如上文提到的,在布迪厄的符号资本与传统的经济资本(或者说"商品交换")之间有着广泛的区别,包括次一级的资本类型,比如说文化资本、语言资本、科学与文学资本也是如此,它们都依赖于其所处的场域。在经济资本与文化资本之间最基础的不同就是,在前者的概念之下,工具性和利己性作为交换的本性是无须赘

---

1　这种可能性也是由于习性的特殊性方能开启的,一些下级阶层也许会因此要求某种文化资本的形式,以使他们能够在某些领域(比如教育)中超过中产阶级中的某些群体:比如说,通过本阶级的习性所能习得的高层次的东西往往是寄予某种美德之上的,如政治行动主义,或者传统手工技能的传授,或者一种宗教上的身份。

言的。商品交换并非具有真正的价值,但是其结果赋予了它价值(利润、利益、报酬等)。布迪厄指出对于其他形式的符号资本来说,这同样也是适用的,只不过是以不同的途径达成的而已,也就是通过否定和压抑它们自身的工具性,比如通过宣称无功利性,或者宣称具有某种固有的价值。比如说在艺术场中,文化资本就被表现为艺术品固有价值的反映,这种真正的价值即艺术品内在于其自身的价值("本质主义"),以及一种特定的个人天赋(那些"独一无二"的人),并以此来认识和赞赏那些所谓的本质上的东西(更充分的讨论可参看 Grenfell & Hardy 2007)。在科学场中,对于知识的追寻显然是以其自身为目的的,是无功利心的学者对于真理的探索。社会资本在原则上通常都表现为一种利他主义。这样的表征系统总是否认这样一个事实,即各种符号资本不过是经济资本的变容类型,被卷入了布迪厄所说的误识的进程当中。以其各自具体的原则,各符号场建立了良莠区分的等级(有些东西比另外一些东西更好,或者更有价值)。这种误识的进程就是一种"符号暴力"的类型(详见第11章的进一步阐释)。这种"暴力"反映了这样一个事实,价值的良莠区分看似是基于某种固有价值以及超世俗的原则,这些价值和原则与世俗商业交换中的工具主义与物质主义不相干,实际上却是纯粹武断任意的。社会中主导与被主导的正当性系统正是在这些符号关系中被建构起来的,而这种建构根本上是基于"利益"的。因此,当布迪厄将"文化"和"资本"这两个术语放在一起时,他也是在呈现一种挑战甚或是一种挑衅,即他把神圣的和世俗的两个对立的范畴拉到了同样的水平线上。

　　当审视符号资本的诸多形式时,布迪厄的意图是显示一种双重性。首先,他试图论证符号资本所具有的任意性与工具性的特征,而这些符号资本又被用于判定文化的先进与否。其次,通过论证变容进程来说明符号资本场域和经济场域的结构具有同源性。

每个符号资本场域都是经济场域中不平等关系系统的再生产而已（比如阶级与权力关系），并且这样一来，也就是对社会不平等的基础结构进行了再生产。这种同源性的深层结构来自不同团体之间的权力关系，而这种关系的结构又是发生在经济场之中的。诸符号场域和它们特有的资本类型之间在机制上截然有别，与经济场的距离也依据其各自的人格、原则与逻辑而各有不同，但是，它们也都是"颠倒"的经济场而已（参看 Bourdieu 1993b：第一章）。它们的逻辑根本上还是经济场中的权力关系与不平等结构，也正是如此，这样的诸场域能够以此被解码。

每一种类型的符号资本想要达成它的效果，都要通过某种人为且可持续的关于场域自治的"幻觉"，而这种幻觉被声称具有其固有的价值——它自身独一无二、非功利、庄重不可侵犯、具有神圣的原则（美、真理、利他主义等）。在这方面，诸多场域能够被理解为不同类型的符号资本生产的途径，并且也是这些资本进行社会分配的调节器。尽管在任一具体的时间点上，场域中的结构和位置关系都可以被静态地（完全同步地）观测，但更重要的则是场域动态的一面——它存在于时间（历时性）之中，也发生着历时性的变化，总是处于位置的攫取与策略的轨迹当中（事实上，各个场域也都具有自己的时间性：在艺术中，在时尚与品味的变迁中，在科学的发明与范式变化中都发生过一系列运动）。资本可以被理解为一种"能量"，它驱使场域在时间之中发展。资本行动就是为场域颁布法则的行为。这是一般权力以具体的形式实现自身的方式。

为了理解这是如何发生的，可以提请注意的是不同的资本类型在不同的形式中的持存能力也各有不同（参看 Bourdieu 2006）。在一种形式中，资本是客观化的。它以物质的形式表现自身，比如艺术品、画廊、博物馆、实验室、科学仪器、书籍等——各种各样的人工制品。而在另一种形式中,资本又是具身化的(embodied)。在这种形式中,场域的原则是与作为肉身实在的人结合在一起的,并作为个人素质与喜好的有意识原则,同时也是身体姿态,比如身体语言、姿势、腔调和生活方式的选择。在这两者之间,还有第三种资本的表达形式,那就是习性。与前两者不同,习性在世界中并没有自己的实体性存在,而它却包含着态度与性情。这种非实体性有点像棋类规则和语法规则,我们在整个世界里都找不到它们的物质存在形式,但是通过实践来实现,我们就能知晓它们——在具体的棋类游戏或者演讲活动中,它们会发挥效用并提供理解的可能(参看 Moore 2004:168-70)。习性最初是在家庭中形成的,也就是家庭(domestic)习性,但是对布迪厄来说,教育才是最重要的中介,因为在教育中资本设定了一种体制性的形式。不过,在一种更为重要的观念里,这三种资本形式的存在应被视为持续性的,也是与其他形式彼此关涉的,是一个事物的某一"时刻",而非一个事物的三个不同的独立变量。这些形式彼此之间的关系如表6.1所示。

**表6.1    资本的诸形式**

| 资本的诸形式/类型 | 客观化 | 习性(性情和态度) | 具身化 |
|---|---|---|---|
| 文化 | 画廊、博物馆、图书馆、音乐厅等 | 经典知识,对于流派和时期的甄别,"游戏规则" | 有涵养的眼光、姿态、品味、对于认识和区分的欲望 |
| 科学 | 实验室、手册、仪器、"规范科学"等 | 问题域知识,对于问题解决技术的掌握,"客观性" | 操作仪器和程序的能力,理性,通过创新窥见认识的欲望 |

资本的体制性形式(正规教育)试图对不同的团体在不同的程 103
度上反复灌输(形成具身性)一种习性,其原则与诸多场域的统治
性原则完全一致,而在这些场域中,资本是以其客观化形式存在
的。比如,在画廊中一种对观看绘画之"游戏规则"的预先布置;或
者进一步说,以某种方式观看,在这种方式下绘画的显现是完全自
然而轻易的(参看 Bourdieu 1984:71)。

## 区隔的诸形式

资本的客观化形式通常会被视为一种"原材料"(raw
material)。设想你进入了一个贩卖书籍、音乐 CD 和 DVD 影碟的
商店。这些东西当然已经在架子上被分门别类并根据不同的流派
摆放好(所依据的原则就是布迪厄所说的"文化正当性"[legitimate
culture],也就是所谓正确的分类方式[比如 Bourdieu 1984:56])。
现在,设想购物者也同样拥有大量的经济资本,也就是有钱可以消
费。他们徘徊在店里,浏览架子上的东西,然后把他们所选出来的
东西放进购物篮。而当他们都聚集在收银台的时候,篮子里装满
了选择依据不同的书籍、音乐与电影(而总价相同)。对于布迪厄
来说,这里就有双重逻辑在运作着。第一重逻辑他称之为"关联性
逻辑"(the logic of association),与之相应,每个人都可以做出各自
独特的选择,这被称为"差异性逻辑"(the logic of difference),这一
逻辑用来将不同的选择联系起来。这些逻辑是具有内在联系的。
就关联性逻辑来说,它提供了这样一种原则,即如果在一个人的一
次选择中他首先选择了这种类型的书,又选择了那种类型的音乐, 104
之后又选择了一种独特类型的电影。这些就提供了可计算的、统
计学上的可能性——布迪厄据此一丝不苟地在他的阶级研究中对
趣味加以图绘,也就是他在《区隔》(Bourdieu, 1984)中所做的事

情——这种可能性与个人的社会背景息息相关,也与相似背景的人所共享——这不是说他们必然会选择和我们完全一样的标签,而是他们在选择中也采取了同样的文化逻辑,在什么问题上我们能够走到一起,在什么问题上我们又必须有所区分(所谓关联性与差异性)。选择的原则是生成性的,但却并非是决定性的。某种程度上看,差异性逻辑所赋予的原则是,当 A 做出一个选择时,他之所以这么选择,是因为 B 不会这么选。这种选择逻辑的内在联系是,他们总是依据其对立面来进行文化与社会层面的价值限定(valorized)。在最极端的情况下,一种选择逻辑会被授予"独特"之名,而另一种则会被认作"粗俗"。布迪厄说道,我们怎么分类这个世界,反之世界也就怎么分类我们——我们所属的被分门别类的人群,也就是那些将世界分门别类的人群,所以:

> 审美偏狭会变得非常暴力。对于不同生活方式的憎恨也许是阶级之间最大的屏障;阶级之中的内部联姻就能证实这一点。而最为偏狭的就是那些把自身视为正当文化所有者的人们,他们以一种亵渎的方式对趣味进行重组,而这种对于趣味的指令才恰恰是应该被剥离的。这也就是说,艺术家与美学家所参与的游戏,以及他们对为之奋斗的艺术正当性的垄断,这些都远不像他们所说的那般单纯。在艺术界的每一场竞争中,每一个筹码都是对某种艺术生活的强制征收,也就是说,把一种武断的生活方式转变为一种正当的生活方式,而这种转化,其代价就是把其他的生活方式贬损为任意性的。

> (Bourdieu 1984:36-7)

为了进一步的论证,我们想象一下有两个购物者,他们的篮子里装有同样标签的商品。尽管他们都选了同样的东西,但是他们所给予的文化逻辑可能是截然不同的。对于其中一个人来说,可能是由于漂亮才购买了它;而对于另一个人来说,这可能只是一个供人娱乐的劣等品(kitsch),他选择它是为了在下次的晚餐聚会中消遣他的朋友们(并且由此他也增加了在他朋友圈中的文化资本存量,这个圈子以这种方式来进行一种巧妙的消遣,这一行为被赋予了价值,并且成为一个区隔标识)。这种反讽式的价值限定与"粗俗"的购买者的选择逻辑之间形成了对位,可见价值也有惯习的一面——它是一种"凡俗"(homely)。对于布迪厄来说,重要的是符号资本所属场域之间互相联系的矩阵。从某一维度上看,一个确定的标签序列其定位往往与其文化上的一系列补集相关联,并且通过其对立面而处于另一种否定关系之中。相似性的逻辑于是就被自动地赋予了一种差异性的逻辑,可能是连续的也可能是不连续的,而这些关系就以结构的方式建立起了社会空间(或者说,同时也是社会空间结构的反映)。布迪厄方法的核心就是这样一种原则,即这样一种关系对这些标签进行了价值限定,而不是关于这些标签真正(或者说本质主义)层面上的是其所是的探究。在符号场域中,价值实际上是任意性的,而符号暴力与文化资本联手造就了我们的误识。

习性为选择的逻辑提供了原则。购物者所做出的选择,其所依据的是他们对于完型结构以及结构化中的预设的看法,他们带着这样的看法走进了商店。但是同样地,商店中对他们的消费引导也能够反映出这种预设原则。自带"区隔"的消费者对商店的组织形式很熟悉(也就是对"文化正当性"很熟悉),他们根据分类与风格流派在店里徘徊,"巡航"于社会空间之内,而为其保驾护航的,就是对"游戏规则"的知晓。自带"区隔"的购买者在处理问题的时候自信而又颐指气使:"我读过一篇关于布迪厄著作的评论。我想已经是很多年前的了。我记不起标题了,是关于什么科学。我需要参考它来写点东西。你能帮我检索一下你书店里有没有这本书?"而"粗俗"的购买者则会显得没有判断力以及不那么确定

(因为他们缺乏文化资本和"游戏规则"),而他们在寻求帮助的时候会表现得非常不同:"请问你能帮我个忙吗? 我在找一本关于法国绘画的书,我女儿很喜欢。她的生日快到了。那个画家画水中百合和花园,但是我不太清楚他的名字。非常感谢你,打扰了。"

在某种层面上,事物之间的关系(购物篮中的标签)对应着社会分级,另外还对应着常规社会条件下的个人举止以及情感状态(安逸或者焦虑)。布迪厄是在告诉我们,在社会关系与符号资本之间存在着系统性的平行(同源性)关系,在它的体制性与具身性形式之中以其习性为调节。在购物篮里的各个标签之间都有着一种内在联系,有意识的结构化原则在购物者的脑中,也在社会关系之中——在社会秩序与差异的原则之中。存在于不同购物篮之间的相似性与差异性的文化逻辑,它们对应着社会中的权力与不平等关系,也对应着不同团体的个人预设——相似性与差异性的意识以及对于其自身的意识。购物者已经将自己的经济资本转译入了符号资源当中,但是他们所得到的文化资本却是高度不平等的,其比例与一开始在文化资本上的不平等别无二致。[1] 从某一角度看,选择只是区隔的象征,但从另一个角度看,选择就是粗俗化的刻痕。我们总是以我们分类世界的方式来分类我们自身,但是"这个世界"早已经把我们分门别类过了,并且还通过我们的分类来让我们进一步承认(或者"献身于")我们所受到的摆布(参看Bourdieu 1984:第一部分)。在这种符号资本中,这不过是经济资本的变容,它把社会增益或者缩减回经济资本层面,对诸多不同的

---

1　事实上,每个个体都会因为他们所购买到的东西而感到幸福,他们从消费中也能平等地获得满意,这个视角不在我们这里所提出的问题当中。这里重要的是其中所蕴含的社会关系:由于性情倾向上的不同逻辑已经铭刻于一种广泛的社会不平等关系之上,也因为他们也同样能够感受到资本回馈上的不平等——不仅仅"区隔"逻辑能够助力文化资本从而对此时此地的习性带来影响,它还会带来一种长期的利益,在教育上继续有益于他们的孩子。

社会行动者和团体在不同的层面上都是如此：

> 因为他们都围绕着同样的基础性来组织自身，将其视为必要的关系（"商业"的与"非商业"的对立），一种关于不同种类的文化商品的生产与再分配的场域——绘画、戏剧、文学、音乐——结构性与功能性在它们之中是同源的。更进一步地说，这种结构同源关系被作为权力场持存了下来，这些艺术品的客户在最基础的层面上就如此被征召了。
>
> （Bourdieu 1984：161）

## 资本的形成

文化资本的不平衡关系反映了在获得资本上能力的不平等，这本身也是文化资本占有中最首要的不平等。有两种不同的攫取符号资本的有效手段。第一种是从即刻获取的角度出发的，也就是说符号资本无法脱离人而单独存在（它们预设了某种具身性）；而第二种则是，它们只能通过时间的积累而获得（它们预设了持续性）。布迪厄通过经济资本举了一个反例，我们可以通过轮盘赌的方式一夜暴富（Bourdieu 2006：105），但是我们不能以同样的方式来获得具身化的文化资本：

> 绝大多数关于文化资本的特征都可以从这样一个事实推出，其基本情况是与身体以及预设的具身化相联系的。文化资本的积累是在具身化的条件下发生的，比如说，以那些被称为文化、培养、教化的形式，它们都预设了一种具身化的进程，一种统合。因此，这就暗示了一种反复灌输的和积累性的劳动，一种对于时间的耗费，投资者必须亲自投入时间。
>
> （Bourdieu 2006：107）

107

对于具身化的文化资本的获取,就被定义为习性的形成,一种身心和谐一致的基础上对习性(场域)的适应,并且具有一种超越身心之上的可转化性。尽管布迪厄主要通过指向内在意识与实践(或者更确切地说,是指向关于意识与实践的生成性原则与策略)来界定习性,但它仍然必须以一种"外在"形式而被识别。正如他之前的涂尔干与韦伯一样,布迪厄关心的是习性如何从"外在"(社会的)变为"内在"(社会性自身或者说"第二自然")的问题(参看Moore 2004:第三章)。因此,谈论"阶级习性"就是可能的——习性作为一种"集体意识"是通过生活方式中的客观化形式以及生活方式的选择得以表达出来的(当然也有客观化的生活机遇;Bourdieu 1984),由此不同程度的文化资本也就得到了表达。有时这与科学问题比较类似,布迪厄说道:

> 对于空间位置的感知,这就是一个符号资本的认识与识别的问题,同时也是对这一资本建构的助力(所依据的判断是基于一些指标,比如公共场所、注释的质量与数量等),这样一来,它就有可能在场域中对自身进行定位。当一种建构完善的习性得以被把握,我们就会发现各种各样的位置竟是代表了如此多的"可能",行动者能够察觉到的可能的行事方式竟如此之多(比如物理的或者生物的),于是科学行事的方法也就已然成为可能,它或者已然实现,或者依然有待实现,但是通过结构它确实已经唤起一些确切的可能性。一个场域总是蕴含着潜能,一个可能的未来,具有一个适应场域的习性就意味着有能力参与进来。

> (Bourdieu 2006:60)

具身化的文化资本的形成持续地显示为一种特定的社会习性,比如英国传统的公学(排他而又昂贵的私人学校,用以培养经典意义上的自由人文主义"绅士"[德国传统中称为教化

（Bildung）]）；又比如祭祀职位或者军队；又或者在贫民那里就是
技艺学徒；或者在现代时期那些最为卓群的职业，比如说艺术家的
学徒；又或者其他团体里，比如对于精英式体育技巧的培养，抑或
是自由职业技能。文化资本所要求的是对于某种选择原则在感知
上的系统性培养，它暗示了一种转译机制，通过反复灌输，依据所
处的环境（周边状况或者习性）转译为一种有意识的原则，也就是
转译为身体性与认识性的倾向，而这又在性情中得以表达，成为一
种特定的行事方式：

108

> 一个科学家就是科学场域所制作出来的肉身；一个行动
> 者，他的认知结构与场域结构是同源的。并且，如此一来的结
> 果就是，他们往往符合场域所希望其所是。

> （Bourdieu 2007[2004:41]）

英国著名家具连锁企业"Habitat"公司能够全权负责你的家居
装修，从餐具、酒杯和餐巾直到餐桌与床，都依据其特有的风格。
甚至还有更具野心的例子，在"二战"前期的德国，艺术和设计坚
持的是包豪斯风格，所有的一切都依据这种风格，在家居设计和
该流派所在的城镇设计上都是如此——一种整体性的栖居风格
提供了一种整体性的有据可循的生活方式，这就是一种对感知的
统合，一种连贯的现代主义审美。包豪斯设计不仅仅表达了其实
践者的感知（把内在的外在化），而是展露出了如此这般的一种
栖居方式，一种生活方式（文化资本），这些反过来同样在那些并
不栖居于这种风格之中的人身上（把外部的内在化）也培养出了
这种感知（"趣味"或者说性情）。在这种情况下，一个个体也会
获得（他们也可以选择这种栖居风格）这种习性以及包豪斯现代
主义的文化资本，这样一来"游戏规则"或者说"喜好"就成了一
种预设。

　　　　　[栖居风格⇔习性⇔栖居⇔喜好]

这就是资本如何客观化为习性,进而又如何在实践中得以具身化与现实化。

## 资本与建构完善的习性

"建构完善的习性"(well- constituted habitus)这一短语在逻辑上也暗示了一种"建构欠完善的习性"存在的可能。如果符号资本与习性实际上是同样的东西(同一事物以不同的方式在不同的面向下所进行的描述;参看 Moore 2007:第五章),那么符号资本彼此区分的方面以及它们的构成必须在习性的形成过程中才能够被理解。在布迪厄与帕斯隆(1977a:31)看来,我们可以发现这样的一个命题:

109

> (教学行为[Pedagogic Action, PA])授权给了师范工作(PW),这是一种反复灌输的过程,必须在足够长的时间里提供一种持续的训练,比如对一种习性的训练,一种对于文化专制性原则的内在性生产,而这种专制将在师范训练结束之后仍然长久地发挥自身的影响。
>
> (Bourdieu & Passeron 1977a,强调为原文所加)

这一文本在后面对这个问题又提供了进一步的评论。布迪厄在他的后期著作里进一步写到科学资本和科学家的问题(2004[2001])。在科学关系中,他同样也强调:"只有通过长时间的学徒期才能真正地熟练掌握"(2004[2001]:5),并且同样,在进入科学伊始就要面对一种"对于传统的精熟"(2004[2001]:16)——由此"一个20岁的数学家的脑中能够装着20个世纪的数学"(2004[2001]:40;也可参看 Moore & Maton 2001)。从上面这些引据中所能提取出的关键点是,这里的区分发生于与习性相关的自身"深远而又持续的转型",以及一种"不可持续的卓然的符号暴力行为,来自那些如同先知一般的智识'创造者'或者说'魔术师'们"。

　　还有另一个不同的场域,也就是摄影,布迪厄将其定位描述为"它处于中间状态,一面是明显陷入个人偏好的无政府主义之中的'粗俗'活动,另一面是屈从于严苛规则的贵族文化活动"(Bourdieu 1971c:176)。这种"粗俗"与"贵族"二分法与涂尔干所采用的区分类似,即在《宗教生活的基本形式》(1995)中所采用的亵渎与神圣之间的区分;其中神圣者是由严苛的例行规则与神圣仪式所管控的,与其对立的就是日常生活中的随意交往。这里重要的是要注意到,对于两位写作者来说,这种区分都是社会学式的,而非通过估价得来的。这种区分必须经由场域的结构性特征以及规则的引导才能真正形成。贵族的"神圣仪式"或者说学者话语对可辩驳的形式进行了规范,从而与自由闲散的(尽管仍然是处于规则之下的)简单的"漫谈"相区分,后者的指导原则是"个人偏好的无政府主义"(参看 Moore 2007:第四章;也可参看 Collins 2000:第一章,特别是 p.26)。而这一切并不是在说学者就没有他们的"漫谈"——而是说,区分就是以我们已知的方式来行事,而不是知者(knower)自身的形式(参看 Maton 2000),用"何时"与"如何"来言说,而不是用"谁"和"什么"来言说。这种习性的形成,以及符号资本的授予,就是经由"师范工作"所引发的事情,其中所包括的"严苛规则"指向一种对具身化形式的要求。

　　这种区分也处于涂尔干与韦伯(各自)建构的对于习性关系的脉络当中。在他们各自的建构中,习性的形成(对于符号资本的获取)都是通过意识的专门化而被理解的,这种专门化通过一种反复灌输的系统性过程得以达成。正如上文所提到的,这一过程随着时间展开,所达到的程度就是一种关于自身的"深远而又持续的转型",所依据的是一系列连贯而又一体化的,在社会行动者那里得以具身化的原则。它与体制性的代理机构所具有的符号资本相一

110

致,并且是被反复灌输的,最终的实际效果已然超越于代理机构的辖制之外(涂尔干所使用的例子是关于基督教学者,而对韦伯来说则是儒家文人)。在布迪厄符号资本的研究方法中,可区分性首先是与专门化以及素养("培养")相联系的,而不是直接关涉社会经济层面。正因如此,社会经济层面与文化资本在相当程度上是可以分开谈论的,而后者也不会简单地被击溃而退回到前者的范畴内,比如说,退回到如"中产阶级习性"这样的短语之中(布迪厄经常反对这类还原主义)。正如布迪厄所论证的那样(比如说,在《艺术的法则》中),他指出拥有最高文化资本的群体,是"占统治地位的团体中位居统治地位的一部分人";也就是说,知识界是基于符号生产场而形成的,尤其是教育场(Bourdieu 1988a),但是其中占统治地位的那部分人又拥有更多的经济资本(基于物质生产与权力场)。谁在"文化正当性"中占有的文化资本最多,谁就占有最多的教育资本(参看 Bourdieu 1984:16-7)。布迪厄将其称为"权力委派"(delegation),为了文化资本得以运作,这种委派是必须的,而他们所显现出的形象又完全是另一回事:一种对于"非功利性"的追求被界定为任何形式的文化资本至高无上的原则——比如对美的追求、对真理的追求等。正是在这种权威的委派之中,经济资本被变容为一种文化资本(比如,参看 Bourdieu & Passeron 1977a:25)。这里值得强调的是,这种统治阶级内部的区分不仅仅是布迪厄理论化(theorizing)的核心方面,它所展开的范畴是远远超越理论的,并且也潜在地对理论自身的诸多方面提出了确切的质疑。

阶级内部的变异现象对应着不同的习性形成之间的区分,也就是在"建构完善的"和"建构欠完善的"之间的分级,这种分级会在它们的资本架构中得以表达。这种标度在一切社会实践领域中都能够找到。不过,对于习性的分级来说,还存在着第二种尺度。在《再生产》中就进一步地给出了如下命题:

师范工作所特有的生产性,即在正当性中所进行的反复 111
灌输的程度,所基于的是一种文化专制下的强制再生产。对
于其所产生的习性来说,衡量标准就是它超出原有情境的可
适用性。比如,受某种被反复灌输的专制性原则所认可的生
成实践能力,这种能力在为数众多的不同场域中都能够发挥
作用。

(Bourdieu & Passeron 1977a:33,强调为原文所加)

因此,我们现在能够通达到习性,同样也能通达文化资本了,
它们都基于两种尺度,一种是完备性(accomplishment),一种是超
适用性(transposability)。也就是说,两者结合的具身化形式将社会
行动者加以"区分",并且与这种区分一道决定了文化符号资本在
各种实例中的相对价值。在实践中,一些社会行动者会具有更多
的文化资本(更高的完备性),但是所适用的场域数量却十分有
限——也就是说其资本的超适用性是受限的("小塘大鱼")。因
此,习性多多少少都可以是"建构完善的",也多多少少是具有"超
适用性的"。文化资本,当其同时具有(a)最完善的构成与(b)最
恰当的超适用性时,它的价值就达到最大。

总的来说,符号资本的诸形式,比如文化资本和科学资本,可
以被整理为如下几个方面:

· 它们是被客观化或者具身化的;

· 它们需要经由时间获得;

· 它们的获得经由一种反复灌输的系统性过程;

· 它们表现了进行反复灌输的权力委派机构及其场域的(外
部)**习性**;

· 它们为社会行动者带来价值,其标准在于个人的(内部)**习性**
相对于场域之中的反复灌输来说,多多少少是"建构完善的";

· 它们所具有的跨场域的超适用性各有不同。

　　把这些方面合并起来看,就构成了符号资本的诸多形式,并且决定了它们的相对价值。布迪厄在关于科学场的声明中显示出了这一点:

> 当一种习性的适配被察觉(通过竞争,赋予一种游戏感),具有诸多位置的空间就以一种**可能性空间**而发挥作用,这就是科学方法的可能性范畴,我们只能在其中做出选择;这一场域中每一个行动者都对科学的各种现实化方式有一种实践性的感知,通过一种问题意识而起作用。这种感知、这种视野,都在不同程度上符合行动者的性情,而这多多少少是已然完备的,也多多少少是具有广泛性的。也许有些部门会被排除掉,他们之所以被淘汰,是因为它们乏味而又无关紧要(科学革命往往带来的就是关于重要性次序的转换)。
>
> (Bourdieu 2004[2001:59-70])

112

　　在最终的分析中,符号资本的诸多形式是通过诸场域之间的(a)关系结构——内部的错综复杂性与(b)社会空间中的外部关系——它们之间的相对位置,而被给予和限定价值的。在社会空间中,个体对文化符号资本占有的多寡,这与其在社会空间中的专门化场域的地位息息相关,也与他们在专门化场域中的位置息息相关。


总　　结

　　本章对符号资本这一概念做出了彻底的审视,所采用的方式是着重强调它的辨别性,并且将其与传统社会分级理论所采用的概念相区分。理解这一概念所具有的辨别性是重中之重,这一理解能够开启我们的工作。当我们说一个概念具有辨别性时,我们是说在它的问题意识框架内,它能够让一些分析得以可能,而用其他的一些概念则无法完成(这些概念可能指同样的东西,但是名称却不相同,比如"文化资本"[cultural capital]和"社会地位"[society status])。那么为什么"文化资本"所能够做的分析,"社会地位"这个词就做不到呢? 或者,习性这个词和社会化又有什么不同呢? 在学院式辩驳和批评的语境中,在具体的案例中对新术语进行审阅或者说"测试"是非常重要的。布迪厄和帕斯隆(1977a:35)称之为一种"自我界分的智识游戏"(intellectual game of self-demarcation),这种游戏往往是以这样一种形式展开的,即处于智识场中某一位置上的人宣称自己给出了一种原创性的东西,而这种原创性往往表现为开发新的词汇,由此就好像开发了一种新的理论或者范例。布迪厄(2004[2001:7])曾经进行过类似的观察,这就是他所说的"对于差异性的虚假追求"(fictitious pursuit of difference)。我想在这一问题上,前文已经证明了布迪厄概念的独特性——这些概念是不能随意代之以其他词汇系统中的术语的。

布迪厄的拓展工作显然向一种多元阐释开放,并且他自己也随着时间的推移不断地改变自己的位置。当然,他的作品常常包含着可选择的话语(对于解释性的相对标准),由此就可能建立起某种连贯的系统,这种系统基于一种理论上的对立逻辑。布迪厄的思想特别看重"任意性"(the arbitrary)的角色,而他所采取的态度是着重强调反对一种固有的和静态的关于非任意性的理论,而这是理解布迪厄思想的关键所在(参看 Moore 2007:第五章中的进一步讨论),这几乎就是他表层论证之下所始终坚持的,同时在相当程度上可以说是其研究工程的前提。在符号资本这种特定问题中,任意性造成了非正义,同时也限制了通向这种任意性所带来的利益的道路;同样,对于非任意性的利益来说,这也是一个"神话",一个"建构完善的习性"的神话,它让我们能够认识真理,同时也让我们产生"幻觉"与误识。

113

# 信　念

⊙塞西尔·迪尔

本章主要分为三部分。首先是介绍信念这个概念,其次是将其作为布迪厄实践理论的一个重要部分加以思考。在此,我将在场域运作的语境中指出这一概念的重要意义,尤其是在场域结构与习性之间关系中的重要意义。我将显示出在布迪厄的方法中,信念这一概念有哪些重要的独特之处,他自己对于这一概念所做的工作又会带来什么影响。在布迪厄的经验性研究中,关于信念发挥作用的方式有很多例证可查——教育、文化和经济等。这些例证还拓展到了知识或者说学术场,对于学术场的关注是本章第3部分的焦点。这一部分中我们将思考的范围拓展到智识场中的信念法则,以及为了从中解放出来我们需要做些什么。最后,我将以一些反思作结:关于我们能够做什么,又会产生什么结果。

## 导　言

紧随涂尔干的理解,布迪厄把文化社会学当作我们时代的宗教社会学加以思考。在早期作品中他对"信念"这个概念的使用是胡塞尔意义上的。信念[1]这个概念在布迪厄的作品中有着不止一种相关的意义和理解模式，但是这个概念总的来说是指向对于社会权威性诸多形式的误识，这些形式是未经公式化表述的，也是无法被拾零的，但是这些形式同样都是对社会权威性认知的内在化与实践化。它在社会机构、社会结构和社会关系中助力着权威的再生产，同样的事情也发生在心灵与躯体、期望与举止之中。

布迪厄第一次使用信念这个词，是在他描述与解释传统社会中所具有的那种"自然的"实践与态度，这是一个现象学视角的解释（比如说，参看 Bourdieu 1977b）。他的目的是提供一种对于人类群体实践理性的理解，而这种理解是基于目标群体自身的世界观与经验之上的（Bourdieu 1990c）。信念指向一种关于原初知识的前反思，它是由经验塑造的，是一种躯体性的无意识遗传，一种关系性预设。在布迪厄的思想中，这种思考方法与其说是人类学的方法，倒不如说更像认识论的方法。结构人类学中那种脱节的智识规划与虚浮的人种心理学中的相关问题，这两者之间的沟壑通过这种方法得以弥合。

在现代社会中，信念也同样指向前反思，一种被普遍分享但又不受质问的选项，而作为调节机制的就是相对自治的社会微观世界（场域），通过一种"限制感"的内在化和场域中社会行动者的习性，它们决定了什么样的实践和态度是"自然的"。信念就是"一系列基础性的确信，这些确信甚至都不需要付诸某种解释形式，他们自身就意识为某种教条"（Bourdieu 2000a：16）。它指向显而易见的自然信念与选择，与场域和习性密切相连。它有理有据地设定了一个（正统的）纪元，对于它的依凭是超越于意识形态之上的，然而它也会产生意识上的斗争。在与学术场（闲暇）的关系中，信念

---

1 "信念"（意见）通常对立于"认识"（知识）。

需要更进一步的认识论维度,反过来对于这一部分行动者来说(知识分子与科学家)也需要更深入的反思。

## 信念作为实践理论的一部分

正如已经说到过的,在布迪厄早期的工作中,信念这个概念是作为传统社会自然秩序的民族志研究中的一个概念出现的,比如"有些根本性的运作不需要被言说,因为它是一种心照不宣的运作","传统是寂静无声的,它并不说自己是传统的"(Bourdieu 1977b:165-7)。在这种社会环境下,信念关系到"什么是有理可循的",之所以事实上对此人们是全体一致而不加质询的,是因为它超越于所有可质询的观念之上。它与一种"天真的原初状态"联系在一起(Bourdieu 2000a),指向一种"因缺乏可用的话语而不能说出的东西":

116
> 信念与社会世界之间依附关系的表达是一种关于正当性认识的绝对形式,经由对权威性的误识而达成,因为在相当大的程度上正当性所存在的问题都不会被察觉。而这种权威性来源于对正当性的竞争,发生于那些声称具有正当性的群体之间。

(Bourdieu 1977b:168)

在这个问题上,信念更多地被用于讨论传统社会组织形式中某些特定的行为和实践,在这种组织形式下,社会结构与精神结构之间,客观秩序与主观组织性原则之间的一致性是近乎完美的,这使得自然世界与社会实践是无可质询的。正因如此,信念容许了一种权力关系的社会专制本性(比如说阶级分野、价值判断、分门别类等),而这种专制自然又对信念进行了再生产,使其继续被误识,而这种再生产就成为一种自我强化的手段。建立社会秩序的专制性与其离散的正义性、情境性与无处不在的昭告,这些都造成了一种限制感的内化,并且进一步对人的真实感与愿景产生影响。信念是一切场域的基石,且进一步决定了客观社会结构的稳定,在社会行动者的认知与实践中进行社会结构的再生产以及再生产社会结构自身;换句话说,这就是以习性发挥作用。场域与习性之间的互相强化加强了信念权力的盛行,而这就通过一种预设而对场域游戏的"恰适感"施加了引导,这种预设是包含在信念自身之中的(参看 Bourdieu & Wacquant 1992a:66,74)。

信念的概念化,就是作为一种场域建构的不被质询的"共享信仰",它奠基了符号权力的相关概念,这与布迪厄对于现代社会关系的理解尤为相关。在这种语境下,信念是以符号权力的方式出现的,并以各种各样的资本积累形式为中介(文化的、经济的与社会的——详见第 6 章)。对于外显的身体性的强力解释被隐含的社会习性、机制、差异性与假定所替代,"自然"一词寄身于误识之中的专制本性,亦即它们在社会历史中的呈现以及再生产,这些都得到了强化与正当化。符号权力被具体化为一种体制性的认知,同样也是一种体制化的社会关系(教育、宗教、艺术),它们有建立分类的权力,在符号商品市场中分配差异化价值,由此进一步将其自身合法化。信念作为一种权力的符号形式,它要求一种对其无可置疑的正当性的屈从,以及对于那些掌握正当性的掌权人的屈从。认知只是这种无可置疑的仪轨的副产品,一种经由社会行动者而发生的内化,并与一切明确的外部压力相抗衡。在场域中,对于那些具有相似习性的社会行动者来说,信念以误识的形式引导了一种对于"游戏规则"的无条件忠诚。与大多数人对规则的观念相反,信念所创造的是对一种意见场的处置,也就是说,可以给出不同的正当性的回答,而这些回答都是对于已建构秩序的解释,对于全体无异议的回应来说,信念既是其根源,又是其核心。

117

　　如果按照这种思路继续拓展下去,那么信念这个概念在现代社会里就有很多经验层面的伪装形式,因为它关涉习性以及相对自治的社会场域的权力结构,这种相对自治体现为他们具有各自特定的逻辑和必然性。信念在场域中得以具体化的同时反过来又对场域进行定义并赋予一定的特质(艺术场、宗教场、经济场等)。《继承者》(Bourdieu & Passeron 1979b)、《再生产》(Bourdieu & Passeron 1977a)、《摄影:中等艺术》(Bourdieu et al. 1990a)[1]、《区隔》(Bourdieu 1984)所有这些人类学研究都是为了揭露信念对客观社会结构与现代法国诸多社会场域中(教育,审美)的主观精神性情之间是如何进行合并的。其目的就是对符号权力的误识形式做出解释(比如说,解释信念),这些形式奠定了潜在的关于实践、期望以及场域运作中诸多关系的逻辑。因此,居于统治地位的社会团体所具有的"卓群"的信念与劳动阶级所具有的无产阶级信念是相当的,两者都隐含着诸多对于现实意义的认知形式,但认识不到他们所依凭的认知条件恰恰是他们自己生产出来的。布迪厄坚持的是,后者不应该被错误地带入马克思主义式的阶级意识观念。他甚至还挑衅性地认为这是一种自大的"理解"形式,也就是说是一种"信念链"(allodoxa),这也是一种误识的种类,当错误的认识对盛行信念的离散性或者典型性方面进行了强化之时,这种自大的形式就会发生。在现代社会,语言与语言学上的交易以及被误识的专制性分化、分类乃至差异自身的运作与再生产,这些都是符号权力的关键成分,它们都为信念的正当性做出了贡献。它们为自身的再生产提供了联系与网络,通过保卫其非认知性,通过一种积极的共谋,其参与者就是那些已然屈从者(参看 Bourdieu 1991a)。

---

1　参看法文版《中等艺术:论摄影的社会功能》(Bourdieu et al. 1990a[1965]),信念被等同于公认。

这种关于布迪厄早期著作的解释与理解,将他的问题导向了是否存在我们能够与支配性的信念发生真正决裂的可能。从这一点出发,布迪厄预见了信念在理论上被质询的可能,预见到了它会被打回"不可辩驳的普遍性"这样的原形,甚至在危机时代要被推到重建的命运,当社会结构经历着剧烈的调整和崩塌,一种批判意识就应运而生,这就有可能对主流的信念造成根本性的动摇,并且扶持另外一种正逐渐浮现的信念:"信念,就是把所有的议题都心照不宣地放在受质询的一方,然而仅仅是以回顾性的样貌出现,这种质询实际上是被禁止的"(Bourdieu 1977b)。

118

不过,布迪厄也对这种可能性进行了严格的限定,如果对于这种断裂来说危机的发生是必不可少的条件,那么想要扣动一种真正的批评话语的扳机,彻底地揭露主流的信念,单单靠这种危机条件还是不够的。这种限定源于布迪厄所划下的界限,一面是任何阶层对于社会限制的意识、反思与理解,另一面则是"科学-推论"(scientifically-informed)(一种对于经验证据、统计、访问、交叉引用、历史性研究等)对于误识形式的揭露,这种形式关涉社会的有限性以及铭刻在身体、行为、愿景、决断和行动之中的符号统治。对于布迪厄来说,任何对已建构的法则的常识性反应都必须得到修正——并且也因此是极为严肃的——必须通过每日的经验、通过有理有据的实践,简单地说就是要探究是什么;由于缺乏表达的途径,这种修正的道路很可能被阻塞,因此问题就变成了那些隐而不显和理所当然的东西究竟是什么。这就把他引向了对社会统治实际能力的思考,因为在实际的行动上,这种统治力要么是有限的,它羸弱、不具有离散性,仅仅是一种实践方式(生硬的行动,暴力的爆发),要么就是向"符号挟持"开放的,被绑架于一种从实践向词汇表征(逻各斯)的转换之中。这是因为词汇表征仅仅是机构化或者第三方认识的产物(工会、已有的政党等),是进入某种政治观念秩序之中的钥匙。

以上所谈论的是布迪厄对正统的界定，同样提到了相关推论和相比之下的异端。正统诉诸于一种情态，其中信念的任意性在于信念是公认的，但是也同样是经由实践才被广泛接受的。所谓"游戏规则"是被广泛知晓的，也是在玩的过程中才能找到依据的。而另一方面来说，异端所依凭的是对于竞争性信念之可能性的认识，同时也是对于那些正在浮现的竞争性信念的认识，这就促成了一种从具体实践行动向离散交换性的运动，以及向某种正在出现的观念场域的运动。异端，在最现实的情况中来自这样一种群体，他们的生活经验既不属于社会底层，也不属于高层中的统治阶层。他们是那些常常被赋予较高文化资本，但是在经济资本上又比较贫乏的人。不过，尽管是在寻求一种批判，但是实际上就连异质的、异端的也往往只是统治性信念经过修正后留下的残余。

在《学术人》题为"批判时刻"的最后一章（Bourdieu 1988a: 159-93），布迪厄通过1968年五月风暴的实例对这一理论性理解做出了论证和讨论，这些事件对法国的学界与社会都造成了极大的冲击。对于布迪厄来说，这些事件是危机所带来的真正的批判时刻——即使是特定范畴内的——它来自各种潜在危机的同时性爆发，在不同的场域都是如此。这些危机共享了一种"信念链"式的特征，这些特征来自一种紊乱的期待：团体习性的分歧使他们认识到，他们对自身社会位置的理解已然过时，从而导致了他们对所遭遇的客观性的生命契机所给予的赞许愈加膨胀。1968年5月的一系列事件就解释了这一处境，并且导致了对主流学术与社会秩序的强烈质疑，当然与之相关的信念也难以逃避，在事件、行动与话语中皆是如此。学界的危机将自己装点成了一种批判的节庆式质疑——一系列的"偶发事件"直接对学术信念造成了冲击——这场学界运动最初是由学术场中占统治地位而又不具有社会统治力的人所掀起,他们认为必须重新思考他们的客观生命契机。这场危机之所以蔓延到更加广阔的社会层面,是因为它有可能在其他各个场域中催发一种同时性的再定位(高校学生、学院学者、手工业者)。而最终,当争论与行动促成了政治场信念的修正时,向主流秩序回潮的逆流也就被遏制了。

《学术人》的出版不仅仅是对于 1968 年五月风暴的后验分析,它同时也是一次广泛的反思行为,这种反思是对学术自治场域的产生与再生产条件的反思。这些条件具有自己的主流学术信念(参看 Bourdieu 1998c):一方面为学术场制定了规则;另一方面也标定了与其他社会场域之间的差异。《学术人》一方面是对学术信念的揭露;同时另一方面也是布迪厄之前理论经验性工作的延续,比如说《继承者》(1979b)、《再生产》(1977a)或者《区隔》(1984)。不过,它标志着布迪厄对专业智识场进一步更为概念化的反思工作的开始,关于智识场与其他社会场域的联系,尤其是权力场与经济场,以及它们的影响。这些进一步的反思反映在《帕斯卡尔式的沉思》(2000a)以及《科学之科学与反观性》(Bourdieu 2004[2001])当中。

这种反思是布迪厄的信念这一概念最为关键的革命性所在,而这很大程度上要归功于布迪厄对于科学实践的自我反思,同样也有赖于他的专业与知识进路,从一个哲学系学生到法兰西公学院的社会学家,期间在阿尔及利亚战争时期通过自我教育成为一个人类学家。信念这一概念下的分类与场域及习性息息相关,同样也与后结构主义者、后现代话语这样影响力不断扩大的相对主义论调密切相关。在这个问题上,布迪厄发展出了一种具有理论化性质的基础方法来分析当代资本主义社会里自治性社会场域出现的条件。比如说在 19 世纪上半叶,所谓的"异端"就为其文化生产的自治场域而与正统展开争夺——作为一种信念破坏者而出现——比如绘画界的库尔贝或者莫奈,文学界的福楼拜和波德莱尔(Bourdieu 1993b;1996a)。信念被理解为一种包含着特殊信仰的场域,它宣告着场域之中那些被广泛共享的习性。这些争夺的结果往往通过规范性甚至述行性的宣言表达出来,并且通过或者说围绕着场域中那些至关重要的要素表征出来。这样一来,这种场域就被设定为某一疏离于世界的场域,它具有自己基础性的规则和法则(规范)、离散形式(逻各斯)、标准信念(幻想)、可预期的行动,以及行为与准入门槛。场域产生的特殊的社会历史条件(纪元)已经被忽略或者遗忘了,随着场域越来越自治,与其他的场域越来越具有区分度,尤其是与经济场域越来越具有区分度,信念变得越来越不可质询。如此一来,场域就自己塑造了自身的历史性,以及与之相应的预设与预设倾向,这就是它自身的信念(参看Bourdieu 2005b[2000])。

为了更好地理解自治场域的产生并且能够更好在其中进行实践,我们必须站在无论何种独立世界的原初视角来理解它,而这样一来,这些世界自身所具有的法则和规律(美学场、学术场、宗教场、民主场等)的任意性,这些我们时常遗忘的东西就会重新清晰起来。而同样重要的还有如何理解统治性信念所带来的影响,在场域中那些运作和交涉都无时无刻地进行着定位(正统的/异端的)——在视觉艺术场(Bourdieu 1993b;1996a)、学术/智识场(Bourdieu 1988a),以及哲学场(Bourdieu 2000a)。同样必要的还有跨社会场域交互所带来的影响与意义的把握,尤其是政治场、权力场、经济场(参看 Rigby 1993:271;Bourdieu 2000a:121),在这些场域中,信念是围绕着正当化而被明确表达的,并且又是对不同资本类型的积累,比如社会的、经济的、符号的和文化的。某种充满了一系列不被质询的信念的场域则会不受限制地扩张自己的影响力,而只有从属于其他场域和习性的东西,通过向缄默的游戏规则

·121

与恰适的实践施加影响和质询,才能够打破这种自治性的预设和摆布,这就在场域中带来了一种异质增长的情况。这种情况在学术场与经济场、政治场和媒体/新闻场的关系中尤为鲜明,正如布迪厄在《论电视》这本小册子里说的那样:

> 文化场与智识场的自治,以及其特定信念的正当性,它们受到某种异质侵入的威胁,这是由于符号被授予的正当性通过媒体及其市场定位以某种特定的智识形式而受到一种外部界定。

> (Bourdieu 1998b)

为了对抗这种颠覆,布迪厄指出知识生产所带来的智识场准入权力,其所必需的科学层面应当被维护甚至应当提高其重要性,当学者的责任被带入其他场域尤其是政治场时,这种科学性应当被加强,以此将知识的产生置于恰当的认识论条件之下(Bourdieu 2000a:188)。后面这个命题是基于这样一种理解,即表达与批评的工具性能够对信念那未经言说的任意性以及不平等分布加以谴责(Bourdieu 2000a:188)。文化资本的转让源自一种不完善的"同源故结"(homologies-cum-solidarities),一方面是在文化场中的统治,另一方面是在社会空间中的统治。这种不完善的联系使得我们可以进行一种集体动员,通过动员一种颠覆性运动来反抗已有秩序,这就是布迪厄在《学术人》中所作出分析的铮铮回响。然而吊诡的是,对于科学真理的产生来说,恰当的情境在科学场中总是被认为是一种对于理性的严肃反思工作。在《帕斯卡尔式的沉思》中,在讨论理性的史证性的题为"科学理性的双重面孔"一章里,布迪厄给出了清楚的解释:

> 科学场,作为一个微观世界,它是社会实践的一个特定方面,这与其他的场域别无二致,它同样以权力、资本、垄断、权

力关系、自利、斗争等为关注点,当然也同样包括其他一些方面,比如可预期性、某些不可思议的论域,在其中理性的必要性在不同的程度上,在结构性与分布性的真实中被委任……而事实上,对于任何事物来说,对于真理的执着总是处于场域建构性的规范之下,而这仅仅是场域内作为武器的手段而已……这样一来科学世界就单纯成为客观观察的结果,在其中对理性的保护被委托于一种面对批评时的集体劳动,它也是处于这样一个事实之下的,即我们被强迫依附于一种批评以及反思性的实在论,它既拒斥认识论的专制主义,也拒斥非理性者的相对主义。

(Bourdieu 2000a:110-11)

　　这段话中结尾处所说的对于科学信念半推半就的态度,这是一个自治智识场的关键所在,通过对批判理性的调节促进了真理的进步,这看上去无法和布迪厄早期关于高等教育的研究相一致:尤其是在教育和学术场中,对一系列作为基础的习性信念的揭露。但是,对布迪厄来说,对于艺术、科学或者说理性的接受与生产所依赖的社会条件的科学分析,以及对场域社会起源的理解(他们的信念、语言游戏、数学和符号利益),这些并非是要追求一种破坏性的愉悦,而是一种痛苦的认识论需要,它让我们对经验施压,迫使我们以批判性的目光来观察事物,观察它们是什么,又是以什么为目的(参看 Bourdieu 2004[2001:14-16])。

　　布迪厄在运用信念这个概念的时候需要避开一知半解的、极端相对主义的关于信念的社会历史性的武断解释,而上面提到的这些思考是理解布迪厄所采用的途径的核心。谴责对于理性原始基础的幻觉并不意味着放弃理性的可能性,而是说要呼吁一种对于理性生产如何出现以及如何可能的澄清。因此,如果布迪厄考虑到抽象普遍主义之所以能够扶持已有秩序的利益,是因为它误识了理性产生的历史条件,因此就使得未经判断的普遍性垄断具有了正当地位,那么对于任何形式的关于真理、解放与启蒙的普遍价值信念的讨论,布迪厄更为拒斥的反而就是那种表面上激进,实际上却具有腐蚀性的、相对主义的视角。这就是为什么在诸多的文化生产场(法律、科学、政治、宗教)之中——这些场域都是被赋予特权的社会微观世界,彼此之间争夺着对于普遍性的掌控——布迪厄会把科学场放到中心位置——以及其中对于信念的挣扎。

## 总结:智识实践与认识信念

当应用于智识场域时,对于信念的理解就需要通过反思才能得到相应的认识尺度:

> 哲学家、社会学家、历史学家,他们的专业都被认为能够对世界加以思考和言说,并且具有最大的高瞻远瞩的可能性,这些社会性预设被铭刻于学术性的视角当中,而正是这种预设将哲学家从墨守成规的沉睡中唤醒过来,我称之为**认识信念**的矛盾修辞:思想者停留在一个对于其所思的未思(impensé,doxa)的预设层面,这就是学者视角及其无意识性情之可能的社会条件,这些无意识议题的生产性需要经由一种学院或者说学者经验才能发挥作用,它们常常被铭刻在一些冗长而又原初的经验当中,这是一种来自与世界疏离的经验,也来自一种对于必然性的紧迫感。

> (Bourdieu 1998c:129)

对于一切学术论域来说,它们的准入要求,也就是让其中一种论域出类拔萃所必需的东西,同样也是建构性的认识信念(Bourdieu 2000a:15)。布迪厄非常清楚地指出了任何学者姿态,也就是学术当中所含的经济与社会特权都不能被理解为一种罪证或者说政治谴责,而只是一种基础的认识论逻辑问题,它所指出的是认识信念对于思维模式以及知识生产所施加的影响。非反思性的社会科学(和政治)会带来一系列被信念化了的命题与二元对立,这些命题与二元对立成为世界中的日常概念(比如韦伯对涂尔干、方法论个人主义对整体论、理性行动理论对集体行动理论、客观主义对主观主义、社会主义对自由主义、资本主义对集体主义等),并且成为常识性价值与观念的基础。因此,它们也就参与并受益于统治性信念的再生产。布迪厄引用了帕斯卡尔关于半吊子学者(一知半解的思想家)的概念来描述这种情况,这类学者反对的是一种真正的社会科学方法,这种方法以知识积累与反思性认识论为基础,并将其视为唯一的能为社会结构与错综关系带来科学理解的方法。这里存在悖论的是,这种方法之所以能够部分的达成,这要归功于科学家所具有的特权,这种特权使得他们能够轻易地与其他场域的信念保持距离;但是同样地,反思性的思维也会将他们自己从所处的学术场与科学场的信念中连根拔起。在精英主义与煽动者两极之间做选择,就像在斯库拉(Scylla)与卡律布狄斯(Charybdis)之间,想要左右逢源并非易事,而这正是布迪厄所提醒我们的。[1]

　　另一方面的回响发生在布迪厄对常识、日常知识(具体化的感知)和科学知识(推论理性)的讨论当中。一方面,是对具体化信念的"扬弃";另一方面,是授予推论性反思以权威,这两者之间不可桥接的两极分化成为最重要的批评资源。但是,这只是表面上的,因为这一问题已经被解释得过于简单化、过时和保守,并且与此同

---

[1] 两者皆为古希腊神话中的人物,斯库拉象征屹立的峭壁,卡律布狄斯则象征漩涡。英语中有"between Scylla and Charybdis"的说法,意思是进退两难。——译者注

时又是自相矛盾、自我辩护的,因此只催生了执拗的和无力的观念。不过,这仍然是理解布迪厄在生命最后十年中所进行的理论与实践的关键要素,无论是科学反思还是政治行动主义都是如此。因为这些要素促使他对他所提出的批评做出了更为详尽的回应与澄清(而这对布迪厄来说也是一种基于反思的回应),在这一进程中,他也颠覆了自己在文化生产场中的定位,无论是过去还是当下的。

因此,在《世界的苦难》(1999a)中,反思性的科学方法不仅仅在于实行了一种社会学家所提倡的参与者客观性。这一研究实践及其出版使得这本书本身就成为一个政治话题,它反对由其他文化生产者所带来的理所当然的世界观,尤其是布迪厄所说的那种现代"信念智者"(doxosophes)(参看1972b),也就是政治信念的技术,它预设了所有的公民对于他们所身处的环境来说都是一样的。相反,布迪厄坚持任何看法的表达与形成都是情境性的,都是受限于经验、语言能力、性别、经济状况、教育背景,而预设一种形式上的平等是对真正不平等的掩盖(参看 Bourdieu 1971d)。任何有效的行动——也就是说基于推论的行动——都会抵抗信念的预设和倾向,这些信念基于某种能力,能够对未经质询的信念分类、结构、对社会关系进行界定并施加影响。因此,社会科学家应当致力于为经济与文化准入条件的普遍化与民主化而工作,由此社会科学知识就成为向普遍性开放的通道,这就是唯一的对信念进行最终起底的途径。对于这个问题,布迪厄是通过现代社会运动的理论视角加以论证的(女性主义、性别与激进政治、行动主义团体等),他鼓励那些在理论上和实践上卷入其中的人们更多地反思他们的方法,从而对自己的话语优越之处有更充分的理解(社会条件、分类、预设、价值、信仰)。与之相似,布迪厄对排他主义者、法律共同体(communautarist)的位置也非常关注,并且主张一种更为普遍性的方法来彻底界定与质询那些未经思考的分类思维,而非依赖于已有的、出于我们自身经验差异的分类观(尤其在 Bourdieu 2004[2001])。布迪厄在《艺术的法则》中以相似的讨论鼓励一种更为自由的方法,以此来对待文学及其经典作家(Bourdieu 1996a)。他认识到,他早期的作品受到自己某种愿望的影响,这种愿望是关于恢复那些被踩蹋之物。但是他警示到,如果这种良好的愿望没有在符号市场中确切地发挥作用,那么它就是无力和无效的。他早年的信念概念可能会使得思考政治与文化行动成为不可能的事情,而这对于场域中的实践者来说才是真正的反思。这就是为什么布迪厄在他的晚年热衷于左翼知识界与政治活动,他以此救赎了早期的概念。

# 迟 滞

⊙谢丽尔·哈迪

## 导　言

迟滞、代际变更、习性错位、社会危机,以及场域重构,所有这些术语都与布迪厄关于社会现象的讨论紧密相关,并且随着时间的推移,这些术语也彰显着布迪厄自身的改变。"布迪厄与变革"可以作为本章的另一个题目。布迪厄视迟滞为习性与场域相生相克所导致的必然结果。这一错综复杂的关系就是本章的焦点。本章将主要呈现三个方面的内容:首先,迟滞的历史性语境及其定义;其次,布迪厄在他的出版物中是如何使用这一概念的;以及第三点,考虑一些对于这一概念的特殊应用。在总结部分,我将讨论这一概念所带来的实践与理论上的影响。

## 布迪厄与变革

布迪厄对于习性与场域的定义中就包含了关于变革的定义,

这是两者互为条件的必然结果——一旦一方发生变革,另一方也必然随之改变。这种关于变革的说法的依据就在其作品之中,我们不需要再从别处找理论依据了。因为在他的方法中变革是被预先设定的,虽然在布迪厄的社会分析中常常不那么鲜明。这就不难理解为什么布迪厄的作品有时会被批评为是决定论,尤其在社会阶级方面。布迪厄强烈而清楚地反对这种责难。对他来说,场域状况随时间而变化,且每个个体的历史总是处于进展之中,并且不断地积累符号与经济资本,从而对习性的构造也是持续性的,习性自身也就是总处于变动之中。正如布迪厄在《换而言之》中所说:"习性,作为一种社会境遇化的产物,它因此也就是历史性的(而不是某种固定特征),总是处于无尽的转化之中"(Bourdieu 1994d:7)。任何个体的符号资本不仅是向转化敞开的,同时其本身也处于一种持续的变动之中。这是一种对于场域位置变更的回应,也是一种对于场域结构变更的回应。这种被修正的或者可修正的习性转而又被植回到潜在的场域结构化的进程之中,这是一种持续的并且可持续的变革进程。

当个人与社会都处于稳定状态时,各个层次井然有序,变革总是符合预期的,因此说每个个体都"如鱼得水",也就是说其中的习性与场域是完全适配的。在此,布迪厄的思想工具,也就是习性与场域所蕴含的动态性自平衡(homeostatic)式的变化与代际更替就为我们提供了解释,并且"对应于新的经验,习性也持续改变"(Bourdieu 2000a)。在另一种情境中,尤其是在危机时期,习性不得不面对生硬,有时甚至是毁灭性的场域变迁,但是这通常需要时间的洗礼。在这种情境下,新的稳定的场域结构还没有出现,场域创新的契机总是稍纵即逝,场域的变革正是通过这些契机而成为习性,但是其方式却不可预知,会带来什么样的个体场域定位也是悬而未决的。这种悬而未决也就是一种迟滞,它提供了一种灵活的技术术语来凸显习性与场域之间的脱离,以及随着时间的推移其所带来的后果。

## 定义与历史语境

那么迟滞的原初意义是什么,为什么布迪厄偏偏选择了这个词呢?

实际上有很多概念都能够表达某种时间与空间意义上的"脱节",在社会学当中俯拾即是。比如说,在马克思主义的传统中,就用"异化"这个词来指涉在资本主义社会中的个体,他们与自己的劳动以及周边社会相脱节。这里也隐含了一种道德判断,即事物应当是"本然"(otherwise)的。而在《社会学方法的规则》(1938)和《自杀论》(1952)中,涂尔干使用了"失范"(anomie)这个词来描述个体深陷其中的麻烦关系:一个对行为缺乏规范引导的社会——"一种在各种社会功能之间管理其关系的一组法规"的缺席(参看 Lukes 1975:15)。无论是"异化"还是"失范",作为概念它们都预设了这样一种看法,即当社会发生变革的时候,是应当有决定性的道德力量为变革指明方向的。两者都是在讨论,可欲的变化总是指向一个更为理性化的(乌托邦式)社会视角,或者说有些国家看上去是"坏"的,因此需要从崩溃的道德状况中挣脱出来。而布迪厄则与这种前存在的道德定位决裂,同时也对客观利益的道德判断表示怀疑。因此,他选择了一个词,这个词能够支持关于社会与个体之间、主观与客观之间更为科学的视角,这就是迟滞一词,这个词所描述的那种场域条件影响着社会空间中的每个个体。

迟滞的历史性根源存在于科学实验当中。对这个术语的科学缘起做一个简要的回顾,有助于我们为这个词的具体用法建立相应的背景,也可以让我们明白这个词通常与什么有关。根据《牛津英语词典》,"迟滞"这个词的最早使用实际上是出现在科学语境中。在 1881 年,J.J.尤因(J.J. Ewing),一个磁学专家,他在《皇家社会学报》上宣布"对立磁极的改变要滞后于扭力的改变"(OED 1989:9)。这一早期的定义界定出了迟滞的两个关键特征——它与变有关,并且有一定的时间间隔。在这之后很久,直到 1965 年,A.P.格里斯(A. P. Goresi)将这个术语与"弹力"联系在一起。他声明:"无论何时,物体所展现出的现象都是一种迟滞现象——也就是说,一种返回自己原初尺寸与形状的未竟显像——它所呈现的形态是弹力的未竟(OED 1989:9)。这一科学视角为迟滞界定出了一些更进一步的性质:之前协调的两种要素而今发生的错配(mismatch),并且处于一种持续的变化当中。更一般地说,迟滞的现象是对一种发生状态的界定,即"实质上的变化滞后于其所依赖的介质的变化……"(OED 1989:9)。这最后一种定义高度凸显了迟滞作为一个科学概念的应用条件:要有两种在本体上截然不同又彼此依赖的要素——一个是性质,一个是介质。对布迪厄来说,这种要素就是场域和习性。

因此,迟滞现象的关键特征是从科学语境中浮现出来的,在这一语境中,它是用来描述一种特定的变化样式,这种变化涉及错配和时间上的滞后,这是两者截然有别又互相关联的要素,它们各自从之前"完善形态"(well-behaved)之中发生了改变。在布迪厄自己的写作中,迟滞及其所带来的其他表述都是用来描述习性与场域结构之间的关系断裂,以致从此不再相符合的情况。他用这个概念来描述任一特定场域结构之中的变化效果,至少是某一时间所发生的自治性(习性)的崩坏,而这种自治性曾经被建立起来使个体适配于社会。用布迪厄的话来说:

> 迟滞性效果必然与习性的构建逻辑纠缠在一起,其结果就是,当实践与其所处的客观适配的环境在实际的关照中距

离过于疏远,则必然会招致否定性的制裁。

(Bourdieu 1977b:78)

在下一节中,我将显示迟滞的这些特征是如何成为布迪厄理论写作的核心的,在社会文化与经济变迁中都是如此。

## 布迪厄对迟滞的运用

在本节中,我们对布迪厄迟滞这一概念意义的澄清将借助于其他的一些思想工具——比如习性、场域和资本。文化性情的发展、教育资本的双重性、国家的角色,以及对先锋派团体的审视,这些都在布迪厄的著作中被细致地思考,相关著作包括《实践理论大纲》(1977b)、《帕斯卡尔的沉思》(2000a)、《单身者舞会》[1](2002b),以及《世界的苦难》(1999a)。在《实践理论大纲》中,布迪厄采取了一种"科学实践的反思"(1977b:83)。在"结构,习性与实践"一章中,在定义迟滞时,他如此写道:

> 习性的迟滞本身就内在于习性再生产结构的社会条件当中,它无疑是一种结构性滞后的基础,一方面是契机,另一方面是抓住契机的倾向。这同时也伴随着错过契机的可能,尤其是还会丧失对历史性危机的客观思考能力,被囚禁在一种分门别类的知觉中,而无法对过往进行过多的思考。

(1977b:83)

在这段话中,布迪厄把一条鸿沟凸显了出来,一方面,是新的契机,这是任何场域变迁都会带来的结果;另一方面,是场域中的参与者所应当具有的态度与实践能力,从而去认识、把握和占据这

130

---

1 《单身者舞会》(2002b)是布迪厄三篇关于贝亚恩地区农民婚姻实践的独立文章的合集再版(参看 Bourdieu 1962b,1972a,1989c)。

些新的场域性位置。与所构成的习性相比,一个个体的早期习性对于性情与实践的结构化——正是它们构成了习性——所能起到的作用是不成比例的,而看上去只有那些"玩家",也就是那些家庭背景相对卓群而又有保障的人,才有可能认识到(或者被确保)新场域中的有利位置。正如布迪厄在《艺术的法则》中写道:"一般来说,那些在经济资本、文化资本与社会资本上最为富有的人,往往会在新位置的争夺中一马当先"(Bourdieu 1996a:262)。这些场域参与者往往会率先领会到相应的性情与实践,从而使他们能够更好地认识到符号资本,并从那些新鲜出炉的场域位置中攫取这些符号资本。反过来说,一般而言那些来自被支配地位团体中的场域参与者——有时候是工人阶级,有时候是小资产阶级、外省人和外国人——"一旦所能够提供的利益开始消弭,他们就会向支配性位置看齐,因为支配者的位置此时变得异常具有吸引力"(Bourdieu 1996a:262)。这就是一种"迟滞效果",或者说一种习性惯性,这种效果使得已获得成功的人进一步获得成功,而未获得成功的人则继续对场域之间关系的强弱保持误识的状态。

在《实践的逻辑》中,布迪厄重新返回到了习性的"时间节点"(time signature),但是在此处他强调的是变革与迟滞效果不确定的本性:

> 习性会带来某种对未来虚假的期望,而吊诡的是,当一种可能的未来被确信,当一种对于客观契机的病态迎合被意欲,在这种表演中过去的在场又是最为清晰可辨的,而这就是迟滞所带来的结果……这是一种消极的决断,因为人们所面对的环境实际上是大为不同的,以至于他们完全无法在客观上加以适应。

> (Bourdieu 1990c:62)

迟滞是关于习性意向的,这种意向建立在具有历史性的场域基础上,而又无法满足当下场域的要求,最经典的案例就是堂吉诃德,马克思曾经写道:"在几个世纪以前,堂吉诃德为自己对骑士精神的信仰而付出了代价,而几个世纪后,我们还在所有的社会经济形势上重蹈他的覆辙"(Marx 1933〔1867〕:57)。换句话说,堂吉诃德对骑士精神所赋予的信念(一种过时的习性)是一种持续的不可能出错的性情形式,这不仅仅是一时一地地对某种成功的场域策略的信手拈来,也不仅仅是对某种特定的场域结构的盲信。在《帕斯卡尔式的沉思》(Bourdieu 2000a:8)中,布迪厄也用到了同样的例子来凸显延时的问题,而这对于变革和迟滞来说又是根本的要素。这就是他所写到的"与场域以及'集体期待'这些常规建构相脱节的东西"(Bourdieu 2000a:160)。无论尽多大努力,堂吉诃德所坚持的骑士性情都没有实现他所预期的目标,而按照过去的经验,他本可以达到。与之相反,他的观众们,那些能充分地将其中的游戏感自然化的人,则视他的行为是不可思议的、不可以理喻的和喜剧式的。

下面是布迪厄作品中一些进一步关于迟滞的例子。

### 例 1:贝亚恩的小农

关于迟滞效果的一个早期的例子,来自布迪厄的《单身者舞会》(Bourdieu 2002b:12),在这本书里他描述了一场发生于贝亚恩社会中的危机,它是整个法国社会变革的后果之一。这种变革尤其反映在社会经济场的关系之间。由于布迪厄自己是成长于1930年代的贝亚恩地区,他对当地的婚俗及其家庭实践都很熟悉,在村庄与农业生活方面也是如此。这里重要的不是对个人需要的感知,而是共同体中家庭地位的持存(参看 Grenfell 2004b:119-21;Grenfell 2006 的进一步讨论)。1914 年随着国家编码被引入遗产处置——受此影响,国家法规的变动导致了场域的变动——对于已变革了的场域结构来说,就需要新的与之相适应的策略,而个人习性也随之发生变革。"单身者",也就是原则上所说的失败者,总是大家庭里较为年轻的儿子,这样的家族里有太多的婚姻,他们会瓜分家庭遗产,从而使得家庭在共同体中的地位分崩离析。布迪厄2002年出版的书的封面使用的就是这些中年单身汉的照片。在照片上,他们站在舞台的边缘的圣诞球之中,只是观看却不跳舞——他们是国家合法性确立与本地传统分崩离析的间接受害者。

他们所遭遇的窘境是国家层面场域变化所带来的综合后果。随着国家财富的增长,通信情况的改善以及教育机会的普及,很多本地的人口都在外面找到了工作。比如说,根据布迪厄的统计,有相当比例的女人在中心城镇找到工作之后就没有回到故乡,这对乡间社会来说无疑是一个"危机"。当这种更加广阔的地域迁徙的变革使得本地场域结构发生改变之时,持续的性情(习性)和已经敞开的新的场域结构之间发生了断裂,而这是由于固有的本地习俗是建立在由来已久的传统习性之上的,但如今它将不再起作用。

例2:阿尔及利亚的更迭

正如上面所讨论过的,场域与习性必然是向变革敞开的。布迪厄写道:"就是这样,尤其是,当场域残喘于一个主要的危机之下时,它的规则就被深刻地改变"(Bourdieu 2000a:160)。阿尔及利亚独立战争就是这样的危机。布迪厄自己在1950年代服役于阿尔及利亚,他所看到的是场域崩溃的第一手资料,在这里,区域内的"自然居住者",他们好斗的不满遭到法国军队无情的报复。场域的变革发生于国家与地区的结构层面。法国建立起了现代阿尔及利亚,强制性地把在不同传统与生活方式下的人们及其文化整合到一起:柏柏尔人和阿拉伯人、卡拜尔人、沙维亚人、莫扎比特人(Bourdieu 1958:18)。独立战争是为了把阿尔及利亚从法国压迫者的手中解放出来,包括从那些已经成为统治精英阶级一部分的阿尔及利亚人手中解放出来。战争的结果就是使各个本地人民的团体连同他们的传统与实践,包括那些早前对法国统治持积极态度的人都处于威胁当中。因为战争和固有社会、经济和政治结构的剧烈崩溃,无论是固有的场域结构还是符号资本,这些曾经构成习性的东西,如今都"待价而沽"。新场域中有待占据的位置如此过剩而又缺乏保障;并且不是缺乏标准,而是标准太过多元了。

这种情况也可以通过迟滞加以理解,神圣性(国家权威)的最后来源还未有定论,习性的摹写片段也没有尘埃落定。进一步说,行事传统和古已有之的文化性情在新技术的动摇下受到了巨大的挑战——比如小摩托车、汽锤或者高跟鞋。在布迪厄的摄影作品《阿尔及利亚的影像》(Bourdieu 2003a:16)之中,这些图像在视觉上显示了当时共存的种种矛盾:摩托车与驴子并行;细高跟鞋与传统服饰搭配;法国面包与本地面包摆在一起等。与其他的"殖民"案例一样——比如印度、北爱尔兰或者伊朗等——场域变革与对资本(习性)构建的认识之间存在一定的延时,后者支持着统治性的场域位置,这一延时通常要持续相当长的时间,可能长达十年而不是几周。布迪厄在他自己的学术生涯中一直都在用写作"重访"阿尔及利亚。在本章的后面部分,我们将讨论距今更切近一些的问题,也就是巴黎阿尔及利亚移民的问题,而对于这一问题的思考仍然是以上述这些为背景的。

133

例 3:学术场

关于场域变革和迟滞影响的另一个拓展的讨论可见于《学术人》(Bourdieu 1988a)。这里布迪厄的分析仍然是建立于经验数据的分析之上的,这些数据主要取自 1967—1971 年。这项工作正值1968 年学生运动之际,旨在建立法国学术世界的结构。正如布迪厄写道:"所有用以建立旧秩序之物,无形的自由与默许都开始被所有人同等的分享,恭敬礼貌的关系曾经是最时尚的做法,如今在同一家庭的不同代际的人之间也被废除了"(Bourdieu 1988a:151)。一种场域的变革已然发生了!学生的数量在不断增加,对教师的一系列规章则在不断加强,而如果想要保证师资"质量"——必要的符号资本配置——就要限制教师预备队伍的极具扩容。布迪厄将这种反应式的动员描述为一种对于先前理所当然的实践及性情的保护,以及一种"师资人员集体行动逻辑的深刻转型。这种行动是对另一种行动的替代,即一种指向维持现状的行动逻辑,这种逻辑旨在一种自发的全员行动协调,来自一种'精英式的团结'"(Bourdieu 1988a:151)。经验分析显示出了教授与讲师之间的分割——继任问题上的危机导致了愿景上的落差,这些危机一方面是人才招聘规则上的变化造成的;另一方面是富有上进心的讲师开始具有新的结构习性。那些讲师一般都是师专毕业生,已经通过博士学位的学习走上了积累符号资本的道路。此时他们意识到"师范生"这一位置的兴起,他们认识到了这一位置并且占据了它们,由此也慢慢地看到了新的契机,其中一些人又因为一些原因错过了机会。这种发生于学术场中的重要转型,因此就导致了一种全然不同的习性配置,而这种新的配置就成了学术人在新世界中能否获得成功的关键。这些参与者中,受到这种危机冲击最大的就是讲师,他们的习性在之前的场域结构中被赋予了事业上的保证,但是现在他们的野心却被新的学术场结构全盘推翻。事实上,布迪厄指出他之所以从哲学系转到社会科学系一定程度上也可以被解释为"由于一种特殊的强力,让我感到我需要对这种失望的情绪加以控制,我曾经笃信并投身于真理与价值之中,如今我要视为'神圣'的东西恰恰是这两者的消弭"(Bourdieu 1988a:xxvi)。对于布迪厄来说,场域结构变动与稳定的习性之间的延时是随机的。他利用他所称的"列维-斯特劳斯式的民族志还原"而走向一种新的场域位置——从哲学走向相对更年轻的社会科学场域,"而不必太过卑躬屈膝"(Bourdieu 1988a:xxvi)。

例 4:社会苦难

在《世界的苦难》(Bourdieu 1999a)中,布迪厄提供了一系列关于 20 世纪晚期贫穷问题的研究。这本书实际上记录了一系列令人心痛的个人挣扎,它们都是迟滞带来的结果——习性与设定(场域)之间的不协调,对另一种可获成功的场域又求之不得。而书中每一个实例都是在个人经验的层面上来显示迟滞的效果。

比如说,一个生活在巴黎的阿尔及利亚家庭讲述了他们和他们的孩子作为移民所遭遇到的艰难,尽管他们已经苦心经营多年。老一代阿尔及利亚人所适应的期望与性情之间的平衡是阿尔及利亚式的(习性),而在新的国家环境里(场域)这些都是新的,旧的被打破了。原有的以家庭为中心的社会拓展单元,比如朋友——常常在晚间和周末互相拜访攀谈,做饭和用餐,还有更为物质层面的期望——对蔬菜、花园、肉鸡和猪——这些在新的环境里都难以维持,因为他们生活在一个公寓街区里,邻里居住的密度很大。他们无法占有符合配置的资本(习性),以至于无法宣誓自己的场域位置,就像之前的堂吉诃德一样,他们挣扎着去宣告可容忍的生活方式,而这种生活方式又是基于本地区场域以及周边邻里的一种误识。什么是他们要追求的? 是他们年老的法国邻居,可是他们同样也是被驱逐者,是被驱逐出原本赋予他们性情的那个世界的人(但是,对他们来说,这更多的是一种代际更迭的自然衰老所造成的),他们抱怨气味、噪声、孩子和宠物。比如他们"不和谐的"法国邻居穆尼耶夫人就直白地指出:"我们不是一样的人。我们没有一

135 样的趣味和嗜好。我们的生活也不一样。我们所看的东西和方式都不一样。所以我们不可能和谐,我们也确实不和谐"(Bourdieu 1999a:33)。在这里,她提供了一个关于互相误解的简洁描述,而这就是迟滞的核心内容,也是她和她的邻居所共同感受到的。

在同样分崩离析的社会空间里,在黄水仙街(Jonquil Street)(Bourdieu 1999a:14-22),一对中年工薪阶层的法国夫妇兰博朗则体验到了一种双重迟滞——如果确实可以说存在这种情况的话。他们的性情(习性)既不与他们不断增加的邻居相匹配——一种文化上的迟滞,也不与每况愈下的当地工厂的雇佣率相匹配——一种经济上的迟滞。房子还是那间他们已经住了多年的房子,但是周围的人口就像兰博朗先生说的那样"80% 都是外国人"。随着钢铁业的衰落,经济场的情况也在发生变化。工厂里的劳动力大多是 20~25 岁的年轻人,通常来自移民社区。兰博朗先生是一个 40 岁的富有经验的工人,以他的功能来说,他的习性再也不与其所处的场域相匹配了。他毫无热情地期待着像很多其他同事那样在 50 岁的时候就提前退休。社会、经济与文化资本(习性)的配置需要他们能够在已然变化了的本地场域中享受成功和幸福——而这对于兰博朗夫妇来说几乎是超出他们认识之外的事情。

最年轻的一代人的处境也没有好到哪去。他们被父母驱使去追求教育和从业资格——一种可持续的体制性文化资本——一种走向更诱人的场域位置的便捷途径。学习和从业资格训练确实提供了某种获得客观化文化资本的方式,但是在他们所能够获得的从业资格所对应的工作上,比如说餐饮与幼教工作,可能最后都会得非所愿,因为职业世界里可能早就因为资格证数量的膨胀和岗位的减少而把他们淘汰了(参看 Grenfell 2004b:第三章)。与迟滞有关的延时问题,在每一个家庭的故事里都清晰可见。兰博朗家庭的习性几乎没有变化,但是无论是本地场域还是宏观的经济场域都天翻地覆。而结果就是,他们的资本配置在新的场域结构里显得微不足道。换句话说,这些人被"卡住"了,并且他们也意识到了这一点。

迟滞,一种发生于场域和习性之间的协调性的崩溃,也确实为场域位置的演进提供了契机,但是对很多在《世界的苦难》里描述的那些人来说——他们才是原有社会位置上的大多数——他们在经济上与文化上都被剥夺了相应的场域位置,他们采取何种程度上的策略,或者有多么清楚的证据来证明他们依然在努力提高自己的分量,这都是无济于事的。场域的变革只会让他们的位置一文不值,进而将他们赶入贫穷的陷阱之中——无论是在经济、社会上,还是在文化上。

对于那些致力于积累符号资本并获得更诱人的场域位置的人来说,没有什么必然的结构,这让情况变得更加糟糕。随之而来的就是,一个人理所当然所属的共同体其本身就会处于危险当中,还有"游戏中的亲缘性"也遭到威胁,这来源于早期的家庭经验。在《世界的苦难》里另一个进一步的例子中,华康德采访了一个叫里奇的人,他来自芝加哥的贫民区(Bourdieu 1999a:158-67)。里奇刚刚成为一名职业拳击手,追随一位前人的脚步,他唯一知道的曾经"实现过"它的人——一位前世界冠军。这位富有野心的拳击手给出了异常朴素的社会分析,关于为什么他那成为世界冠军的同僚没有回到贫民区,没有回到他的邻居们中间。这个案例给出了一种比较激进的关于迟滞的描述,以一种具体的个体生活经验鲜活地给出:

> 友好地说:"嘿,我很高兴你搞定了。"这没有用。
> 硬气点说:"嘿,现在你能给我点啥?"这就好多了。
> "一起吗,这对你有好处。""哥们,记着"……这就好很多,但是你这么说就不行:"你能给我签个名吗?"或者"我能给你

拍张照吗?"这就太弱了。

　　坚定点说:"给我 20 美元!""哥们,我怎么才能加入你那一派"这就好很多。你知道,所有的事情都是这样,你肯定懂。

(Bourdieu 1996a:167)

里奇的角色模式也许已经从贫民区逃了出来,但是在社会资本的消费上他已经脱离了自己原来的社区,在里奇的描述里,他已经很清晰地表现出对于他原住地场域潜在的否定。

《世界的苦难》里给出的第三个例子是一个不太一样的例子。它被称为"双重生活"(Bourdieu 1996a:470ff)。从这个层面上来看,这似乎是个成功的故事。范妮的爸爸是一个纺织工人,妈妈是第二代西班牙移民,这使得她成为小学老师中的上层。范妮自己是高中里的优等生,在大学里学习人文学科,最开始在初级中学教书,后来在巴黎郊区。范妮的社会履历非常强,在教育资本上有着可观的而且也很有前途的场域位置——具有体制神圣性的教育资本。不过,就范妮本身来说,因为她所受教育和所从事的工作的缘故,她彻底脱离了她的工薪阶层出身,这为她和家庭之间的关系带来了挑战,并且还有她丈夫的期望——她的丈夫是一位邮政工人。正如布迪厄自己所指出的:"在特定的例子里,习性也可以被建构于矛盾的、张力的,甚至是不稳定的基础之上,如果我们要用这些词来表述的话"(Bourdieu 1990c:116)。

当时范妮正经历着一种突发的习性变故——婚姻破裂,女儿陷入麻烦——她就不再那么明确自己的身份和位置了。范妮自己说道:"我一直沿着母亲所期望的道路前进,也就是她想要我追寻她所走过的道路。当我们谈到这个的时候,我觉得她认为……怎么说……对她来说,指导员、教师,这就是人生巅峰了"(Bourdieu 1999a:470)。不过,如今这种"成功"经验却不是她和她的家庭所预期的。她需要大量的时间来处理她所承诺的教学工作——那些课标和教学计划——这些都在征用她的婚姻,因此现在她觉得:"我真的一头扎在工作里了,而当我女儿需要我的时候,我却忽略了她"(Bourdieu 1999a:471)。范妮现在的习性在学校里给了她一个优势位置,这是由她的受教育程度带来的——这是她最根本的成功之道——这也使得她在自己和未受过良好教育的丈夫与家庭之间设立了某种错位,而这也反过来动摇了她的场域位置,她需要一种痛彻心扉的挣扎才能在场域中保住可欲的位置。布迪厄由此写道:

> 意识的凸显总是与转型的效果相联系(就像是对口音与礼仪的修正等),而其结果是一种习性的惯性(或者**迟滞**),一种自发性的趋势(生物层面上的),以保持结构符合于相应的生产条件。

> (Bourdieu 2000a:160)

这些迟滞的例子都来自布迪厄自己所做的经验研究,来自 20 世纪后半叶。这些案例主要对应于法国与法国社会的变革。这些想法对于其他世纪或者其他年代也同样适用吗? 这就是我们要在第 3 部分讨论的问题。

## 实践应用

138

在接下来的部分,我们将讨论作为错位与延时的迟滞概念的三种实践应用,并且通过这三个例子来思考作为一种社会场域分析工具时,这一概念的优势与局限。

### 国家干涉与迟滞

在某一特定的时间地点,符号资本的不同形式的相对价值是由两方面的共同作用决定的,一方面是场域的历史,它反映在已存在的场域实践中;另一方面则是那些占据了最具统治地位的人,也许是场域中的位置,也可能是场域权力的位置,这就是国家自身或者国家代表。场域参与者所采取的策略一旦成功,则相应的场域结构就是其直接结果,这些参与者竭尽全力地运用自己所积累的资本(习性)来占据场域中可欲的位置。当国家干涉发生了改变,正当性以及符号资本的相对价值也随之发生改变,场域结构与习性之间的互涉关系也会发生脱节,这就是迟滞效果。比如说,当托尼·布莱尔组建政府的时候,他宣称"教育,教育,还是教育",这是他施政的重中之重,如此一来,教育场的变革就不可逆转了,它将导致一系列主要的场域变革。比如说,国家干涉首先介入了英国初等教育,对于教师们已有的态度、实践和性情(习性)来说,通过实行读写与计数的国家标准,他们与国家管控与建议(场域结构)之间的不匹配就产生了——这就带来了迟滞,在很多相关问题上都是如此。特定的态度、性情和社会及组织结构的正当性都成为争夺的筹码:甚至在规范准则上也有改变,比如英语变成了读写而数学则变成了计数。一个词汇的改变就是一个信号,标志着这种新的教育正当性的到来。比如"升学、指导阅读、独立团队作业、桥接、全员出席、脑力、非常规与常规运算"这些词都被赋予了新的符号价值,作为精通"新游戏"的指标。

学校中和本地政府中的组织结构都被重新调试以适应新的信念,由此产生了一些新的契机——提建议者由此变成了策略督导和顾问,数学与英语之间取得了协调,在学校里重生为计数和读写这样的主导科目。教师和校长被课程督导所束缚——教师们被告知现今什么是有价值的,什么是正当的。随着初等教育规范的引介,以及由其所引起的对于教育良莠的重估(DfES 1999),对于游戏规则的解释进一步改变了。许多初等教育的老师感到非常困惑,因为他们需要调整自己的实践与性情以适应新的正统。一些比较早的"适应者"就在新的场域结构中占据了有利位置,并且得到了新的本地与国家级别所承诺的嘉奖(一种再生产策略)。而另外一些则试图无视这些改变,或者表现出抵抗情绪,这样一来,在变革的大潮中,他们就无法维持自己先前的位置。

最终,在教师的性情与实践(习性)和新的场域结构之间就产生了错位。在新的正当性面前,个体的反应各有差异,因此在新的具有连贯性的教学习性建立起来之前,就有一个显而易见的延时。场域的变化过程持续十年之久,迟滞的效果也如此持续。那些被排除出场域之外的教师——美其名曰"回归教学"——也仍然被持续施加基础性训练以让他们具备与之前不同的技巧与态度——一种性情变换。在很多情况下,教师想要达到学校的要求是很困难的,因为他们原来建立起的对于教学法的理解再也不会和同事的课堂实践或者学校的期许以及组织形式产生共鸣。对于这些教师来说,这个鸿沟太大了,也太苦楚了,并且对他们来说这就意味着教学自身被遗弃了,而不仅仅是要调整已有的态度和性情那么简单。在这里,布迪厄曾经给出了一个再清楚不过的经验描述:

> 当它所身处的环境与它正面相拒,又与它的客观可适应性相距甚远之时,迟滞效应的结果必然会影响到习性结构的逻辑,实践总是倾向于做出否定性的决断。

(Bourdieu & Passeron 1977a:78)

只有一部分的场域参与者才会从变化中获利。有成功就有失败,这就是迟滞效果。在距我们更近的情况中,在英国,经济压力与新的联合政府所带来的结果就是拨款的优先级别与分类都发生了改变(一种新的场域结构)。于是在教育场中,那些原本在1990年代末期风光一时的政策顾问与政策管理者就失去了他们显赫的位置,坠入了第二次迟滞之中,他们中的很多人要么失去了工作,要么就成了私人教育顾问。结构变了,但性情未变——他们能够维持住就已经是最好的结果了。

140　　迟滞和技术发明——摄影

科学与技术上的变革也会打破场域结构。任何新的发明都会被带入新的可能性进程与生产,因此也会带来对于场域位置正当性的再评估。当场域参与者认识到了新工具的潜能,习得了新技能并且在场域当中重新定位了它们,迟滞就是其必然带来的结果。在尤为依赖科技的场域中,比如对于摄影来说,照相机就是核心性的技术,那么这样的场域结构就是特别易变的,因为技术变革是常常发生的——就摄影来说,就有过彩照、动画、便携相机、拍立得、视频与数字摄影。因此,摄影场是最流行的迟滞的实例,包括那些与摄影发明自身相关的问题。

大概在 1830 年代,在世界的不同地区不同的摄影程式几乎同时被发明出来——达盖尔在法国、福克斯·塔尔博特在英格兰,以及赫库莱斯·佛罗伦斯在巴西。当然,当第一次通过科学实现摄影成像的时候,摄影器械笨重而凌乱,几乎就是一套炼金术设备,但是这种新的科技还是打破了科学场的功能性,以及关于艺术品(fine art)的生产场,还有文化消费场(参看 Grenfell & Hardy 2007:51-7 更细致的讨论)。起初,只有社会特权阶级才能够承担得起时间与金钱上的消耗,并作为生产者与消费者掌握这门新技术。不过,他们所做的也足以将一种全新的卓尔不群的文化场域带入广阔的社会空间。它在皇室中流行起来绝对不是意外,尤其是在维多利亚女王、阿尔伯特亲王、英国皇家社会学院、皇家科学院、法国政府,以及法国美术学院中的成员,他们是较早参与摄影场的人。这些人都依凭强大的权力场来认识和占据新兴场域的位置,并且圣化这些场域。当然,随后其他的人也就蜂拥而至。个体习性的变化是他们对场域结构变化不同反应的结果，但是这其中总有延时——也就是迟滞。直到 1900 年，柯达布朗尼相机的发明才让摄影真正成为一种大众行为。此后摄影场就在少数特权精英、大众消费和摄影的社会机构之间持续了半个世纪之久（参看 Bourdieu *et al.*1990a）。

在摄影场中，技术发明所带来的迟滞又一次发生了：这就是无处不在的数码相机和移动电话。像过去一样，新的技术重构了摄影生产场，这是数码的时代，是图像易变和瞬时传输的时代。随后，消费场的剧烈变化就随之而来，不仅仅是简单迅速的沟通图像或者掌握数码影像的新技巧，而是一种全新的生产-再生产的权力。正如在其他场域脱位时发生的一样，已然占据了主导场域位置的人首先占据了新的场域位置，比如说，比尔·盖茨，他已经在信息技术界占据了主导甚至可以说神圣的位置，据说他已经从印刷渠道买下了 1700 万张图像（Lévi-Strauss 2003：189），计划将它们数码化。像盖茨这样大规模收购图像版权的做法就是一种场域的人工制成，不仅仅是参与，同时也是对摄影图像消费进行了不可回避的改变——也就是说，这一行为深深地介入摄影场的结构。正像这个例子所显示的那样，一旦一个场域发生了某种意义重大的变化，那么习性也就会随之改变，因为每一个个体面对这种不再熟悉的情况时，都仍然要以自己所熟悉的方式予以反应。正如布迪厄写道："习性并不必然适配于其所属的境况，也不必然是毫无断裂的。这种一致性是有着程度上的差别的——对于地位的占有来说，所谓的协调性取决于其'结晶'（crystallization）的程度"（Bourdieu 2000a：16）。但是，在某一特定的时期里，习性一般来说还是会依据新的场域结构发生转换的。换句话说，我们也许不可避免地要被比尔·盖茨的这一行为牵着走。

### 艺术场中的迟滞:马奈与库蒂尔

包括摄影师与艺术家在内,绝大多数的人都会在他们一生中的某些时间点上经验过迟滞。艺术家自身的年代与实践的资历,往往会成为场域变化的副产品,它们会将艺术家早年形成的具有持久性的习性凸显出来。在艺术场中,随着艺术家逐渐地成熟变老,他们的某些作品会被当作资质,但是要想在艺术场中获得卓越的位置,这主要还是看他们能在何种程度上适应场域结构的变迁,在艺术场与权力场中都是如此。在艺术场中,关于什么是有价值的这一判断的变化想要被清楚的论证,一方面要通过艺术家的作品;另一方面还要通过艺术家的代际特征,这就是布迪厄所描述的"先锋派"(参看 Bourdieu 1996a:159;Grenfell & Hardy 2007)。和其他的实践应用不同,对于艺术场中这种迟滞的说明,布迪厄是在法国大革命的历史视野中寻找例子的(参看 Bourdieu 1993b;Hardy 2009 中进一步的讨论)。

爱德华·马奈(1832—1883),往往被视为法国印象派艺术的"先驱"。在他受训成为艺术家的那段时期,法国可谓深陷泥潭,一系列的革命将法国的权力场推向一种巨大的动荡之中,社会的变革是灾变性的,对于一些社会与文化团体来说自然也不能独善其身。就马奈自身来说,他的社会与经济位置足够好,不但能够幸免于难,并且还能够发现艺术场结构变迁的契机。马奈的老师库蒂尔,在维持他卓越的场域位置这个问题上就没那么成功——这也是艺术场中迟滞的一个例子。库蒂尔按照他那个时代的实践合法性标准来教授马奈——怎么画,如何画。当马奈求学于他时,他是沙龙奖获得者,一位德高望重的老师,具有显赫的场域地位,库蒂尔同时要按照他那一代的艺术信念教授其他人。但是后来,当马奈与印象派逐渐建立起新的技术、新的主题,且新的展览与市场方式建立起新的美学之时,库蒂尔以及其他和他一样仍然依靠传统的宫廷画廊模式创作,并以这样的地位与代表身份自居的艺术家就逐渐失去了他们的特权。[1] 在这种情形下,故步自封地维持着旧有的个体习性与场域位置之间匹配性的人就会逐渐失去来自场域位置的利益。随着时间的推移,当马奈逐步在沙龙甚至更高级别的权威处获得承认,新的场域位置就逐渐被认为是值得去占据的。随后其他艺术家也开始寻求占据这些位置,场域结构也就随之改变。而与此同时,库蒂尔的作品再也没有赢得嘉奖,并且失去了沙龙评委会的宠爱,他遭遇到了迟滞的打击。换句话说,他的习性与新近重组的场域之间发生了失调:这种失调对于库蒂尔来说,就是他被从那些特权的场域位置上驱逐了出来——这就是迟滞。在此,未发生改变的符号资本(习性)的构架无力再去追逐同样占主导地位的场域位置。于是库蒂尔做出了积极的反应,他适当地改变了自己的场域位置,无论在理论上还是名义上——他在巴黎的艺术场中只保留了相对来说不重要的场域位置,他移居外省为自己的作品寻找新的市场,比如说卖给有钱的美国游客(Ottinger 2008)。因此,库蒂尔那一代艺术家在与法国艺术场的关系中就作为一个整体,在新近的以马奈与印象派为标志的先锋艺术的篡权下,上一代艺术家被归入了不具特权的场域位置之上。库蒂尔以及与他同道的沙龙艺术家们就经验到了一种迟滞,而对于马奈来说,他的作品在他的一生中都没有被充分地承认,所以他并没有这种体验。

在这个例子中,权力场结构的变革在背后驱动了艺术场的结构变革,其后果就是给一些艺术家带来了迟滞。

---

1　托马斯·库蒂尔与爱德华·马奈的作品可以查阅法国奥赛美术馆(Musee d'Orsay)的网站。

143　　　迟滞与国际社会的变化

在最近的实例中,一个场域的变化有时往往会催发另一个相距甚远的场域的变化。而一旦这种情况发生了,迟滞就会同时在几个场域中发生。因此,当一个宏观尺度上的社会与经济的变化发生在欧洲权力场时,它会被视为国家与全球场域转型的结果,并且反过来也导致了这种转型。最近的例子就是国际经济场,由于欧盟的扩张,将越来越多的国家吸纳进来,银行业的危机就会不同程度地波及多个国家。这些变迁提供了一种持续而又复杂的跨场域迟滞效果的例子:包括经济、文化、社会和语言等层面。

在这个问题上,由于越来越多的人有条件在邻国工作和生活,国际经济场的变化就关涉国家场域结构以及一系列的转型,比如说移民的个人习性。尽管只有信息和经济上有保障的场域参与者才有能力迅速应对这样的场域变革,但是另外一些人也会缓慢地认识到新的契机,也许会选择迁移到别的国家——也就是一个新的国家场域结构。如果一个新移民在新的环境中获得了可观的场域位置,个体习性的转型就必然会发生,以适应寄居和工作于其中的国家场域结构。这是一个自我意识与管理的过程,布迪厄称这种习性变换能够带来与新场域结构的适配:

> 社会轨迹的影响使得生活条件已与原初的生活条件大不相同,不仅仅是习性被付诸实践地转化了(通常具有特定的边界),它还通过唤醒自我意识与社会分析来控制个体习性。

> (Bourdieu 1994d:116)

学会说某种语言就表征了某种"特定的转型",这可以被视为在个人所选择的国家语境的场域结构中,个体寻求更好的习性共同体的努力。比如说,因为英语在很多欧洲国家被作为第二语言,

所以英国往往是经济移民最受欢迎的目的地。其结果就是,这个
国家的语言情形发生了转变,很多不同的国内场域都因此发生了
意义重大的重构,比如教育、政治和经济。最近比较有代表性的例
子如下:

- 国家的教育纲领现在鼓励学校培养专门的人才,以应对那
  些母语不是英语的孩子。
- 最近的国家规定要求外来人士在成为英国公民之前,必须
  达到一定的英语熟练程度[1]。
- 餐饮业与建筑业中的雇佣情况发生了改变,商店里的货物,
  包括来自特殊国家的菜肴都发生着变化,比如波兰。

144

在以上实例中,我们可以看到在超过 20 年的时间里,一种迟
滞效果是在一个大尺度上被经验的,它是地理上的、社会上的和文
化上的。国家与国际规则(场域结构)上的变化导致个体也要寻求
习性上的转型;这种改变反过来也带来很多不同的国家场域与国
际场域的重构。当然,国家场域与个体性情的变化想要达成某种
场域与习性上的一致,并且建立起一种新的信念,可能还要假以
时日。


总　结

本章中,我界定了迟滞这一术语如何表现了布迪厄的意图,尤
其关注了这一术语的呈现方式,无论是显明的还是隐含的。迟滞
最根本的方面已经清楚地显露出来:场域与习性之间的不匹配,以
及与之相关的时间尺度,即习性是如何与场域脱离同步关系的。
我还在更大的范围内提供了一些更广泛的例子,以显示延时作为

---

1　通过参加针对其他母语者的英语教学班(ESOL),或者通过"生活在英国"的测
　试也能够等价于英语最低标准(ESOL 3 级),而成为英国公民。

迟滞的主要特征,它在实践语境中是如何发生的,以及在任何场域变革发生的情况下,对于习性的脱位与崩溃,不同的组织与个人会有怎样的反应。当迟滞发生,场域结构的变化带来了新的契机。然而,迟滞也与极高的风险联系在一起,因为至少在某一个时间点上,场域将走向何方我们浑然不知。要对抗场域的变化就会失去相应的位置、权力和福利,这是由于符号资本和正当性的重估所带来的。一般来说,那些已经被赋予了经济与符号资本的人,也就有能力在新的场域结构中占据优势位置。总的来说,迟滞是一种思想工具,它为系统性变化(场域转型)的客观本性,以及个体对于这种变化(习性转变)所做出的主观回应之间的关系提供了清晰的解释。由此,我们就能将场域变化的结果和本性置于个人经验层面和社会境遇层面加以理解。

145

# 第 4 部分

# 场域状况

# 导　言

贯穿于本书之中的,都是对布迪厄关键概念最真实的本性的强调。这些概念不仅仅是单一系统层面的,同样也是对具体事物的聚焦,这是一枚硬币的两面。不过,我们仍然有可能偶然发现一些个体概念,或者关于社会现象的某种特定视角;尤其是当这些社会现象往往与个体息息相关的时候。在第 3 部分我们已经介绍了"场域机制"下的四种概念,而且也有意检视了这些术语是怎样将场域结构凸显出来的,以及它们是如何依据布迪厄的实践理论而被运用的。这里的关注点在于客观性机制:结构、运作媒介以及由各种程式所呈现出的面相。而在第 4 部分,我们将把视线转移到场域更为主观的维度上。仅仅是接受主客观总是处于互涉与互表之中,这还不能为我们提供从一种定位转向另一种定位的可能。事实上,第 3 部分所给出的四个概念,它们所要对应的是场域条件更为个人也更为主观的性质;换句话说,也就是场域是如何对个人呈现的,以及他们会有怎样的反应。

第 9 章要处理的是利益(interest)这一概念。在这里,我们所考虑的是个人特定利益所赖以呈现的场域条件,看看它是否与阶级或者别的什么有关。本章所要指出的是"有利益"的行动对于研究者与被研究者来说都是有影响的,并且我们会提出这样一个问题,"有什么事情是非功利性的吗?"利益的表达往往是非常个人化甚至私人化的,这就带来了动机与目的方面的问题。在这一点上,我们将要思考的是布迪厄概念中也许最有心理学意味的概念——自然倾向(conatus)。和其他的概念一样,这个概念也不是布迪厄的原创,我们在这一章中将会看到这一概念与古典哲学的渊源。不过,布迪厄对这一概念的运用也有他自己的特色,这一点会在第10章凸显出来,这涉及个人向度上的心理学与社会学理论。利益与自然倾向是场域的条件。接下来就是受难(suffering),第11章凸显了这个概念,伴随着符号暴力一起,它对于布迪厄的社会世界视角来说具有核心地位。第11章检视了诸多社会受难现象,它们几乎就是场域内部在地性的本性所示,也是其所带来的结果。布迪厄的方法根本上说是一种"反思方法"。因此,最后一章就顺理成章地要处理反思这一概念。在第12章里,我们将在一个更大的文献范围里思考这个概念,并且显示出布迪厄的视野究竟有何不同之处。反思对于一个即将进入研究的人来说是尤为重要的,而第12章将承接第9章所提出的问题,以显示为什么反思需要被运用于它所对应的实践之上,以及更重要的,我们如何在我们的实践中运用反思。

# 利　益

⊙ 迈克尔·格伦菲尔

## 导　言

　　布迪厄对利益这一术语的使用是一个很好的例子，用来说明在他的学术生涯中一个特殊的概念是如何产生，以及如何随着他的研究而进一步发展的。本章中，我们会看到这一概念几乎在他的早期著作中就已挥之不去。随后，这一概念被表述为一种"充分成熟"的概念，并加入他的"理论工具"，进而成为一个主要的分析工具。直到他的生涯后期，这个概念仍在不同的形式中得以发展；布迪厄将其重新命名为幻象（illuso）或者力比多（libido）。最后，我们将对利益这一概念的含义及其分支进行理论上的思考，而这个概念自身与布迪厄早期的研究息息相关。通过这一范例我们可以看到，对于布迪厄来说实践是如何支持理论的：这些理论是如何被命名的，以及它的理论意义是如何被阐释的。这是本章将要解释的理论进程。

实践中的利益

　　在这本书前面的部分,我们提到了布迪厄智识世界观的由来、背景,其中也包括他的学术生涯所浸染的智识气候,同时并行不悖的还有他当时在阿尔及利亚与贝亚恩所汲取的深厚的个人经验。法国当时主要的智识趋势中最显眼的无外乎是存在主义与结构主义。如果把时间再往前推一些,我们还要考虑主观主义与客观主义这一对立,它们横贯于各种各样的智识传统之间,而我们要关注的就是布迪厄所具有的超越二元对立知识观的冲动,以及他的实践理论是如何把这种冲动化为现实的。比如说在贝亚恩和阿尔及利亚,婚俗的社会实践既不是自由选择、处于控制地位,也不是由僵死的法则说了算。我们注意到,对于那些个体为了定位自身所进行的社会实践的行为方式来说,布迪厄认为策略是一个更好的概念。但是,这种实践不仅仅建立于个人习性与他们周边场域条件相联系的基础之上,而更多的是一种无意识的利益算计(从根本上说,就是如何改善自己在场域中所处的位置)。这样一来,他们就获得了一种个人利益。

　　利益需要通过在场域与习性的关系之中运作才得以实现,对这种实现的追求充斥在布迪厄余下的学术生涯中。在他对于贝亚恩地区的研究中,他屡次返回个人实践的立场之上,这些个人的社会实践从来没有特定的法则来"决定"它们,而是更多的基于一种对于个人处境多角度的无尽质询。我们存在于"规律"和"倾向"之下,而不是法则。同样,他从早年在阿尔及利亚的经历所得也不仅仅来自他在阿尔及利亚的在地研究,而更多的是随着他的实践理论的发展,带来了随后一系列的重访契机(比如说,Bourdieu 1977b;1990c)。而这一工作背后所具有的观念则是个体所具有的利益是由他们所处的境遇而决定的,这使得他们能够以某种特定的方式在他们所能自我确证的语境中行事,并因此能够界定且改善自己的位置。从这个途径看,利益就是习性的具身化,其自身是由个体穿行于其中的场域环境所创造的。但是,利益到底是什么,它又是如何运作的呢?

布迪厄于是这样描述利益:

> 利益的概念——我经常说特定利益——被设想为一种捕捉工具,旨在把唯物主义者的提问模式带入现实领域当中——这往往是现实中所缺乏的,然而现在则能够将这种提问模式带入特定的文化生产当中……在这一点上,我觉得这非常接近马克斯·韦伯,他利用经济模式在宗教领域之中拓展了关于物质性的批评,并且解释了信仰游戏中那些杰出信徒们的独特利益。

> (Bourdieu 1994d: 106f)

利益因此是这样一个概念,对于它的使用就是要把社会实践看作一种游戏,同时也是一种经济游戏。换句话说,个体行动就是要争取利益最大化。不过,这样的行动不仅仅是单纯的计算选择或者有意识的决定,我们还要做出决断的是如何在考虑成本的同时争取到最大利益。事实上,通过这种经济学隐喻,布迪厄所寻求的恰恰是对经济主义的批评与决裂,他如此说道:

> 当我们与经济主义决裂时,我们反而是为了描述最普遍的经济可能性,这样我们才能从虚假的纯粹物质性、狭隘的经济利益与非利益之中挣脱出来;而且只有这样,我们才有充分的理由认定并不存在什么与利益无涉的行为,比如说存在的目的与理由这样伴装的非功利命题,或者换句话说,除了在游

> 戏中进行投入或者对筹码、幻觉和相关性进行争夺,我们别无
> 他路可循。
>
> 　　　　　　　　　　　　　　　　　　(Bourdieu 1990c:290)

因此,就利益这个概念来说,它就成为一种经济行为的中介,既不能被还原为纯意向的,也不能被还原为对于某种特定的物质对象最终所获得的意识——而这两者恰恰是经济学中最通常的理解方式。当然,理性算计也还是会发生的,不过布迪厄指出,最广泛的社会实践所发生的范畴和功利主义与意向主义对于目标的理解相距甚远。那么,它们是如何发生的呢?

　　这一讨论路径就把我们带回到了习性、场域和资本的概念上;换句话说,也就是布迪厄三个最基础的思想工具——前两者是本体论上的共谋,而后者则是前两者的中介。正如在第 2 部分导言中所指出的那样,在习性与场域的背后还存在着结构性关系的观念,但是,结构同时存在于主客观两种意识当中,它既是稳定的,又是动态的——也就是说,它既是被结构了的也是走向结构化的。这种结构的基础就是个体与物质世界及社会世界的双重联系。这种意向性的联系需要将其放在人类与现象之间的关系之中加以考虑——既包括唯物的也包括唯心的——由此才能形成沟通。我们对于这个世界所知的一切——意向对象(noema)(一个胡塞尔的术语)——无论其建立还是发展,都是认知个体的活动结构——也就是意向活动(noesis)。不过,由于这种原初经验并没有被带入价值中心论的环境,在这种环境当中相应的实践逻辑已经存在,于是认知活动是根据特定的环境原则得以塑造的,并且通过各种各样的方式在不断的发展中才能把这些原则显示出来。这些活动就是那些"已然存在"的生产与进程——价值是服务于现状的,或者服

务于那些正在生成中的社会形式。社会实践从这样的结构（被结构了的与走向结构化的）经验中生发出来，因此，它们已经具有并表达了特定原则下的世界观，其所依据的就是具有自身特定利益的价值系统。

154

利益因此就成为布迪厄哲学思想的核心，对此我们需要关注一些原初的现象学经验，这些经验发生于充斥着价值的媒介当中）——利益在此是一种人类概念，同时也是一种潜在的社会化进程。

同样的方法也可以在布迪厄对康德哲学的批评中找到。对于康德来说，经验和知识只有通过先天形式才能够把握，比如时间与空间就是如此。理解行动本身依赖于形式概念的力量：物质、质量、数量、关系、空间、时间、位置、占有、主动与被动的形式。然而，对于布迪厄来说，这种作为原初的和普遍中立的概念是不存在的，但是确实存在一种对于特定利益的表达——关于这些概念的场域是有个体穿行于其中的，伴随着个体的自我发现（在更宽泛或者更狭隘的范围里）。正是如此，一个个体对于过去、现在和未来的态度也是被这种利益所塑造的。

事实上，对于布迪厄来说，时间自身就是一种制造（made）：人类的时间与生物学上和天文学上的时间不同。他借用了胡塞尔的筹划（project）与预涉（pretension）："筹划"是一种指向未来的意识；"预涉"则是一种指向即将到来之事的"前反思，这为它提供了'准当下'的视域……由此就达成了一种直接理解"（Bourdieu 2000a：207）。布迪厄的观点往往是，对于筹划所进行的回溯和预涉大多是错误的。换句话说，这是一种关于事件的后验解释，这就是一种算计和有意识的行为，当事件确实发生的时候，行动就立刻向一种观念靠拢，那就是即将到来的游戏感。在这种观念下，利益就是我们用来把握场域逻辑的词汇，它让我们在本能上以及准意识层面上追求利益最大化的行为得以符合通行的符号形式。和对经济利益的描述一样,布迪厄经常使用"游戏"分析来描述一个场域:它指一个社会空间,每个人都能通过获胜而得到利益——也就是说,每个人都想要在场域中确保最优势的位置。在此,就需要解释游戏"规则"——也就是规范(nomos)——或者说解释游戏是什么或者它允许什么。不过,绝大多数的社会活动都是潜在发生的,它们也有相应的规则,但是却是不同场域逻辑共同作用的结果。比如,游戏玩家所行事的原因,或者所面对的行动与决断的选择,对于这些他们可能并没有完全清晰的意识。

正如已经指出的,布迪厄早期关于阿尔及利亚和贝亚恩的研究所基于的目的,就是要与社会科学中对显性规则与显性意识的看法划清界限,或者说与主观和客观、决定论和开放自由的二分法划清界限。习性与场域的概念为他提供了一种机制,通过这种机制,个体的利益与个体所属的群体能够通过关系性得到界定,这种关系一方面是认知刺激性结构,也就是被结构了的(及走向结构化的)社会语境;另一方面则是场域自身固有的客观社会功能(参看Bourdieu 1977b: 76)。在阿尔及利亚,他所看到的利益是由亲属关系表达出来的。这也就是为什么婚姻中的诸多单元不是仅仅简单地符合法则与习俗就好。仅仅把个人联合起来是不够的,尤其在一个纷乱的世界中更是如此。更重要的是,个体同样也需要"分享利益",以此他们才能够以一种社会集体主义表达自身,表达他们的品质与力量,或者某种灵活度,某些他们赖以走向未来的东西。利益的冲突反映了诸个人与团体以及他们各自所属的场域位置的争斗,这也与他们的未来视角相关。那么,策略就被发展出来以规范这些利益,个体就要适应集体利益——如此一来,孤立的或者个人层面上的诉求就会成为无本之木。

布迪厄看到了前资本主义与资本主义社会之间的重要区别。

不过,他同时也看到了不同的社会是如何将他者整合到一种正在生成的社会实践逻辑之中的。与之相反,他所批判的是任意一种"古代经济学"的当代应用。比如,通过使用某种"经济利益的限制性定义",这种定义仅仅将利益理解为金钱财富的最大化,而没有认识到社会实践根本的经济本性:

> 实践从来就不追求与经济算计相一致,甚至当它呈现出任何一种排斥利益算计、赌注式逻辑(狭义上)的非功利表现时也是如此,尽管这种表现是非物质性的,也是难以量化的。
>
> (Bourdieu 1977b:177)

在前资本主义社会——比如说,阿尔及利亚和贝亚恩——善念(good-faith)的经济运作会掩盖社会交换的经济逻辑。比如说赠礼,在其中荣誉与美德就代替了利益。充满善念的人会忍痛割爱把最新鲜的事物分给朋友和友邻,而不是把它们卖给其他农民。通过这种方式,社会关系网就建立了起来——一种通行符号也建立了起来:"如此一来,利益就成为荣誉行为的筹码,而在经济主义当中我们找不到相应的描述,那么这就只能被称为符号,尽管这一行为的发生仍然是非常直接地依赖于物质性的"(Bourdieu 1997b:181)。

交易变得越来越脱离人本身,则交易就越来越倾向于金钱与货币流通;换句话说,当道德传统的维系被打断,资本主义的生产模式就会鸠占鹊巢。在18—19世纪,横贯欧洲的工业化大潮就是这种现象的鲜明代表。这其中所发生的,就是金钱——经济资本——的资本符号化这样一个过程,本地社会网络中的交换价值,亦即他们的荣誉与美德系统被替换了。当然,对于布迪厄来说具有反讽意味的是,经济资本在当今世界也被文化资本所取代了(以及进一步被社会资本所取代),或者说后者成为场域利益的优先表达媒介。媒介是符号化的,而潜在的理性基础仍然是经济的。正

156

如布迪厄指出:"绝大多数的行动在客观上是经济的,但是在主观上则是非经济的"(1994d:90)。我们的利益根本上讲还是以经济为后果的,但是却不总是全部以经济术语来表达。事实上,符号化所带来的一个效果就是扩大了物质性伪装的适用范围。事实上,为了掩盖潜在的系统性逻辑,这种误识是必然要发生的,符号暴力(参看第11章)就成了题中之义,因为对于它们的清晰认识将会威胁到系统性本身的生存。对于布迪厄来说,这就导致了一种"实践经济的普遍科学"。在下一部分,我们将要思考这一进程对特定的社会范畴会造成怎样的影响。

## 教育、艺术和经济中的利益

布迪厄曾经声称,有多少场域就有多少利益所在,次级场域大概也是如此,尽管这些利益未必是可见的。但是,它们也在一定程度上定义自身,并处于与其他场域的关系之中。一旦利益之所是及其运作方式被建立起来,他就能够在相当范围的社会语境中对这一概念进行表达。

### 教　育

在教育系统所有层面的利益运作中,布迪厄围绕着一系列概念建立起了教育分析法,这些概念包括教学行为、教学权威、教学工作以及学校权威。以他的经验分析来看,和通常的观念不同,他所说的教学行为并非致力于教育系统中的机会平等,而更多的是对于某些原则的符合——教学和学习的形式与内容就基于这些原则而建立起来——这些原则建基于某种特定的阶级文化之上——也就是占主导地位的阶级文化。这种文化预设是任意的;教育只需要像一个媒介那样运作,这种任意性通过它主导性的文化得以行动起来,其目的是扩张自己的统治力。这一运作在隐含的层面上必然会排斥自身的对立面,排斥那些并非"我们当中的一员"的人。换句话说,教育,通过灌输意义、思考方式以及特定的表达方式,从而形成了主导阶级的文化壁垒。因此,这种教育就固化了一种特殊的权力关系,成为一种关于社会进化的主流愿景及其表达。教学行为——以及它背后潜在的文化专制——因而就成为一种符号暴力形式,它与"主导团体或者阶级的客观利益(物质的、符号的……以及教学)"相吻合(Bourdieu & Passeron 1977a:7)。这种对利益的表达在教育中无处不在。事实上,这已经成为一种关于学生先进性的论调。比如说,在当时的法国,学生被充分地教导以使其进入法国高等教育中的知名专业学校,他们对于成功的理解已经成为一种境遇式的理解,也就是对于统治阶级与团体的共同幻觉——这就是利益。而这又有赖于这些专门学校对于培养专门性人才的迷恋:理工学院——工程与军工;师范学院——教学;矿业学院——工业工程;商业学院——贸易与商业,以及在"二战"之后建立的国立行政学院——公共服务管理(参看 Bourdieu 1996b:170)。这样的利益一样表现在生活态度、穿着和文化消费上,这些问题也是布迪厄利益研究的主题,也就是《区隔》一书中的内容。随之而来的就是任何政策的制定都旨在开放通路,让人们获得这种教育成功——比如说理性教学法(rational pedagogy)的规范或者说教育的民主化(参看 Grenfell 2007:77f)——尽管这是一项必然失败的努力,因为这种教学工作形式与"占据了教学权威以确保自身利益的主导阶级"(Bourdieu & Passeron1977a:54)所采取的形式是相对立的。任何关于"普遍利益"的观念都是理性主义的,因为"教育系统中没有什么功能是能够被独立界定的,它总是关于给定阶级关系的给定结构地位"(Bourdieu & Passeron1977a:184)。因此,对于布迪厄来说,教育场中的利益是由客观的阶级和团体关系所建构的,通过场域内的符号系统加以表达,这种实践逻辑通过符号积累的中介而变得卓尔不群——尤其是通过文化资本。

### 艺术与文学

158　　在艺术与文学中也存在着相似的进程。我在前文已经提到了布迪厄对于康德哲学以及经验与理解需要先验形式这一看法所作的批评。这个问题同样出现在我们对于艺术与美学的研究当中。对于康德来说,经验只有存在于一种美学无功利的领域之中时才能被思考,它是无关任何欲望的,需要且受益于客体表象的确切存在,所有这些都被扭曲成了一种"纯粹"鉴赏(参看 Grenfell & Hardy 2007:38ff)。不过对于布迪厄来说,这种非功利性是绝不可能存在的,因为就像上文所指出的那样,在某一语境中,一种现象层面的发生总是被预先承诺的,其最深刻的基础就是一种被界定为基础理性的利益所在。这种可欲、需求与利益因此是缄默的、隐含的或者说无意识的,但是它并不因此就有所减损(实际上可能还因此而更为强大)。文化消费从来就不现身于任何确实的审美鉴赏领域当中,但是却总是一种特定世界观的表达——也就是利益——以及一种形而上地位的一贯主张。这样一来,"资产阶级"的无功利审美(它也因此区别于其他阶级)实际上是与一种共同利益相联系的,而其声色犬马的一面则成为一种大众利益。特定的文化里所存在的归根结底是某种利益,由此某一特定的阶级位置就得以表达。

　　艺术品生产也是如此——比如作家、艺术家和音乐家等,他们都有自己的团体。对于布迪厄来说,这种"艺术家"对于他们作品的建构是处于场域关系之中的,并与他们有可能占据的场域位置息息相关。他们通过自己的作品保卫场域或者进行转型,所依据的就是他们对自己在"游戏"中所处位置的认识,而他们的利益就寓于这种行动中。这就是为什么艺术会具有双重基础形式:商业化的艺术旨在获得商业化的利益,而"纯"艺术则把自身界定为"为艺术而艺术"。对于那些预备艺术家来说,宣称自己的工作就是为了商业目的便是一种破坏行为,它破坏了与"纯粹美学理想"的联系,后者往往被视为艺术所本有的天赋与源泉。对于艺术自身的这两种表达方式就是一种二元解释,一种自律与他律的二分。自律暗指一种对于自己艺术的全面控制权,其所拓展出的就是非功利性的价值。他律所暗指的东西则正好相反。这就是为什么布迪厄指出,新近的艺术家往往会通过拒绝利益来获得更多利益,因为只有这样的主张才能在他们的作品自身中确立起自身观点的正当性。通过这种方式,对于利益的否决这一行为自身就成为利益自身被赋予的符号。利益——基于幻象——其所有的表象都是自然的,但实际上却是场域的某种产物,是一种集体行为,虽然是通过个体显现出来的,但确实是依据他们自身已被机构化的社会习性。在主观主义与客观主义之间,有一条本体论层面上的若隐若现的分界线。从观看艺术的角度讲,这既是个体表达的自发性行为——一种"沉思态度",同时也是一种社会经济条件下的直接副产品——也就是物质的。

159

　　对于布迪厄来说,现实也是一种幻象形式(如常识),因为它并没有清楚地对作为幕后黑手的利益加以解释——也就是解释他们自己的幻象。在文学场里,小说创作常常呈现真实,因此它往往提供了一种双重幻象:首先,它被视为现实,其次,在它自身的运作中往往被视为在表达现实。在福楼拜这样的小说家笔下,布迪厄发现他所具有的严肃对待小说的品质实际上都是浪漫主义品质,因为它们实际上无法严肃地对待现实,如现实自己所示那般。福楼拜所施以的小说幻象就是模糊掉虚构与现实之间的界限,由此现实就将自己显示为某种现实。这种社会机制的顺滑运作就基于对幻象与利益的保持,无论在经济层面还是心理层面都是如此。不过也有运作艰涩之处,比如对大多数未成年人来说,他们就很难全情投入这种幻象,"玩这个游戏"对于他们来说就是勉为其难的。对于我们所有人来说,这种现象都是或多或少存在的:

> 对于客观化的浪漫主义、虚构的幻象,以及所有这类东西来说,它们都处于我们和所谓的真实世界的关系之中,我们投入了我们所有的想象力,而只是为了认识一种(几乎是)普遍化的认识幻象。然而与之相对应的现实却不会被完全抹杀。

> (Bourdieu 1993b:160)

布迪厄指出,福楼拜这样的作家之所以非常有说服力,是因为他们运用了社会世界的诸多结构:他们所采用的结构与读者所具有的精神结构是相同的,读者"相信"他们世界中的经验,而以同样的方式,他们也"相信"小说中的一切。不过,这是一种基于幻象的行为———一种心照不宣的利益所在———也就是一种出于社会学意义上的恶信念(mauvaise foi)之下的行为。

至此,我们已经看到,利益这个概念使得布迪厄能够对"自由选择"和"自由解释"的常识看法发出挑战,甚至在我们的文化实践中也是如此。在对经济中的决定做出分析的时候,他也使用了同样的方法,对于所有那些我们确信是由个体做出的"理性"行为来说也是如此。

### 经　济

布迪厄指出他分享了"新经济社会"之中的一些关联性认识。他承认在他发展出文化资本这一概念的时候,美国经济社会学家

格雷·贝克(Gary Becker)也提出了人类资本的概念,但是布迪厄 160
认为后者的这一概念是"含糊而优柔寡断"的,并且是一种"不可接
受的充满了浓重社会学假设的概念"(Bourdieu 2005b[2000:2])。
布迪厄和贝克关于资本的概念之间的区别是值得思考的。他们两
者都是在经济学的隐喻之上对社会实践进行理论性的建构。不
过,正如上文所说的那样,布迪厄的要点实际上在于一种对于他所
思考的粗糙"经济主义"的反对。这就是我们下面要谈的问题。

自亚当·斯密开始,人们就被视为是受自利驱使的动物,总是
无利不起早。贝克拓展了这种经济认识,也就是用"理性选择"这
个术语来界定人类对于经济利益最大化的追求,这在所有的生活
领域中都是如此。然而,对于布迪厄来说,贝克的处理是纸上谈
兵,而他自己所使用的经济学分析则是截然不同的路径。比如说,
两个人都曾经写到过关于抚养孩子的"代价"。贝克在代价与利益
算计的"基准"(norms)权衡思维之下来审视个体行为,而布迪厄则
用利益或是策略这样的术语来进行思考(文化与社会层面上的得
失,经济上也是如此)——再一次说明,这也是对一种幻象的分析:
"在探讨教育投资的获利以及经济投资上的获利之间的关系问题
上,经济主义的清晰性是值得称道的"(Bourdieu 1996b:275)。不
过,这样的关系不是靠理性选择分析就能够表达的,而是需要一种
全面的把握(当下的与预期的),以及一种关涉社会、文化和经济资
本的框架,同时也牵涉对过去、现在和未来在整体尺度上的定位。
因此,贝克被进一步批评到,他并没有认识到教育投资中所牵涉的
社会再生产,同样也没有考虑个人在货币方面的投入与产出。"能
力"与"学术天赋"取决于家庭文化及其拓展之后与校园文化的契
合,这种学校与学生的利益通过文化亲和(elective affinities)的过程
而化合到一起。因此,教育选择并不像贝克所说的那样就仅仅是
对于物质代价的算计。

在抚养孩子的问题上(或者说要抚养几个的问题上),布迪厄运用了他在阿尔及利亚的发现来讨论一种基于对未来的整体态度而做出的决定(Bourdieu & Darbel 1966)。这种态度很大程度上取决于个人所属团体以及他们的社会系统中持有怎样的安全观,以及对于未来能够承担多大风险,对于可能的契机又有多大的指望。在这里,这一讨论就重新回到我们上面已经谈过的基于现象学立场上的引导;换句话说,个体经济实践更多的是基于预涉的筹划。

161　实践中所发生的事情是由利益的强度决定的,当一个个体面对客观的社会条件时就是如此:过去已经被带入了未来的筹划,并且过去就是呈现在现在之中。这种筹划明显是随波逐流的,其存在不仅仅是为了个体,而是为了整个阶级。比如说,在1960年代,布迪厄就讨论过当代法国中产阶级之中涌起的"马尔塞斯主义"思潮,这种思潮一方面的利益考虑是将自己与整个产业工人阶级相区分;另一方面则是由于他们自身在抚养孩子这一问题上的消费观,而这种观念所指向的正是他们所向往的那种教育(Bourdieu & Darbel 1966)。

布迪厄的反经济主义思想将利益置于算计之上,成为行动的首要动因,而这种思想同样拓展到了他对于理性行动理论(RAT)的批判,或者说对理性选择理论(RCT)的批判。这两种理论声称个体对于行动方式的选择都是基于清晰可辨的可选择性而做出的,这些可选项是可见的,是算计的结果。在布迪厄看来,这两者都是再理想主义不过的了。它们都忽视了这样一个事实,就是任何个体习性之所以是"理性"行动,或者至少是有据可循的,是因为预设了一种在具体而恰当的社会时空中对经济与文化资本的占有。机运的算计——它只是可行的、可能的,也是潜在的——都只有基于具体的社会与经济条件才能做出,才能最终认识到机会的存在:"因为它必须假定一种无中生有的普遍性存在,一种利益的前建构,而理性行动理论完全忘记了利益历史性流变的社会起源(Bourdieu & Wacquant 1992a：125)。

布迪厄继续讨论道,因为"对于行动的认识是被已然设定的目标所决定的",于是这种方法就是一种"建构完善的幻象"——这个短语借用于涂尔干,而被布迪厄在自己的研究中广泛用于(参看Bourdieu 1996a：335)描述那些被赋予真实性的虚构,我们在幻象的真实性中认识它,这和宗教的运作方式是一样的。这种游戏感通过习性而蕴含在对于未来的适当预期中,当我们面对场域的必然性与可然性时,这种游戏感就被塑造为一种"意在未来"的东西。进一步说,集体行动的呈现更多地代表了一种基于共同利益的聚合,而不是某种有意的群体意图或者计划。这样一来,布迪厄就指出了理性行动理论最主要的问题,也就是它的目的论姿态,这种理论表面上看是依据直接的效用或者"基于纯粹精神统领下的完全意志所做出的选择",但实际上目的论已经预设其中(Bourdieu 1996a：335)。

对布迪厄来说,理性行动理论最根本的问题是一种"经验性腔调"下的"人类学谬误"。换句话说,这一理论确实注释了一些真实存在的东西,但是却给出了一种错误的解释。这是一个认识论和方法论层面的问题。这些理论家(和贝克一样)所认同的谬误在于,把知识主体置于行动主体的分析之中——正如本书之前所提到的,"把逻辑的事情当作了事情的逻辑"(Bourdieu 1990c：49)。他总结道：

162

> 存在一种实践的经济,即有一种理性内在于实践当中,它的"原初性"并不基于理性的"决断",而是被理解为一种理性的算计,同时也不基于一种机制的决断,即某种超出或者外在

于行动者的东西……这种经济可以通过所有种类的功能之间的关系得到界定……而货币只是其中的一种功能而已……换句话说,如果我们在理性行动或者机制反应之上无法认识其他的行动形式,那么对于一切行动来说,除了理性已然设计好的产品之外,我们就无法了解其他的行动逻辑了……除了一种已谋划的计划好的产品之外,我们就不能拥有其他的未来……而且,如果我们看不到经济学理论所描述的那种经济只是整个经济普遍形式中的一种,也就是说,在场域争夺中,无论在筹码上还是在匮乏上所出现的种种差异都是基于种种不同的经济形式之上的,并且是以不同的资本形式寓于其中的,那么我们也就不可能看到对某种特定利益的最大化追求以及最优策略(狭隘的经济策略只是其中的一种),它们都是基于特定的形式、内容和手段才得以进行的。

(Bourdieu 1990c:51)

换句话说,"经济"实践需要在符号与策略的范畴下加以理解,货币经济也是如此,有意识的利益算计也是同样的。只有基于这种广泛的理解,研究者才能在更加综合的社会实践理论中合理地运用经济的概念:

正统的经济学所忽略的事实是,实践有着自己的原则,而这种原则与机制性的归因,或者说有意识地以实现利益最大化为目的的原则是不一样的东西,并且也并非属于固有的经济学逻辑。实践形塑了一种经济,也就是说,它遵循一种内在理性,而这种理性是不能被狭隘的经济学理性所限定的,因为对于这种实践经济的界定需要诉诸更大的范围和目的。

(Bourdieu & Wacquant 1992a:119)

布迪厄在 1950 年代的阿尔及利亚和现代欧洲国家之间都看到了 163
这种共性,尽管这两者之间分歧巨大。这种共性不在于货币交易,
而是存在于符号资本的交易系统当中。这种交易总是日新月异,
而这也就是它们所展现出来的实践的逻辑。

## 结论:普遍利益

布迪厄最基本的预设前提就是并不存在无功利活动这种东
西。利益自童年时代就作为一种"家庭空间中的投资"(Bourdieu
2000a:166)形式进入了人的一生,性别与社会性便扭结在一起。
"认知"的需要就成了这一进程的核心,而社会心理学的转化所经
由的一系列交涉则无法被察觉,这些交涉广泛地发生于有意与缄
默之间:"投射、认同、妥协、升华"(Bourdieu 2000a:166)。这种发
展、推动、驱使与欲望都是被激发出来的,但是它们并非是个人化
和特质化的,因为它们所遵循的模式都是由社会环境给定的。当
个人进入社会场域伊始——比如说入学——他们就被各种性情、
特定的社会性起源与进路的表达武装起来。而由于亲和或者不亲
和的原因,能够吸引他们的社会场所就是那些在价值和利益上更
符合自己出身、观点与实践的场所。这样一来,利益与价值就被重
申了。实际上,更多的并不是个体占据特定的社会场域,反而是社
会场域占据了个体:是"好的"学校"选择"学生,而不是学生选择学
校(参看 Bourdieu 2000a:165)。

社会行动者被预先设定了某些性情,这些性情对他的思想、行
动和选择都进行了定位(布迪厄引用海德格尔以及他的烦来指代
这种对于个人来说挥之不去的预设)。这种关于人类实践的看法
旨在与两种相对立的力场划清界限:一种是自由选择——也就是
功利主义的看法;一种是理性算计——也就是经济主义的看法。

对于布迪厄来说,人们可以拥有理性,而不必依赖于理性来思考;可以非常"经济",却不必对利益锱铢必较。利益守望结果,但却不必伪装它们;一个未来就是一个准现在,因为关于未来的行动是当下的;一个游戏只有在忘记自己是游戏的情况下才是一个好游戏。因此,对于目的与客观性的阐明从来不像它们自己所显示的那样,而只是作为利益的副现象(epiphenomena)才得以呈现。这种利益本身也是一种信念,它符合(或者不符合)某一特定的正统模式,并通过习性得以表达,这是由于塑造了它的那种内在结构总是处于与周边场域的形而上的关系之中。因此,生活轨迹从来不仅仅是一种有意的计划,而是对于生活绽出之物频于应付的结果:"习性是一种机制模式,这种模式给出价值,而又不需要对价值发出疑问,也就是问,是什么被当作了价值"(Bourdieu 1988b:37)。

布迪厄用这一引用来对抗萨特式的观点,后者认为人作为社会行动者,总是要屈服于他们自身通过行动所培育出的那些价值——也许是真正的价值,也可能是坏的信念。对于布迪厄来说却不可能是这么一回事:幻象总是从场域之中生发而来——"就如同被我的皮肤束缚住一样:我所进行的游戏并非是我选择的,而与此同时,我也不是我行动的主体"。而由此带来结果就是,我可能在"不知情"的情况下就成为暴力的一员。换句话说,我不必统治或者屈从于什么人才能成为暴力分子。对于我来说,只要基于我自己的社会身份之中的利益进行表达——这些利益由于阶级结构而被如此建构——这就足以导致符号暴力的发生了。因为这些利益的表达会让一个人的世界观凌驾于他人的世界观之上,我只能一再地重申自己的利益,除此之外我无可奈何。

因此,对于布迪厄来说,我们想要看到这些利益之所在,就必须以他的全部实践理论为基础才能做到。凡为人则必趋利,而凡趋利则必有所图,所图为何则由利益的可能性来决定。关于这个问题,布迪厄指出(Bourdieu & Wacquant 1992a：116),利益与任何形式的非功利或无偿都是对立的。利益不容许漠不关心的立场有立足之地,尽管正如我们所见,利益往往以非功利的姿态显现出来,但漠不关心也难以逃脱被寄生的命运。事实上,漠不关心更多的是一种伦理学与价值论的立场,也就是说这等于是申明,在所予之物中无法做出任何差异判断。布迪厄注意到这是斯多葛学派的宗旨:达到一种心平气和(ataraxy)的境界(勿使惹尘埃[of not being troubled])。利益或者说幻象总是包含对立:这是"游戏"这个词所直接归纳的。因此,对于布迪厄来说,利益不是一种"人类学中的一成不变",比如说自私自利或者功利主义。它更是一种历史性建构;一种任意之物,因为它总是产生于特定的社会历史情境之中。因此,自然而然的结论就是,我们只有在对应的社会历史分析中才有可能理解它。布迪厄以莫斯的"礼物交换"的效力为例说明,利益总是处于某种特定的时间与荣誉关系之中,必然是基于特定的社会经济条件下的交易。

这种关于社会行动的世界观,就算不是宿命论也是如此的悲观主义。正如上文提到的,即使是最无功利的行为——比如说,那些旨在"为艺术而艺术"的艺术家们——也在诉诸各种特定的利益,为了有所区分,为了有所代表,为了挑战权威,或者为了某种隐藏的统治欲。不过,布迪厄确实对非功利的观念进行了考察,它既是显性的也是潜在的。如果并没有什么非功利的东西,那么非功利这个词又是指什么呢?

对于布迪厄来说,统治阶级对于普遍性具有垄断地位;在法国,往往是资产阶级——无论是过去的还是现在的。通过这种普遍性,布迪厄指出任何这类行为——比如说,哲学、科学、法律和艺术在某种程度上都是如此——都是在声明或者实践一种普遍的属性或者应用。他看到这样的行为,这些声明都仅仅是一种神秘化行为,为了掩盖一种"普遍性的帝国主义"——而这样做只是为了确保某种特定的(通常是社会阶级)利益。这种普遍性往往被那些国家层面的社会行动者表达出来,并且在一般性利益的修辞下正当而合法地宣称它们。并且,国家对正当性的宣称还往往被装点为一种公共的善。"社会荣誉"——在此名义下人们自身的特定利益则被压制——这是布迪厄所观察到的,尤其在阿尔及利亚。比如说,在精英家庭里——一种贵族品德——一种"非功利的习性"就被培养了起来。贵族必须慷慨,对于周边人的利益要先人后己,从而获得公正的名声。这里就存在着一种"非功利的特权"。然而,我们能够看到他们是如何从"非功利中获得利益"。布迪厄指出,这种情况同样存在于现代官僚系统当中。他们通过"国家公仆"来将自己的位置正当化,而他们自身的利益反倒来自国家的供养。那么,在世界中还有美德这回事吗?布迪厄重新表述了这个问题:"要使得美德的付出成为可能需要怎样的社会条件呢,也就是说在怎样的社会条件中才能够在非功利中得到利益呢?"(Bourdieu 1988b:44)

布迪厄并非在非难个体的利他主义行为,甚或是英雄主义行为,而是寻找一种美德表达的常规发生途径。不过,只有在种姓家庭(domestic family)的条件下,他才看到了一种对于利益的真正"悬置"。在这样的家庭里,我们似乎不用"玩游戏"了。事实上,布迪厄发现对于经济利益的悬置恰恰是这类家族的核心,是两个基础性亲属禁忌之一(另一个是乱伦)。在此,存在着一种亚里士多德所说的友爱——一种纯爱或者说"友谊"——在这样的家族里人与人彼此之间不会在经济上有所比较。由于家族信任,市场就被悬置了……只剩下情感利益。对于布迪厄来说,这种悬置就只存在于这种家庭里。而其他社会团体——就算是那些最强大的精神性团体——都不会服从于这种友爱逻辑。比如说,在精英辈出的法国高等专业学院里,其中的成员确实也分享着某种共同精神。不过,他们的利益根本上仍然是经济的:通过社会网络——社会资本——团体的成员资格使得社交优势得以体现,这种资格就成为进入特权场域位置的许可。不过,在这一个例子中,还需要说明的是在个人与其所属的团体之间,还可能存在一种关系的准神秘化。体制(团体或者场域)具体化到每一个个体身上,并将其整合进来,从而每一个个体都在以体制的身份说话。问题随之就变成了"能够创造条件,以便在美德的表达中获得利益吗?",而不是"这样一个体制能够表达美德吗?"(Bourdieu 1988b:53)

166

智识体制正是这样的情况。由此,对于非功利如何显现于个体或者团体之中这一问题的探索,就指向了如何能够标记出一个使得"非功利"得以可能的空间,而布迪厄所拥护的智识上的努力,也就是那些能够为此做出潜在贡献的努力。那么这一讨论接下来又会走向何方呢?

正如已经提到过的,在布迪厄看来,智识场之中的利益就在于以普遍性的意图来运用理性,并以此作为一种统治手段。像"科学场"这样的团体,"其利益转化与科学资本之决定性类型的占有密切相关,寓于科学场的决定性位置之中,利益于是便转化为一种认识论选择"(Bourdieu 1993b:139);比如说,在理论与经济主义、形式主义与实证主义之间作出选择,而这实际上就是要在不同的学科之间作出选择。简单地说,科学的野心就在于说出事物的是其所是,甚至当我们分析什么是寄于它们身上的幻象时,这本身可能就是在制造一个幻象。如果把上述讨论思路运用于美德问题,那么问题就变成了,不是问普遍性是否是可能的,而是通达这种普遍性的条件是否能被创造:

> 历史能够产生超历史的普遍性,我们所能做的只是通过建立起社会普遍性,对社会运转的诸多特定法则施以社会炼

金术,从各种特定利益的无情碰撞中提炼并萃取出普遍性的基础。

（Bourdieu 1993b：191）

实际上,这也是布迪厄运用反思社会学所带来的结论。普遍性的法律、科学或者艺术,实际上不可能有它们所承诺的那种普遍性,因为它们都是基于特定的场域利益和场域位置被创造出来的。不过,布迪厄推论到,对于如何界定"理性运用"的合法性,这其中也存在着争夺:

> 因此,我们必然会将普遍性诉诸某种社会现实（Realpolitik）,一种特定的政治争夺形式,其目的在于保卫理性运用的社会条件,以及智识活动的体制基础。而在理性赋予的问题上,我们所寄予的途径就是使其得以达成的历史条件。

（Bourdieu 2000a：80）

167　这段议论是其实践理论的一种总体应用,旨在超越一种二分法思维,并且建立起一种"拓展了的又是现实的理性主义,它是有理据的,也是审慎的"——也就是一种实践智慧（phronesis）,用亚里士多德式的观念来说,就是"保卫实践理性之理性特殊性的能力,既不拔高实践,也不吹嘘传统,这些都是非理性主义的、反动民粹的,它们必然是站在理性主义对立面的"（Bourdieu 2000a：80）。

对布迪厄来说,"知识分子普遍主义"是学者幻觉的核心:他们只是把自身"负载了利益"的知识视为普遍真理。对于这种幻觉来说,唯一可行的方式就是去研究"高校准入条件的普遍性所在"（Bourdieu 1998c：137）。在这个问题上,只有布迪厄的历史化模式有能力解释出智识行动中的固有偏见,以及它们所赋予其中的利益所在。不过,智识场有能力获得相比于其他场域更为独立的位置,并且有能力内在地掌握道德伦理以及中立化的机制,这样就支撑起了一种寓于普遍性之中的利益。布迪厄进一步讨论了智识场中的竞争机制、批评准则，以及对于知识的探索实际上都是利益的表现，一种符合理性行动的利益。这种利益的表达就寓于上面所提到的一系列对于普遍性的表达当中——至少是一种社会经济形式的分割职能，一种特定事物的一般化形式。以这种方式，普遍主义的好处就被那些从无功利中攫取利益的人获得了，而表现出来的却是一种理性表达，从而构成了布迪厄所说的"普遍性的社群主义"。在这种情况下，科学幻象就被重构为一种普遍的力比多科学（libido sciendi universel）。事实上，知识分子的真实角色就以此塑造了自己的地位，一种"真理共同体"在个体身上的具体体现。事实上，这几乎就是他们的命运："将自己视为批评与警示的国际力量"（Bourdieu 1996a：348），但是也只有得到布迪厄所提出的实践理论的协助时，他们才能够从败坏的信念中被解放出来，这些信念就存在于他们的思想、语言与行为之中。

从很多方面看，布迪厄的社会世界观是非常悲观和宿命论的。单就利益这个概念自身来看，似乎没有什么行为的背后不存在利益算计的勾当——无论是符号的还是其他什么，这就导致了一种对于世界的祛魅。不过，这种"怀疑的社会学"，其自身的建构也无法脱离关于普遍性的利益：

> 在这种虚无主义的表象中，我们怎么可能看不到这些批评本身事实上就是对于伦理原则的普遍逻辑的认识？但是为了对普遍性策略中所蕴含的主观性逻辑、自私、唯利和偏见进行揭示和谴责，这种批评必须被激发出来，哪怕是悄无声息的。

（Bourdieu 1998c：143）

这种普遍性的生产就被转化为一种集体利益或者一种共同事业。这一事业就是一种"自由"形式，但它不是萨特式的个体选择，而是一种对社会性所带来的"科学"的集体实践的撕破,从而把科学主题及经验性内容再度客观化。通过利益这个概念,我们看到社会才是支配得以形成的来源,它在我们的所思与所做之中都下了圈套——无论是个人的、职业的,还是集体的。不过,总的来说,布迪厄的哲学暗示了我们能够从中逃脱的可能。而这一视野,恰恰是布迪厄利益概念所带来的最终的双重性。这也许就是为什么他以涂尔干那句著名的"社会即神"(Society is God)作为《帕斯卡尔式的沉思》的结尾(2000a〔1997〕:245)——也许这就是布迪厄利益这个概念所要承担的最终的悖论。

# 自然倾向

⊙ 斯蒂夫·福勒

尽管自然倾向(conatus)在布迪厄的语料库里出现的频率并不高,但是随着布迪厄的理论化进程越加一般化,这个概念也占据了一席之地。这个概念来自一般社会研究中所发现的那种认为理所当然的态度,哲学层面上看就是一种自我意识。事实上,自然倾向这个概念即使对于今天很多哲学家来说仍有些晦涩和神秘,除非他们熟识17世纪的物理学或者形而上学史及其随后的发展。事实上,在布迪厄的很多经验研究当中,当他用到或者暗指出自然倾向的时候,这个拉丁词汇也可以替换成"生活轨迹"而其意义也没有多大减损。不过,和研究对象一样,自然倾向这个概念同样也是研究自身实践的一面镜子。

自然倾向是由拉丁词汇"conari"("尝试[去做某事]")演变来的。它的字面意思是"试试看",只是尝试,而没有暗指会不会获得成功。在17世纪大陆理性主义哲学家,比如笛卡尔、斯宾诺莎和莱布尼茨的最初翻译中,自然倾向在英语里被译为"endeavor"(试图),随着托马斯·霍布斯在自己的作品中使用这个词,同时代的大英知识界纷纷效仿。当然,在那个时代,对于自然倾向的分析也是连绵不绝,它被用于长达两千年的历史脉络中,从斯多葛学派到物理运动的惯性,以及自我保存的一般生命趋向。

在科学革命的时代,在那些更具形而上学思想的思想家的笔下,自然倾向成为一切科学之中的统一用词,运动根本上由上帝推动,而这个词则表达了这种运动的原则,这种用法就拒斥了亚里士多德运动理论中自相矛盾的经验性结论。亚里士多德对于物理概念有很多令人困惑的理解,因为他在原则上拒绝在数学的框架下思考物理问题。比如说,他混淆了一个运动物体的平均速度与瞬时速度。不过,与此同时,亚里士多德的总体策略是假设所有的运动基于一种一般性的变化理论(或者,用我们今天的话说,就是"差异"),它们总是易变的,这种变化理论非常吸引人——至少在牛顿出现之前是这样,自然倾向维持着这样的梦想。自然倾向所暗指的那种形而上学图景是,上帝最原初地给予了运动,或者更确切地说,是注入了生气,而这会带来躯体的生生不息,除非这一进程被其他的物体(body)所打断,或者物理世界的摩擦力发生了剧烈的改变。这一想法一直持续到爱因斯坦出现,他发展出了一套基于"以太"(aether)的理论。不过,正如在亚里士多德那里所看到的,在为运动提供原初动力因之后,上帝就没有再现身了(至少不再以自己的名义现身),他不再干涉物理学中的各种效应。

尽管自然倾向这个概念来自物理学,但它在社会学中却逗留得最长。在今天,物体运动穿过某种以太的图像已经成为根深蒂固的"朴素物理"(folk physics)图像——也就是说,对于物体运动的理解被常识预设了。但是它在科学物理学当中却没有一席之地,后者看到的只是各种形状尺寸模糊的物体在互相作用,在观念上都被限制于力的作用之下,这种物理学试图获得某种统一。在这种语境下,我们所得到的被称为"物体"的东西是完完全全处于相对关系之中的。而把相似的思路转译到生物学上,就是一种有机体的图像,它适应于它的环境,以生存为目的,保持着一种更为生态学定位上的流通,该学科的一个分支就是关注生命是如何对肉眼显现的。不过,在微观生物学中,各种外部特定的、由实验设计出来的变化,它们所导致的结果需要被推至基因物质片段和细胞层面,这样一来,上面提到的这种图像就显得力不从心了。最后,到了社会学,关于人类生活轨迹的图像总是基于特定的社会背景,而这种背景作为经验性框架来说仍然在思考中具有相当的权重。其所对应的想法是,人们有可能会"负重"、"释然"、"阻碍"、"推进",如此等等,这些周遭社会语境下人类生活的方方面面都证明了我们无时无刻不处于与自然倾向的关系当中。

在亚里士多德与牛顿之间,主要有三个版本的自然倾向,每一个都可以被看作社会学中所说的生活轨迹的原型(最近的一个就是牛顿的惯性概念)。

1.约翰·菲利波努斯(6世纪):自然倾向被施于一个物体的同时,也就驱散了它的未来与其起源之间的连贯关系。这种看法可能是布迪厄语料库中不太常见的一种版本,在他对于法国社会高度分级化的本性的理解中我们可以看到这层意思,也就是说在自我表达中,一个人本源的自我甚至在极小的事态上都是摇摇欲坠的。以布迪厄自己为例,当一个人获得一个新的身份时(比如教授),他也必须继续承担旧的身份(比如说一个邮递员的儿子)。不过,有证据表明,一再反复地曝光于大众媒介,会被特定的阶级标识同质化,比如说口音,它就让人们在不同的背景之下审视自己,由此而成为一般观众和共同市场的一部分(详见下文关于《人生七年》这部电影的评论)。不过,对于这种趋同的自然倾向,布迪厄(1998c)对它的转型适用范围持怀疑态度。

2.阿维罗伊(12世纪):自然倾向施于物体,以保持并引导它穿过以太。这一版本被布迪厄用于描述社会成员之间所存在的普遍竞争,比如说在学术场中,所有的成员都得到同样的激励,并且通过基于某种事实之上的互相认同对彼此进行强化。从这个层面看,对于任何特定的学术人来说,所有其他的学术人都作为使其进程得以便捷的以太而起作用,不管其最终会带来什么结果(Bourdieu 1988a:174-9)。这个观点凸显了布迪厄所说的富有意义的社会关系中的游戏性特征,这就是被恰当地概念化为场域的东西。这些人预设了其他玩家的在场,而他们的协约(幻象)需要彼此之间的共谋才能达成,因为只有这样一个人才能在他人的行动中投入自己的文化资本(Bourdieu 1998c:76-9)。

3.让·布里丹(14世纪):自然倾向施于物体,使其总是保持恒常,直到有其他活动的干涉。虽然布迪厄并不相信一个人的原初印记能够通过生活轨迹而被彻底消除,但是他仍旧承认,其默认设置仍然会被击溃。考虑一下,有这样一些人,他们的情况与布迪厄很相似,但是却不像布迪厄那样时刻反思——他们出身于工人阶级家庭,经历了大大小小一系列考试的竞争,从相对安逸的顽皮孩童一路成为深有城府的专业学者。这样的人往往会失去马克思主义式的那种直觉,也就是给多少钱做多少工,因为他自己的行动并不是按部就班具有固定产出的。更准确的情况是这样,他们仅仅是在做与自己职位相称的事情罢了(比如说,表现出勤勉),以此来象征自己的全部能力值(Bourdieu 2000a:14-15)。

正如已经提到的,自然倾向这个概念只是零星地出现在布迪厄的作品里。比如说,在《学术人》里,他如此界定:"性情与利益上的合并往往与某一具有特殊社会位置的阶级息息相关,其中的行动者倾向于对某种恒常进行再生产,或者维持一种利益增长率,正是这种增长率建构起了他们的社会身份,而这些甚至都不必刻意的或者有意识的去追求"(1988a:176)。这一段引文出现于"批评的时刻"一章,在这一章里布迪厄认为1968年法国的危机可以用法国社会的分立来加以解释——尤其是学术世界的分立——这是战后扩张的结果,而这造成了社会诸多特定派系之间的不平衡发展。同样,从他的描述来看,在此自然倾向就相当于习性。不过,上述引文中关键的问题显然在于社会身份所具有的价值的"再生产率",以及它在无意识的情况下会拓展到什么程度。

这样的界定使得自然倾向变成了一种特殊的心理学概念:就是那些对自我发展和表达(或多或少)具有推动效用的倾向,它们往往是对某些社会条件特定方面的反应。这样一来,自然倾向就显现为一种深刻的个人性的东西,而不是集体性的,它也是根植于社会环境当中的。

与此同时,这种社会环境又不仅仅是阶级衍生出来的,而是在地空间里所固有的。或许回顾一下布迪厄关于贝亚恩地区婚姻策略的研究,我们就会看到他将自然倾向更进一步地写作为:"一种想让家族或者家庭永久持存的无意识欲望,通过将其统一性进行永久化来抵抗分裂因素,尤其是要抵抗那些潜藏在家族共同体内部的、对于利益的争夺欲"(1998c:107)。不过,与此同时,这种"无意识欲望"对于那些处于社会矩阵中的人或事物也会带来某种解构性的后果。比如,布迪厄在《世界的苦难》中就举出了父子之间的动力学,他揭示了继承与预期之中的负担:"父亲是一个位置(site),一种用以'筹划'的中介(或者更恰当地说,是一种'自然倾向'的中介),铭刻在关于继承的性情或态度当中"(Bourdieu 1999a:508)。这里的关键点在于,这种性情在无意识之中转化为了一种"整体的存在方式"。要继承,就要去固化这种存在方式。在这个问题上,儿子就受到了一种"双重束缚",一方面,要满足他父亲对其继承和延续血统方面的期望;另一方面,又要保卫自己"在世界中的存在方式":究竟是要维护自己父亲的谱系"筹划",还是要进行自我界定? 不出所料,这种潜在的矛盾早晚都会呈现出来;尤其是当儿子没有依据父亲的期望来界定自己,或者拒绝"成为继承者"的时候,这正是此处所发生的事情。

关于英语母语人群是如何想象自己的自然倾向,最好的方式就是去看看迈克尔·艾普特的纪录片《人生七年》,该片记录了12个来自英国或高或低不同阶级系统中的孩子的成长经历,从1964年他们7岁开始,而后每7年回访一次。艾普特(1999)注意到一些他们在命运上的殊途同归——尤其表现在口音上——但是绝大部分的阶级差异还是原封不动地保持了下来,并且也仍然被如此认识,尽管在某种程度上有所衰减。进一步说,主体总是倾向于理性地看待个人的成功与失败,由此就能够整体性地把握他们所身处于其中的社会秩序。这就是布迪厄所说的"爱命运"(Bourdieu 1998c:216)——当年被尼采用拉丁文写作"amor fati"的东西(尤其是在《快乐的科学》里)。自然倾向的特征就是人们对自己的主观期待进行调整,从而能够适配于客观契机,布迪厄的批评者之一乔恩·艾尔斯特(Jon Elster 1983)称之为"适应性偏好的形成"(adaptive preference formation)。"amor"这个词在这个语境里是恰当的,因为艾普特的采访对象对自己以及他人的命运都没有笃信或者归咎的态度。更多的则是他们欣然接受了自己的命运,认为那就是事情应该有的样子,因此他们相信每个人现在所获得的都是最好的结果。

自然倾向这个概念的发展也激发了17世纪的"神正论"科学,对这一学说最直白的理解就是关于不可置疑的神圣正义。这里之所以有意地使用"科学"这个词,是因为在神正论最鼎盛的时候,它被认为是神学最为理性的理论分支。这一学说意图将那些为数庞大的有缺陷的事态——从自然灾害到人口膨胀所带来的问题——整合进入我们世界的一种大全之中,而这也就是对于这些问题的天选之方。人们试着在某种惰性的完满状态中认识上帝的设计,上帝便于此显现了:这就是伏尔泰在《老实人》中所嘲讽的"所有可能世界中最好的那一个"(Schneewind 1997:215-60)。如今一些神学家看到,在现代社会理论中,神正论所代表的功能主义与历史主义仍然是其重要的宗教背景(比如 Milbank 1990;参看 Fuller 2006a:141-56)。

在布迪厄的社会学中,我们也能够嗅探到斯宾诺莎那种独特的招牌式的神正论踪迹。对于斯宾诺莎来说,爱命运(amor fati)也就等同于爱理智(amor dei),因为上帝不是别的什么,而就是单一宇宙秩序中对诸多自然力量对立作用的化解。在斯宾诺莎的年代,他因此被指控为不敬神者,认为他既是"泛神论者",又是"自然主义者",是在杜撰一种理论来捕捉上帝与自然直接的一致性关系(Israel 2001)。因此,一个人要与自己的命运和解就是要与上帝和解。斯宾诺莎甚至在《伦理学》第四书命题 18 中树立了自己的社会学。他相信一切理性能动者都会希望维持社会秩序如其所是,而这是因为在这种社会条件下,他们自私的利益诉求能够被一同表达出来。斯宾诺莎假设任何其他的状态都会使得某些人获益而同时损害另一些人的利益,这样他们的利益诉求就不能被一起传达了。在这里,我们看到了"酸葡萄"心理的反面,也就是艾尔斯特所说的"甜柠檬",即是说现状的维持在相当大的程度上取决于人们认识到如果不是如此,事情有可能变得更糟糕。

这里值得一提的是,斯宾诺莎对布迪厄的影响在这里更多是经验性上的,而不是规范性上的。布迪厄并不同意斯宾诺莎对人类境遇的终极论断,不过他还是以斯宾诺莎主义的术语来论证人类是否会自发地将自己的境遇理性化。不同于伊斯雷尔(Israel 2001)的视角,斯宾诺莎的视角放在了人生中的种种静止不动的姿态,事实上这种想法带来了相当大的颠覆性,甚至在他死后 150 年的时间里还极具革命性。这是因为斯宾诺莎对人类何以接受自身命运的问题作出了阐发。在他之前，人们对于命运的观念倾向于一种超越式的理解，归因于绝对不可知的上帝，这种观念后来就被升华为"爱命运"，而斯宾诺莎的形而上学阻止了这种倾向。与之相反，斯宾诺莎指出每一个人都是神秘实体的成分，与其处于一种共谋关系中，即人们接受事物之所是。这种思维貌似是有道理的，正如卢梭在将近一个世纪之后所说的那样，人们之所以甘愿为奴是因为没有看到他们的集体存在，而视他们的主人为其唯一的命定来源。实际上并没有什么名为"上帝"的超越实体在阻碍着他们。

康德的结论很显然也源自卢梭，他是在道德的名义下讨论这个问题的，如果我们不首先把自己设想为自己的立法者，那么也就无法设想我们的行动。在这个问题上，理性就是一种期待性的判断，而不是某种回顾——什么是潜在的取决于我们自己的决定，而不是我们所征引的他人的决定（即使是站在我们自己的立场）。现代的标准伦理学与政治学就始于康德主义的这一前提。事实上，康德主义的学术对手——功利主义者——才更显然地具有现代标准理论家的特征。无论如何，对于边沁与密尔来说，他们并不像斯宾诺莎与莱布尼茨，"为了最多数人的最大利益"已经被当作走向未来的口号，而解释过去则站到了它的对立面。布迪厄在使用自然倾向时，他显然在照应这些哲学转化。不过总的来说，虽然布迪厄生活的年代晚于马克思并且充斥着马克思主义，但是他并不完175 全是一个与社会神正论彻底断绝了关系的标准社会学家。

以上关于自然习性的历史发展简史涵盖了生物学、心理学和社会学场，我们能够从中发现，一般而言的"意志"（will）这个观念已经不能完全涵盖自然习性。就这一点而言，斯宾诺莎在《伦理学》第3部分命题7-8中做出过清晰的界定，在此处他认为只有当自然倾向被理性化或者作为一种有自我意识的追求时，它才等同于"意志"。当自然倾向仅仅是被认识，而非有意识的自我追求时，它就是"欲望"(desire)；而当它没有被认识，由此对它的追求是无意识的，它就是"冲动"(appetite)。追随布迪厄的思路，我们可以说，当一个人的自然倾向被生活的兴衰所困，他的习性反而会被再生产为一种一般性的之于社会世界的定位，而事实上，正是这种定位公开地佐证了一个人在观念上的约定俗成，而这反过来又作为他的特技(gamesmanship)(Bourdieu 2000a：150-52)。从斯宾诺莎式的立场看，或许正是个人的欲望而非意志使得自然倾向得以在社会世界中达成和解。但是，必须再次强调，布迪厄只是将其放在经验性层面加以理解，而不是一种标准的社会学式的主张。

尽管以下两个概念的意义都贯穿于我们精神本体论的全域，但是暗含在自然倾向中的能动性观念还是和自由(liberty)或自主(freedom)大为不同。"自由"的概念在其历史性上看是指免除劳作的生活，比如说，从奴役状态和苦力中解放出来，或者更一般的诸如此类的意义上。与之相反，"自主"在其历史性中暗含了一种"域"(domain)，其典型的图像就是一块土地，甚或有一个人类，他享受对土地的完全控制。在这种表述中，这两个词是互补概念：一个是对控制的脱离(他者之于个人)，一个是走向控制(个人之于他者)。这两个概念背后都显现出控制和受控制的截然对立。

而与这两者都不相同，自然倾向将能动性看作一种纯粹的进程，各种各样的行动只是作为片段出现在这一进程当中，在两个实体性的存在之间并没有什么决然的时刻，从而使一方成为控制方而另一方成为受控方。我们能够看到这一概念在社会学层面上至少具有两种优势，这也是布迪厄所指出的。首先，自然倾向赋予了人们以特定的倾向，并由此积累出习性，而这都是由个人对于生活的筹划发展而来。这种赋予在其表达中明显是具有生物性的——涉及人的身体举止——甚至还有一些关于生物自然属性的，由此社会学地位得以在遗传性的尺度上被视为是可预测的。不过,在家庭历史中,其继替则并非完全如基因遗传一般,比如说文化资本就并非完全如此。在这个问题上,布迪厄显然受到德勒兹的影响要甚于莱布尼茨,以及大卫·休谟所说的,人与人之所以有差别,是由于他们通过自然能力所获得的非自然能力有所不同(Bourdieu 2000a:136)。其次,自然倾向指出了我们有可能被赋予某种特殊行事的方式,而在他人的认识中,这就成为我们所具有的能力,这种认识的发生甚至都不要什么高瞻远瞩,也不依赖于社会行动者对生活规划的自我澄清。

在第二个方面,自然倾向通过把注意力放在一种社会关系的场域运作上,而为习性提供了某些动态的特征,这样一来,个体的行动就被置于一种正在进行的共同定位的进程当中。有的时候布迪厄也会提及莱布尼茨关于空间的唯理性理论,根据这种理论,空间之所以能够存在,在于同时运动的不同物体之间的互持,每一个物体都具有自然倾向,而之于他物的自我显现就是习性(比如 Bourdieu 2000a:134)。20世纪早期的电磁场理论是莱布尼茨理论最为科学的版本,在这种理论下,对于活生生的人来说,习性之于自然倾向就相当于冲动之于运动的躯体。

我们思考一下在这复杂的等级社会之中对立的两极。一方面是贵族义务的表象,这种义务被社会所希求,希求高阶个人能够在行动中予以展现和许可,而又不会遭遇任何直接的报偿(Bourdieu 1998c:86-7)。另一方面,我们又普遍希望出身贫困的人不要跃出他们的原初生活太远,虽然新自由主义、自我发展的后殖民主义意识形态俯拾即是。这就在宿命论的层面上萌发出一种关于忍耐的观念(Bourdieu 1999a)。从一种严格的马克思主义立场出发,这两种情况会萌发的是义愤填膺,因为在第一种情况下,人们被要求做得更多,在第二种情况下,则被要求做得更少,而这都不是他们应当做到的程度。这种过度或抑制是为了将人视为实现社会功能的承载者(参看 Gouldner 1973：260-99)。不过当然,这里预设了每个个人对于社会的贡献都是可以在共同的指标上进行计算的——而这一点,就是自然倾向这个概念所暗示的一种严格物理主义(physicalistic)的分析,也就是说这意味着所有的客体都平等地受到同样的力的吸引。不过,我们要适当的理解这一情形,它不仅仅意味着,也几乎不意味着在这一情境中复杂的社会能够保持全体的均衡。

通过夜以继日的运作,现代资本主义社会已然预设了一种深刻的不对称的心理经济(psychic economy),这种经济希求上层的慷慨与底层的克制,而不是在全体效果上保持社会均衡。在某种意识形态层面,这也许反映了某种普遍的神正论,通过一种对于个体命运的互补而表达出来,而这从根本上说只是一种贯穿于各个社会阶层之间的分配专制——也叫作"人生乐透"(life's lottery)。物理层面使得根本性的意向得以被充实。在具有诸运动物体的体系中,有一种保持均衡的方式,也就是相反作用力的抵消,这是通过牛顿第三定律表达出来的:对于任一运动来说,总有相反等效的作用力。因此,贵族义务之所以能够运作,仅仅是因为他们有意地让下层阶级的接受者不把这种"礼赠"视为一种来自上层的屈尊,而是具有真正的价值。而这反过来又限制了这些接受者——或者更准确地说,那些在阶级中目睹和知晓这种"礼赠"的成员——对固有阶级差异进行普遍的、激烈的重新调适。事实上正好相反,他们对礼赠的接受是一种对场域的再生产,从而维持了这些不平等的关系。

简而言之,布迪厄为人们是如何被"卷入"社会系统的问题提供了洞察视角。布迪厄之于帕森斯就好比马克思之于李嘉图。换句话说,今天的法国社会系统和 19 世纪早期英国的政治经济形式比较类似,它们都通过我们作用范围内的补偿性幻觉来维持体系的稳定性。不过,要固化特定情境下人们对所能行之事的期望,使得礼赠能够施展它的魔法,就只有让人们接受某种"圣恩"(grace)——也就是说,让礼赠的给予与接受显得都不是强迫的。在此,自然倾向就极容易与自由和自主相混淆,自由主义的评论者们就经常这么做。

布迪厄为社会系统的微调本性提供了一个有趣的视角,即观察每一个细微意识所激起的涟漪,尤其是在对于社会行动者的补偿性安置中。他提到了弗朗西斯科·德·拉·罗什富科(François de La Rochefoucauld)的著名箴言,后者是路易十四时期的一位贵族(Bourdieu 1998c:87)。他的明智反映了某种社会荣誉观的危机,也就是说贵族的给予不再是慷慨的了,只能依靠恩典的力量来维持,而承载这种力量的物质形式就是他们所写的宣传手册。在这里,我们可以看到他的箴言:"熟悉滋生轻蔑。"这句话对礼赠的两方都起到作用,其影响力在之后的一个世纪里不断被强化,最后以1789年法国大革命而告终(参看 Fuller 2006b:127-8)。在最为一般的层面上,这种社会场域的崩溃使得原来的社会功能性分异秩序不再被广为接受,这种秩序原本是关于边际收益的个人算计。布迪厄最初观察到这种现象是在阿尔及利亚,它是作为从殖民地转型为独立国家过程中的一个特征而出现的。本来在殖民主义社会状态下摇摇欲坠的传统农耕范式,在国家状态下则几乎被"连根拔起"。因此,布迪厄将阿尔及利亚描述为一个"自我异化"的社会(Bourdieu & Sayad 1964)。

178　　　　在此,我们能够看到价值是如何紧密地依附于布迪厄所给出的物理参照系之上的。在没有暴露于外物作用之下时,物体总是保持着已有的运动趋势。自然倾向不同于某种牛顿式的惯性理解,而是认为物体之间总是具有在运动中互相定位的能力,因此在这种理解中，并不存在某种来自他物的外部力量的直接作用——比如说牛顿所说的"重力"——把已有的物体拖入另一种模式当中。对于以下这个问题的两种不同回答，其差别在社会学层面上是意义重大的：为什么一个社会的范式秩序会崩溃？从自然倾向的角度看，是因为社会里没有什么人还保持在原有的秩序之中，在这种情况下，人们就把自己的行动定位于重建某种整体性的均势。而从惯性的角度看，是因为不再有更高的一致性权威来辖制个体之间的关系，以至于每个人都能够被激发为一种任意而为的个体。

依据这两个视角来举例说明：第一种情况下，如果其他人不像基督徒那样去行事，则你也不会这样做；第二种情况下，如果不存在能够以基督教精神来辖制你的他者，则你不会像个基督徒那样去行事。形而上地说，这一区别几乎就是对于中世纪争论的重新调用，一方是唯名论，一方是实在论，他们在"普遍性"的存在问题上针锋相对——这里的"普遍性"也就是指放之四海而皆准，不用考虑具体语境的属性。这里所说的"普遍性"是某种对于"社会"来说至高无上的宰治观念，它随时准备着对它的成员的所作所为做出评判。这种看法来源于涂尔干的遗产，也就是将这种立场预设为社会"重力"的根本来源。而对于布迪厄来说，这种看法忽略了社会互动中的诸多自发形式，这些形式就需要用自然倾向这个概念才能捕捉到，这些自发形式不依赖于某种超越性的存在立场，或者任何一个自我任命的社会守护者，并且正如阿尔及利亚的案例所显示的那样，自然倾向还会对已有的秩序造成某种扭曲（参看 Grenfell 2004b：15-16）。不过，我们也必须指出，纵观布迪厄的一生，尤其在把人类的疾苦完全归结于新自由主义这一点上，他也逐渐开始认同某种涂尔干式的实体的价值（参看 Fuller 2006c）。

# 受难/符号暴力

⊙ J.丹尼尔·舒伯特

> 那些用于建构社会现实的名称,和这些名称所表达的社
> 会现实一样,都是政治争夺的关键筹码。
>
> (Bourdieu 1994d:134)

## 导 言

我们可以这样说,皮埃尔·布迪厄终其一生都专注于社会是如何运转的这样一个问题。他所发展出的那些概念,比如习性、场域和文化资本对于社会研究者来说,都带来了巨大的启发和本体论上的价值。当我在本章谈论社会功能如何运作时,此处的重点在于为什么研究社会学对于我们来说本是应尽之责?这也是布迪厄含蓄地告诉我们的。根据布迪厄,当代社会的层级和不平等,同样也包括由它们所带来的苦难,更多的并不是由身体性的强力所带来和持续的,而是来自符号统治形式。他将这种统治所带来的

后果称之为符号暴力。尽管对于这种暴力形式的提及并非遍布于布迪厄所有的作品之中,但是我同意华康德的看法(Bourdieu & Wacquant 1992a：15；Bourdieu 2005b：133),即我也认为这个概念传达出了布迪厄作品的整体实质。事实上,符号暴力这个概念来自他自身对于语言的理解,同时也是语言所带来的后果。在布迪厄看来,和交流相似,语言也是"权力和行动的工具"(参看Eagleton,引自 Bourdieu & Eagleton 1992e：111)。语言自身就是一种统治形式。我认为随着符号统治在所有的社会建构中都被视为其中的一部分,它对于当代发达资本主义社会的意义也就越来越重大。

180

　　布迪厄对于社会的分析根本上是基于社会分化和宰治的进程。他的看法大致如下:分化的思维创造了世界秩序,因此它也在其中构造和辖制了人们。政治争夺建立在对阶级分异与社会分化系统的正当性追求上,而当我们误识了那些阶级分异系统并视其为自然时——它们实际上是文化上的专制和历史性的符号暴力——它们就转化成了暴力的不可测的形式。与那些需要靠外部强力才能维持的社会阶层秩序的系统相反,这是一个不但有效而又高效的统治形式,在其中,统治阶级的成员不需要太费力就能够维持他们的统治地位。他们仅仅需要"让统治系统自我运作,使其统治周而复始"(Bourdieu 1977b[1972]：190,强调为原文所加)。换句话说,统治阶级的成员们只需要每天按部就班地生活就可以了,与其切近的系统法则会自然而然地为他们提供特权地位。统治的分级和系统于是得以扩大再生产,无论是统治群体还是被统治群体都视这种系统为正当的,因此他们都会站在自己最大利益的立场上来思考与行动,而无论其所思所想都不出乎这一系统自身之外。[1]

　　符号暴力的某些影响手段可能比身体性暴力还更"温和"一点,然而这都只是假象而已。受难同时来自这两种形式的暴力。受难的社会根源往往会被社会成员误识并加以内化,在实际中往往更加剧了受难的程度,甚至还巩固了统治性的符号系统。如此一来,符号暴力就越来越成为一种"更高效,并且(在一些事例中)更残忍的压迫手段"(Bourdieu,引自 Bourdieu & Eagleton 1992e:115)。布迪厄转向了社会学,这是因为社会学使他能够关注符号暴力,并且将其命名出来,因为它能标识政治行动所能命中的系统要害。最好的社会学会对那些隐而不显的暴力运作形式加以锁定,无论这些形式是为了生产还是保卫统治利益,这些暴力形式同时也是人们口中被统治阶级所遭受的苦难与不幸的罪魁祸首。所以,社会学最伟大的价值就在于,它为人们提供发现符号暴力并能够与其作战的"武器",而正是这种符号暴力导致了社会苦难的散布(参看 Bourdieu 1993a:60)。

　　本章要关注受难与符号暴力两方面,分为三部分。第一部分,我将把重点放在受难问题上,也就是布迪厄在他的早期作品中,在法属阿尔及利亚所关注的东西,我要指出的是在很大程度上,正是最初这些对于受难的目睹将他导向了社会学,尤其是催生了他所毕生实践的社会学版本。当然,在同一时期还存在着其他暴力形式,布迪厄同样提供了对于这些暴力形式的解读,也就是现代化和社会结构的变化,对于那些成长于某一更加传统社会中的人来说,

181

---

1　正如华康德(Bourdieu & Wacquant 1992a:168,n.122)指出的,在布迪厄的符号暴力与葛兰西的领导权理论之间存在的首要不同在于:"前者不需要任何'刻意'的工作以使其能够被'确信',而后者则要给出这种'确信'。"关于这个问题,参看 Schubert 2002。

这无疑将带来苦难。在第二部分,我会把注意力放在符号暴力本身上,首先就是把焦点放在布迪厄对于法国教育系统的解释上。这一系统将很多工人阶级的成员边缘化,与此同时又在战后的法国进行着阶级分化的再生产。可以想见,这是一个精英系统机构——所馈赠就是资格证——而其体制结果就是被淘汰的人会受虐于符号暴力之下。学生不仅仅会为自己所遭受的边缘化付出代价,而且他们还会被教育说,这是由于他们在学业上无法表现良好,无法在学术收益中获得成功,这完全是由于他们天然智能上的缺乏。我还会对消费过程中所产生的符号暴力加以审视,布迪厄对不断扩张的消费主义场域的研究影响巨大,这也是我所要确证的看法。这些研究的重大贡献在于,通过布迪厄的观察我们将看到,那些饱受符号暴力之难的人们,他们恰恰是那些伤害了他们自己的系统中的一员,他们通常心甘情愿地"投资"于其中或者"有志"于此(Bourdieu & Wacquant 1992a:167)。他们当然就是如此的,因为他们与系统之间(或者寓于系统之中)具有同源性,这源于场域生产。所以,在特定场域的语境中,获得了最大利益的行动者往往最后都给予了统治性符号系统相当程度上的圣化,同时又促进了其再生产,而这样一来的结果就是符号暴力的产生。最后,我会返回到对于《世界的苦难》的关注,这是布迪厄晚年关于社会受难的写作成果,这本著作描述了社会中的受难,同时也描述了那些助长了社会受难的场域扩张的诸多方式。

## 阿尔及利亚社会中的受难研究

格伦菲尔(2004b:15-16)将布迪厄描述为一位学术与智识界的"能动的破坏者",他指出布迪厄早期的学术进路——从哲学到人类学,最后到社会学——在一定程度上是受其切身经验所影响的,这些经验形式包括第一手的观察资料、广泛的摄影作品以及在阿尔及利亚的采访记录。[1] 事实上,布迪厄对于学术的反应是混杂的,他对学科分异不以为然,在其1955年赴阿尔及利亚做军事后勤工作之前就是如此(2004b:33-4)。在第一线亲眼目睹了法国殖民者所带来的恐怖与苦难后,布迪厄随即转向了社会学,并将其作为一种行之有效的途径,用以理解和阐明传统经济与社会秩序的诸多崩坏途径,这也是生活于其中的社会成员们的切实体验。正如格伦菲尔已经指出的,阿尔及利亚对布迪厄的影响可以说贯穿于他一生的著作当中(Grenfell 2006)。

或许给布迪厄带来最大影响的,是他对于那些典型的阿尔及利亚农民"失产"情况的观察(Grenfell 2006:34)。虽然他在这里并没有用符号暴力来说事,但是他所指出的那些由资本主义经济系统所带来的时间与空间观念上的破裂还是预示了这一概念的出现,尽管它在晚期著作里才被真正提出。布迪厄关注的不是殖民时期持续不断的身体性暴力,而是"一种统治,它强迫被殖民者适应殖民者的法则,这种强迫渗透于经济乃至他们生活的方方面面,并且否定了被统治社会对于权力的选择权"(Bourdieu 1979a:64,强调为我所加)。通过使用涂尔干的语言(1964[1883])来表达这种机械群体与有机群体的不同,布迪厄指出这是一种截然不同的存在于世界之中并知晓世界的方式,因此实际上这就是一个截然不同的世界,它是由法国殖民者所强加的。对于阿尔及利亚农民来说,更传统的定位——也就是他们的习性由于剧烈的社会与经

---

1　这里并不是在说这一经验是导致布迪厄转入社会学的唯一影响源。有很多作者,包括格伦菲尔(Grenfell 2004b)、罗宾斯(Robbins 1991)和史华慈(Swartz 1997),他们还描述了一些其他的影响,这些影响不仅限于布迪厄在其受教育生涯中所遭遇的零余感。

济条件的变化而分崩离析——导致了一种迟滞效应(参看第 8 章的进一步讨论):截然不同的存在条件扑面而来,带来了"对于可能、不可能及可然完全不同的界定"(Bourdieu 1977b:78)。布迪厄观察到,苦难来自一种脱节,一方面是传统社会里的习性结构,另一方面是内在化的理性资本主义经济结构系统。[1] 旧有的方式已经不能适应新的经济系统,而新的经济系统所带来的是就业与失业之间的断续,这就带来了:

> 一种无组织的行动,将其视为基于习俗视角上的创新是错误的看法。绝望的传统主义与人生整体计划的缺席,是社会现实的一体两面。

> (Bourdieu & Passeron 1979b:49)

这里值得注意的是,暴力是经济系统在殖民化期间持续变革所带来的结果,它以多种方式显现自身。受难不仅仅是在经济与身体层面上,也发生于人与土地的关系之间、两性之间,以及人与家庭之间。其所带来的冲击可以被视为一种"驯服的被动",抑或是一种"要素的激增对明确目的性的消弭",这就是布迪厄在众多被殖民的阿尔及利亚人那里所发现的东西(Bourdieu & Passeron 1979b:93)。

### 教育中的符号暴力

正如我之前所提到的,对于符号暴力的关注贯穿了布迪厄的整个生涯。不过,迄今为止在他所有作品中影响最为广泛的,也是最为重要的仍属他对教育的研究。早期的评论性著作有《再生产》

---

1　尽管社会或者说社会空间是由许多相对自治的场域互相嵌套、互相包容而形成的,布迪厄还是经常把这些场域看作经济场的附属。比如,参看 Bourdieu 1991a:245。

和《继承人》(Bourdieu & Passeron 1977a;1979b),不过,这些评论仍然倾向于一种结构主义的解释方式,也就是更关注法国阶级再生产和教育系统之间的关系,而不是符号暴力的问题。[1] 虽然教育系统——初等教育、中等教育和高等教育——在这一问题上确实非常重要,但是这并不是布迪厄真正关注的东西。正如许多系统论者所想象的那样,再生产在某些社会结构之间的机制关系中并不真的发生。而且正如结构性功能主义者所指出的那样,它的发生也不一定是有机的。社会秩序的再生产只有在这样的情况下才得以发生,即"通过策略与实践,经由自我设限的行动者,并且对世界之中的时间加以设定"(Bourdieu & Wacquant 1992a:139)。不过,这些策略化和实践性的行动者都是"情境性"的,他们介于各种社会场域之中,这些场域既结构化习性,也被习性所结构——无论是个人的还是团体的。因此,布迪厄对于教育机构的分析与他对卡比利亚地区人们生活的研究是相辅相成的,在这些分析中,他看到了行动者习性结构与被结构的途径,那些场域中进行策划并行动的行动者,也就是如此被定位于场域之中的。习性与场域既是被结构化的,也是结构化对方的结构,这种说法呼唤着一种社会学,它由历史性所带来,同样也具有历史意识(Bourdieu 1984:170)。结构的结构化就是这样一种历史进程。

为了更加了解 20 世纪五六十年代学校中下层以及工人阶级学生们的疾苦,并对为什么这些阶级的学生从中学进入大学的人数相对较少这一事实做出解释,布迪厄把视线放在了法国初等与中级教育剧烈的变迁上,这一过程在 20 世纪早期就开始潜在地发生了,而到"二战"之后得以最终爆发出来。当时所发生的,一方面

---

1  罗宾斯(1998:29)就给出了对布迪厄作品理解中存在的这类"误表"(misrepresention),尤其是由杨(Young 1971)和史华慈(1977)所提出的对于社会阶级再生产的结构主义解释。

是教育系统的急剧扩容;另一方面是准入资格的民主化,这使得越来越多的来自底层和工人阶级的孩子能够进入教育系统。此外,随着对学生学业的预期表现有所降低,大量来自工人阶级家庭的孩子蜂拥而至,带来了职业教育的勃兴,这意味着相当比重的第二级系统被定位于对职业劳动世界的供给(参看 Grenfell 2004b:60)。

从表面上看,学校的功能是为了教育学生并使其社会化,但是布迪厄强调说,学校实际上是以特定的方式教授学生特定的事物,并将其社会化。只有某几个科目被教授,也只是通过某几种方式来教授,所教授的判断形式也是受限的,就连用于教学的语言也是有确定模式的。[1] 学校里的日程、周计划以及学年都是以确定的方式来建构的,而学校里的孩子以学院和空间为界限被分成不同的团体,乃至不同的专业,其分类依据也就是界定它们的特定逻辑方式。当然我们可能会问,其他的一些科目、语言、日程安排、学科分轨和教学实训系统也能够被使用吗?[2] 对于这个问题,我们就需要"质询教学关系中潜在的社会与政治功能,它常常会削弱"学生本以为会对他们有所帮助的东西(参看 Bourdieu *et al.* 1994a[1965]:3)。让我们回想一下,所有的"教学行为在客观上都是一种符号暴力的拓展形式,它是一种由专制权力带来的文化专制的强化"(Bourdieu & Passeron 1977a[1970]:18)。

在战后的极具扩张中,法国教育系统看上去似乎是一种基于善意的拓展,无论是在准入机制上(主要是针对中等教育)还是评估标准上。与此同时,它也隐含了置于学校之中各种行为与交往之上的强制性法则,而这些法则对于那些上层或者中产阶级的成

---

1　比如可参看布迪厄与其他人合著(1994a[1965]:2-3)文本的完美开篇部分,其中暗示了学术话语具有一种"让学生保持疏离姿态的杰出功能"。

2　布迪厄这部分的讨论是非常令人受用的(Bourdieu & Wacquant 1992a:169-70),参看他对詹金斯(Jenkins 1989)就《学术人》批评的回复。

员来说已然是熟悉和恰适的了,这显然是由于这些法则本身就是依据上层或者中产阶级的交往与行为方式所定制的。这些法则如他们成长所示,产生于上层家庭环境之中,由此一来这些学生在学校中就更容易占据相当比例的文化资本,从而取得成功。通过对中产阶级文化的例举我们可以看到,学校系统实际上在"圣化"他们,而其媒介就是语言:

> 所有机制化的教学法⋯⋯其目的都是一种植入⋯⋯也就是那些文法学家千辛万苦从专业性的写作表达(来自过去的积累)中提炼出来的法则⋯⋯一个人想要充分地通过这些正当性语言而获得一定的效用,那么仅仅了解文字语言及其语法的社会条件仍是不够的,还要了解学术对于社会条件的编码形式,发言被如何评估、能产生多大的影响,都要受制于这种作为原则的、被强加和反复灌输的学术编码形式。
>
> (Bourdieu 1991a:60)

185　除此之外,所采取的学术文化模式也吸收了多种多样的不同文化进入其中,由于意识到了民主教育所带来的竞争的加剧,上层与中产阶级父母进一步加大了孩子教育上的投资,这样就进一步拉大了那些"预定"成功者与无法获得成功者之间的鸿沟(Bourdieu & Champagne,Bourdieu *et al.* 1999a[1993]:422)。那些先前被排除在初等及中等教育之外的孩子虽然被允许进入学校,但是他们却没有相应的文化与语言资本助其取得成功。[1] 其结果就是,他们要

---

1　布迪厄(1991a:83)将语言资本定义为文化资本的一部分(参看 Grenfell 2004a;2007; 2011; Grenfell *et al.* 2012 中的进一步讨论)。因此,如果我们说这些学生没有文化资本,这就是错的。我们都有文化资本。问题在于,在这些被挟制的文化资本中我们是否拥有了那些有前途的类型? 我们的文化资本是否能够毫无麻烦地让我们的习性适配于教育场域?

在学术上有所展露就难上加难。对于他们来说,社会条件被他们不熟悉的学术编码所裹挟,评估标准也受制于它,而同样的社会条件对于那些熟悉它的学生来说则全然不同。事实上,学校的大门向所有人敞开,这意味着在学校的不适应以及糟糕的学业表现能够被解释为个人卑微身份的写照。因此,比教育民主化责任更大的是学校扩招。一旦学校变得对所有人都唾手可得,那么受到责难的也就完全是个人的事情了。事实上,来自工人阶级的孩子所获得的成功相对更少,其结果仅仅是当他们表现不佳的时候就强化了他们的社会与知识水平上的自卑感。当孩子们表现不佳的时候就被斥责为缺乏天赋,而他们的父母就被斥责为没有为孩子提供良好的家庭背景——也就是说,可观的文化资本——以致他们无法在学校里取得成功。底层与工人阶级的习性与教育场域之间缺乏适配度,对于不佳表现的责难被归因到个人层面上,这就是一种符号暴力形式,通过这种形式,社会分级得以再生产自身。那些在法国教育系统新进扩张的背景下不太成功的人,往往会迅速地被学术分支所淘汰,而更优先地进入次一级的学校。他们在新的职业学校中长年累月的学习,而这一职业教育系统正是在战后被持续建立起来,以满足现代工业经济的用人需要。[1]

为了避免人们认为教育系统的一系列实践到了次一级学校就完成了,布迪厄在《学术人》(1988a[1984])、《国家精英》(1996b[1989])中提供了关于学院中符号暴力相似的描述。尽管他并没有使用这个术语本身,但是他描述了许多符号流通形式,比如在学院、统治阶级的主管部门中的政府介入,以及建立事业或者毁掉事

---

1　为了避免有人可能会把这种发展归为国家慈善,要时刻牢记的是资本主义对于下一代体力劳动者的培养也是由国家开支来支持的。

业的诸多方式,这些方式之所以有如此巨大的作用是因为"大学场
与其他场一样,也是有待争夺的空间,争夺正当条件与标准的决定
资格,以及分级的正当性"(Bourdieu 1988a:11)。在《国家精英》
中,布迪厄描述了法国精英教育体制是如何圣化并产生了一代又
一代的政治官僚。根本上说,布迪厄告诉我们学院里所采用的整
个教育与认识分类系统——可能还包括各种学术头衔,比如艺术
硕士、哲学博士,以及教授等,还包括那些评估术语的构成,比如聪
明、杰出、有趣、天赋、睿智,以及一些消极和蔑视性词汇,比如刻苦
和勤勉——这些都只是"对于社会阶级观委婉的表达,在其中,某
种阶级观是自然而又绝对的"(Bourdieu 1993b:178;也可参看
1996b[1989]:376,87;Swartz 1997:202)。

　　比如说,刻苦这样的词在学院中被当作一种看低和轻蔑的话
语就没什么可惊讶的。在学院中显现出优势的精英并不属于工人
阶级。赖安和萨克莱(Ryan & Sackrey 1984)描述了学院语境中的
这一问题,他们指出新的教育精英不做体力劳动,而他们认为自己
本质上就高于体力劳动者。他们在智识上的成功被认为是天赋能
力和风度的结果,而非更多地依赖于刻苦学习。从布迪厄式的视
角来看,这种说法无疑是有问题的。因为他们认为成功的结果仅
仅就是社会地位的转变,并且赋予他们脱离这种体力劳动的特权。
这个角度是有问题的,虽然将社会特权误识为一种自然优势确实
巩固了这种优势本身,并且对于受压迫的社群成员来说是一种残
酷的符号暴力,以至于加重社会受难。但是,在今天,那些在学院里
获得成功的人士,他们之所以能够获得利益是因为利益已然存在于
此,"教育机构在权力正当性和再生产之中所起到的作用不断加大"
(参看 Bourdieu 1996b[1989]:387)。而我们所能期待的,只能是不
同家庭的孩子得以进入同一个学院当中,除此之外别无其他。

186

## 符号暴力与消费文化

在布迪厄对于符号暴力的书写中,教育系统的比重无疑是最大的,但是我们也可以在其他的场域中发现它的存在。[1] 这里所要呈现的,也往往被误识最多的,是消费场域。[2] 在这一处于发展中的社会学次级分支当中,和其他文化领域的研究一样,这些研究领域的作者们认为,阶级或者其他形式的社会关系在当代社会中很大程度上不再完全处于马克思式的生产关系当中。由于布迪厄研究的巨大影响,这类作者把视线转移到了消费系统如何维持阶级体系这一问题上。事实上,布迪厄所说的阶级的区隔与体系是通过消费实践得以维持的。尽管他并没有指出某种消费逻辑与生产逻辑之间存在的"功能与结构上的共生性"关系(Bourdieu 1984

187

---

1 这里所提到的问题与布迪厄(2001a[1998])关于性别场中的符号暴力的问题有着独特的关联性,但是由于篇幅所限在此处就不再赘述。事实上,很多女性主义学者,当然这里面最具代表性的就是朱迪斯·巴特勒,她对布迪厄进行了批评,因为她认为后者对于女性特质的描述是基于一种家长制的社会观念统治之下的,而对于具有潜在颠覆力的实践性行动的述行性,布迪厄却没有加以承认。关于这一质疑,以及布迪厄对于性别符号暴力的描述,详见拉内(Lane 2006:108-19)和阿德金斯与斯凯格斯的论文(Adkins & Skeggs 2007)。

2 我已经跟随布迪厄对于误识的用法来对某些人群的进程加以描述,这些人没有看到社会以及认识分类的社会化根源,但是在此值得指出的是,尤其在关于符号暴力一章中(特别是关于审美趣味的部分),这些分类其自身就是社会性的产物。社会分类和认识分类是同源同构的。当我们用"误识"来言说的时候我们需要格外小心,因为这个术语有可能带来一种表面化的理解,也就是说它容易让我们把失败的原因归咎于个人,而看不到分类的社会性根源,这样一来,这种看法本身就成为一种符号暴力。事实上,如果行动者的误识分类与特定场域的社会分类相一致的话,那么在这一范围内这种误识确实是一种准确的认识。比如说我们也许会说这样的行动者是有文化的人。布迪厄(1998c[1994]:103)认识到了这一点,于是他说道:"符号暴力的理论有赖于信念的理论,更准确地说,一种信念生产的理论,这一社会化的工作所生产出的行动者必须被赋予相应的可感知到并且赞同的方案,这样一来他们才能被允许认识和服从于那些已经被铭刻在某一特定状况或者话语中的律令。"

[1979]: 232)。《区隔》是布迪厄最有影响力的消费主义研究著作,副标题是"一种趣味判断的社会学批判",这显然是对康德《判断力批判》的指涉。布迪厄并不同意康德所提出的关于非功利的至高判断力的思想,而是认为审美观念从来就不脱离于利益。他拓展了涂尔干与莫斯的洞见(1963[1903]),也就是说分类思想是社会性的本源,布迪厄通过这一洞见进一步指出,审美上的分级,无论其产生、发展,还是维持都是社会性的,这同样也是在社会中用以维持和拓展统治系统的方式——分类实际上是社会群体之间以及群体内部对于权力分异的编码:

> 趣味分级,以及由趣味分级所带来的分级,社会主体被他们所采取的分级而彼此分级,被他们所做出的区分而彼此区分,在美丑之间、雅俗之间,通过这些,他们在客观分级中的位置或者被表达,或者被背叛。
>
> (Bourdieu 1984[1979]: 5-6,强调为我所加)

这里的重点是,被视为个人品质的趣味,实际上是社会性的。每当一个社会成员在商店里进行消费,或者决定要进入哪个商店,或者表达自己对于某种音乐、电影或艺术的偏爱,虽然是不经意的,他们也都是在表达"已结构化了的结构"的预设倾向,而这同时也就是*习性*。这种符号暴力甚至在琐碎的实践中也可见一斑,比如说它常常发生在"没有教养"的小资产阶级身上,或者发生在一间昂贵的餐厅之中,在这里工人阶级的成员与上流阶级共进晚餐,他们不知道要用叉子吃沙拉,用勺子喝汤。这种剧本所展现出来的场景是非常规的。这就像"礼物交换"在欠发达社会中对于社会结构、身份和道德的再生产(参看 Mauss 1967),由错用沙拉叉所带来的焦虑和尴尬,这标志着行动者在目前某种社会结构之中所处的位置,与此同时也反过来对该结构的正当性进行了再生产。

　　　　叉子的误用可能意味着"误用者"(miss-user)并不适合当前的

社会设定。不过,更重要的是,这让我们意识到这种设定确实是真实存在的。我们实际上并没有真的误用银器。我们将自己视为某一阶级的成员而被区分出来,而这种阶级间差异的再生产是通过银器误用而被我们辨识出来的。误用者会更倾向于服从那些正确使用了叉子的"专家"们,从而把后者视为具有优越地位的,并且这种误用很可能在将来某一相似的场合会成为一种创伤经验,从而使他们拒绝这样的场合。在他们对于不适的拒绝中,在他们把叉子的"适当"使用误识为某种优越性的认识中,社会分级得以再生产自身,而对于被统治的社会行动者来说,社会壁垒也就得以建立。那些知道如何使用叉子的人比那些不知道的人要更好;正如那些知道如何与教育系统周旋的人比那些无所适从的人要更优越。我们每一个人在晚餐桌上所发生的误识实际上是这样一种情形:

> 它使得小资产阶级与文化发生了联系,并且其有能力把无论何种他所接触到的东西都视为"中级趣味"……这并不是它的"本性",但是这确实就是小资产阶级在社会空间中所占据的位置,也就是小资产阶级的社会本性。也就是说……事实上,正当性文化没有塑造他们(并且还往往与之对立),同样他们也不塑造正当性文化;他们要的,只是一种适可而止。

> (Bourdieu 1984[1979]:327)

在这一关于餐厅焦虑的琐碎案例中,我们可以看到"礼貌"作为符号暴力是如何运作的。当然,对于餐具的使用这件事情里并没有什么内在的优越性可言。有的只是社会性的优越,因为相对的阶级也具有相对的餐饮实践。这再一次说明,重要的是要记住,通过符号暴力,晚期资本主义社会实际上是通过一些"礼节"的方式来进行社会塑造,这一方式比其他暴力方式更有效,它可以渗透到一系列生活方式当中,这样一来人们的受难之处不但越来越多,也越来越深刻。我们可以看到,越是在世俗的事务中,礼貌所带来的驱逐性就越强,因为它就存在于不同社会阶级成员每一次的咀嚼当中,在他们的日常饮食中这种分化就得到了维持。如果我们关注不同阶级之中成员的发病率与死亡率,我们就能感受到这其中的残酷和野蛮。暴力虽然是运作于符号层面的,但是由此带来的阶级分化的再生产以及由之而来的受难却是切肤之痛。

189　回到受难之中

　　布迪厄在他的作品中对于符号暴力的关注要远远多于暴力所带来的受难。事实上,戴维·史华慈(Swartz 1997:83)就指出,在很大程度上,布迪厄在"亚文化系统"上倾注的精力相对较少,对于下层的人群所经受的苦难的提及也并不太多。不过,布迪厄所关注的是认识论上以及政治上的合理性,这使他相信统治性的符号系统是作为符号暴力和社会再生产的中介而发挥作用的,而下层的成员则倾向于去适应处于上层空间中的群体的文化信念、价值观和流行趋势(参看 Bourdieu 1984[1979])。布迪厄早期关于阿尔及利亚的研究一定程度上预示了这一点,但是真正呈现出来还是在《世界的苦难:当代社会中的社会受难》这部集体写作的作品里。在其中,布迪厄和他的同事们将下层社会成员的经验摆到了台面上。所以,如果说在早期的阿尔及利亚研究中,布迪厄更多关注的是法国殖民主义对于阿尔及利亚传统文化的冲击,那么在《世界的苦难》中,他所关注的则是 20 世纪末的法国社会中,后工业主义、欧洲一体化、移民,以及性别与种族关系的变迁,而对于这些问题的审视则直接来自真实的采访,受访者都是那些对这些进程所带来的破坏效应感触最直接的人们。

　　涂尔干就曾经指出过社会学家所要面对的方法论疑难(1938[1895])。在《社会学方法的规则》中,他就指出社会学家要研究社会事实,研究真正的社会事物,这些东西都是外在于,甚至是强加于社会中的个体成员之上的。这里的疑难就在于,社会事实的研究不能就事论事,只有通过关注它们在社会成员身上所产生的效果才能对它们进行研究。在《自杀论:一个社会学研究》(1952[1897])中,涂尔干研究了各种各样的自杀率数据,这并不是因为他对自杀本身有什么内在的兴趣,而是因为自杀很大程度上是由不同程度的社会融合和规则所带来的。个体数据(这些个体事件的数据统计也是基于人口总数的)让他对于各种不同的社会有所了解。在《世界的苦难》中,布迪厄及其同事同样也对个体数据进行了搜集。他们所展开的采访工作历时三年之久,从不同的人们那里搜集了大量的故事,这些人都经受了 20 世纪末本地社会与本土文化所发生的变迁。而这本书所包含的内容就取自这些采访,其中个体对于其经验的描述都使用他们自己的语言来表达种种社会情形,比如社会隔离与孤独感、幻灭与替代、边缘化与排斥、家庭暴力与离析、药物与酒精的使用与滥用、抑郁、失业、沉默、犹太生活与居住条件退化、病态、霸凌、贫困、性别歧视与种族歧视。[1]

190

尽管这本书所记录的都是个体的受难经历,但是这些故事为读者提供的价值在于,这些个体说出了这些苦难的分布及其社会与文化根源。他们用个人之声来讲述个人生活细节,这也就是对符号暴力在日常生活中的自我呈现所进行的言说。因此,他们同样是在以社会之声言明社会的故事。比如说,此书的合作作者罗西纳·克里斯汀(Rosine Christin)就谈到了一个叫作玛丽丝(Maryse)的讲述者:

---

1 这些故事就是由亲历者用他们自己的语言讲述的,而不是该计划中的研究者所讲述的,对于布迪厄(特别是,可参看 Bourdieu 1991a)和其他研究者来说,他们都有可能不经意间代表了亲历者本人,由此就带来一种符号暴力。学术研究者或者其他专业人士都有可能仅仅站在自己的角度来进行主题研究。

我发现你必须倾听不同的声音,比如像玛丽丝这样,她能够谈论一种被集体历史充斥的生活,而这却只能通过个人语言才能够表达,"小事情",女人的事情,这些总是被官方历史所排斥,就算它们是由女人自己写出的也是如此。

(Christin,引自 Bourdieu 1999a[1993]:360,强调为我所加)

在某种社会设定里情况确实如此。研究行为本身就是一种社会行为,而且正如克里斯汀的例子所显现的,必须运用一种反思伦理和政治意识,我们才能发觉这些聆听是多么的重要。事实上,这种研究对于讲述者本人来说也有潜在的益处,尤其是在论及他们所正在经历的苦难之时。如果在他们所建立的叙事中,其自我就是真实的自我,那么他们也就被呼唤加入研究。主体性于是就得以显现。[1]

布迪厄及其同事在《世界的苦难》中所做的工作为正在发展的社会受难领域方面的研究做出了巨大贡献。以符号暴力之名行"真实"暴力之实,这种不平等在社会中比比皆是,在这个问题上,他们的工作是对其他社会学成果的补充,比如亚瑟·克莱门及其同事(Kleinman 1988;Kleinman et al. 1997),维纳·达斯及其同事(Das 2006;Das et al. 2000),以及保罗·法墨(Farmer, 2001;2004)工作的补充,他们都审视了社会暴力分布(包括身体及符号上的,虽然没有使用符号这个词)对于边缘化人口的影响。[2] 布迪厄的工作也进一步地鼓励了其他研究者对于社会和结构性变化所进行的进一步审视,在剧烈全球化的今天,这些往往都是符号暴力的结

---

1　因为这样一来我们就能够得到更多受难者本人关于道德问题的发声,参看弗兰克(Frank 1995;2004)。

2　对于布迪厄受难研究所做出的最清晰的评价来自伊恩·威尔金斯的《受难:一个社会学导论》(Wilkinson 2005:94),此处他指出了布迪厄所说的"一般受难"是由于边缘化与无力带来的结果。

果。《世界的苦难》就是这类研究项目的一个典范,因为他对法国
20世纪末所发生的剧烈的社会变化及其危险的后果进行了整
理——一方面是对于那些习性建构于"二战"前的社会行动者;另
一方面则是他们的孩子,这些孩子目睹了父母的受难,同样也经历
着社会变迁给自己生活和未来所带来的影响。

在《世界的苦难》和在本章所提供的一系列事例中,受难与符
号暴力是习性与场域不吻合的结果。无论是由于剧烈的历史变
迁,还是仅仅由于人们在社会情境中因缺少有效的各种资本形式
而无法找到自己的定位,符号暴力都确确实实在发生着。关于习
性是不是来自一种符号暴力的建构,在布迪厄的著作与学术生涯
中对于这一点的坚信几乎没有动摇过。拓展开来,一切场域都具
有内部等级,并且一切场域最终都是权力场分配的结果,而习性又
反过来助长了场域中、权力之下的行动者之间的不平等性。这种
习性结构最终助力了社会排他性的再生产、阶级划分,以及符号
暴力。

有些读者也许会觉得,过于关注符号暴力所带来的戕害可能
会导致"真实"暴力所带来的苦难体验被忽略。不过,这种消弭符
号暴力现实性的看法,本身就是一种符号暴力。之所以要否定这
种看法,是因为"真实"暴力所带来的影响并不如符号暴力那般深
刻,这种看法只会把受难者的处境归结到他们自身痛苦和悲惨的
正当性问题上来。这种对符号暴力真实性的否定实际上就是把问
题归罪于受害者:

> 用物质上的贫困来作为单一的解释受难的途径,这会让
> 我们看不到也无法理解整个社会秩序之中受难特征所处的真
> 实位置……这会使得可分析的社会空间成倍地增长,它只是
> 助长了所有类型的一般性受难的不可测性。

(Bourdieu 1999a[1993]:4,强调为原文所加)

## 总　结

　　把符号暴力作为一个概念来界定,并用来命名社会现象,这不仅对于社会学、人类学和哲学这样的学术领域来说非常有价值,同样对于政治领域(广义上的)也是如此。布迪厄界定出了一种暗中为害的暴力形式。由于它常常是被误识的,并且(在某些层面上)比其他的暴力形式更为温和,对于它的反抗也是殊为不易的。"符号统治……就如同某种你所呼吸的空气那样的东西,某种你感觉不到压力的东西;它无处不在,同时也处处不在,因此想要逃脱它的控制就异常困难"(Bourdieu,引自 Bourdieu & Eagleton 1992e:115)。它之所以是无处不在的,是因为我们都生活在符号系统里,生活在阶级性与分类性的系统里,被强加以阶级分异,以及知晓世界与存在于世界之中的方式,这些都从根本上散布着苦难,并且限制着我们对于改变世界之可能性的想象方式。它同时也是处处不在的,因为它既温和又微妙,我们无法太具体地感知到它的存在,更不用说还能发觉它们是绝大部分暴力和受难的根源所在。

　　不过,现在我们具有了能够参考的整体性工作,它让我们记住符号统治事实上既是"无处不在"的也是"处处不在"的。布迪厄式的社会学界定出了符号暴力以及由其所带来的受难。对于布迪厄来说,社会学是这样一种方法,通过这种方法,符号暴力得以被视为真正的暴力,并且虽然这样的社会学无法改变世界,但是却能够界定出"批评的时刻,这一时刻打破了对于均态时间的日常体验……所有的事情都成为可能"。虽然这种社会学并不给出特定的行动方式,但是它鼓励了一种对于任意性的符号统治的本性"正在生成的意识"。布迪厄提醒我们,世界是由社会和历史所建构的,在其建构中,阶级分异的建立和再生产是一种暴力的结果,

192

而这种暴力是通过符号表达出来的。正是由于深刻地认识到了阶级的建构性,政治行动才得以可能。如果世界就是被建构的,那么它也能够以另一种方式及被另一种语言所重构。[1] 那么,对于符号统治和暴力进行反抗的可能就在于一种异质性的形式当中,我们用布迪厄自己的一句话来总结:

> 异质性的话语——它因此摧毁了佯装清晰和自我确证的正统观念,后者是一种虚假的信念复归,一种通过中立化而达到不朽的权力——包含了一种变动不居的、具有颠覆性的符号力量,这种力量使得被统治阶级潜在的能量能够得以释放。
>
> (Bourdieu 1991a:277,n.8)

---

1　这是一部布迪厄诸多论文合集的英译本,这个恰如其分的标题至少包括以下三层意思。《换而言之》首先指将一种语言翻译为另外一种语言;其次指对于理论观念做出进一步的阐释;最后指这样一个事实,即使用其他语言可以创造另一种世界。另一种语言使另一种世界得以可能。

# 12

# 反　思

⊙ 塞西尔·迪尔

## 导　言

从《阿尔及利亚的社会学》(Bourdieu 1962a)到《帕斯卡尔式的沉思》(Bourdieu 2000a)以及《科学之科学与反观性》[1](Bourdieu 2004[2001]),反思这个词既是皮埃尔·布迪厄作品的本源,也是其作品的核心。作为一个方法论意义上的概念,反思在他作品的不断进化中扮演了一个核心的角色,更不用说如果我们将其放入智识场域中加以理解,它也是一个至关重要的概念:

> 布迪厄对于一种统一的政治经济实践的可能性异常坚持,尤其是这样一种符号力量,它能够把结构性的和由现象所激发的手段熔锻成一种通用的、融贯的且切实的对于认识论的社会质询模式……而这里最为特殊的地方就在于,社会

---

1　详见英译本《科学之科学与反观性》(2004[2001])中一个有趣的评论:Mialet 2003。

分析者,也就是那些要对他人的事件做出解释的人,他们自身的社会活动也是包含于这种质询模式之中的,这是毋庸置疑的。

(Wacquant,引自 Bourdieu & Wacquant 1989d：26-7)

我们对一个概念的界定要依据它是如何被理解的,以及如何被拓展的。正因如此,反思在布迪厄错综复杂的经验性与理论性工作之中都是对某一对象动态的表现,通过对恒常性的规划或者再规划——也就是对象之所用和所意谓的表达。这一工作与其自身的确证是并行不悖的,也就是对于其切实可行的科学性、认识论上的恰当性及重要意义的确证(Bourdieu 1977b；1998a；1990c；1994e；1998c)。通过在广泛的领域中加以理解和使用,特定的概念就获得了适用性——不过这往往会以失去融惯性为代价。不过,正如布迪厄作品中所界定的那样,反思总是要跟随一种别样的路径,因为它总是要对自身的意义和多重适用性作出解释和提炼,而不仅仅是对不断变化的环境加以适应即可。

196

## 布迪厄作品中的反思

在布迪厄的作品中,反思作为一个方法论概念源于一种批评理论,这种理论基于一种对于知识创造的现象学质疑:是否、如何以及在何种范围内,一个研究进程能够使知识主体在根本的层面上对其所研究的对象加以把握。正因如此,反思的观念同时属于两个互相交叉的领域:一种科学方法,即社会学,以及一种批判话语,即哲学。

作为一种科学方法,布迪厄对反思的理解可以被界定为一种批判认识论的进程,这一进程既包含了对概念化的客观化,也包含了科学客观化的进程。简而言之,反思不仅仅是一种对象研究,而是在很大程度上对研究对象自身的详尽阐述,以及对这种阐述所身处的情境进行的阐述,这都需要详尽的审视和审慎的考虑。布迪厄认识到科学性知识的瓶颈,一方面在于身在其中的"参与者观察"(participant observation)的方法论视角;另一方面则是身在其外的,距离研究对象过于疏离的方法论视角。布迪厄认为前者由于过于切近,从而倾向于在陌生的社会环境中人为地制造出一种熟悉感,而与此同时后者则过于依赖超验智识,因而属于一种学者式的信念。为了克服瓶颈,布迪厄坚持参与者客观化(participant objectivation)(Bourdieu 2000i)在认识论上的重要地位,这种视角使得社会科学家能够在方法论的层面上展开分析,与此同时又能够控制其方法、分类和观察视角这些前反思因素。

在布迪厄看来,这种反思方法能够让社会科学家得以控制和降低前在的知识差异所带来的巨大影响,这也是大部分人无意识错误的来源。这也就是说,研究者与研究对象之间所具有的前在的关系会对研究本身造成影响,而反思让研究者们得以控制和降低这种影响(比如社会定位、内化结构等——参看第7章)。这一批评适用于若干知识领域——而首要的就是人类学、民族志、语言学和艺术史——布迪厄讨论说,这些领域的研究者和分析者是如何在他们自己对于社会实践的理解之上建构世界观,从而又把这一世界观加诸研究对象之上(原始社群、语法、语言、审美)。由此,他们就在无意识之中把自己所固有的观察特质赋予了观察对象,而这只是特属于他们自己对于世界的感知和理解(Bourdieu 1990c)。

布迪厄更加严厉的批评甚至指向了一种哲学视角,这种哲学视角试图提供一种对于世界的超验解释(一种虚妄的基础)(la prétention du fondement),而不考虑那些使观察、话语与理论得以塑造并得以可能的社会条件。这一批评针对的是一种更为普遍的学者视角,这种视角对于一种以相对自治面貌而呈现的学术场来说既没有反思,也没有考虑它的历史形成条件,也就是它得以存在的实践条件,而恰恰是这些社会结构和社会条件潜在地奠定了它的话语优势以及它的再生产机制。社会学研究同样也具有相似的缺陷,而它的生产性据说还要涵盖更加广泛的主体、未经分析的经验和感觉(愤慨、嫉妒、社会敌意、未意识到的欲望、幻想或者憎恨)(参看 Wacquant, Bourdieu & Wacquant 1989d: 33)。

对布迪厄来说,反思方法要求知识生产者应当竭尽所能地去认识自己在智识与学术场中所处的客观位置。这也就是为什么社会学家也像其他领域的人士一样——也许更甚于其他领域——应当通过追求一种"社会学的社会学"以使自己的实践尽量的客观化,这一点既是他们自身的重要筹码,同时也是其实践结构与隐含条件的重点所在。对于布迪厄来说,就社会世界的意义探究而言,知识主体的客观性是任何科学性的必要条件。反思有助于在对某一研究对象进行建构的同时,避免任何与科学家自身相关的无意识投射。因此,根据布迪厄的观点,一种真正的反思方法几乎是不依赖于常人视角的,因为实践同时也就是对知识的动员,其科学条件必然要求超越日常经验以及非专家式的前反思知识(Bourdieu 1977b; 1990c)。实践者的常人直觉对于分析者的客观与理性的论证来说几乎没有价值。而在另一方面,反思作为身处智识场之中的由知识分子所带来的科学反思则代表了一种极致的认识论尺度,这有助于超越常识分类与二元论(比如,微观对宏观、能动性对结构性、规范对理性、同步性对历时性等)。这种常识与二元论只不过是流行信念的一部分,这些对立范畴不过是进一步加强了它而已。因此,我们就不会奇怪为什么布迪厄对于在他看来不过是自恋的、伪反思的后现代主义者的生产尤为嗤之以鼻,因为他认为这些后现代主义者非常轻率而廉价地就进入了社会学领域,而又

198

没有恪守社会科学领域严格的方法论和认识论准则(参看Bourdieu 2004[2001])。

在布迪厄看来,反思不可能仅仅由个人层面开启。它必须是一种公共的可分享的实践,旨在对那些"未加慎思"的东西进行分类、认知、理论化并建构起任何一种对于社会世界的前反思把握所能作出的最清楚的解释。当布迪厄自己重新对自己个人生涯进行讨论和理论化的时候(Bourdieu 2000a),他要求自己将自己的生涯仅仅考虑为一种例证,即一个社会科学家何以能够将自身的位置与实践进行客观化的例证。

在布迪厄的作品中,作为一种批评话语的反思既是一种智识场的嵌套结构(miseen abyme),它被场域包容而又从中生产自身;又是一种能力赋予工具,它为认识社会世界以及我们所采取的有效行动提供了一种真正有依据的途径。在他后期的工作中,布迪厄同时发展了这两个交错的方面,一方面是经验的,另一方面是理论的;一方面来自他不断进化的个人学术轨迹,另一方面则是他所处的智识场及其周边环境,布迪厄后期工作的成果正源于这两者的结合。

## 反思作为一种"非重构"(un-reconstructed)的理论

有趣的是,作为一个想要将自己的研究建立在一种实践理论之上的社会学家来说,布迪厄这位1960年代的青年哲学家为了将一种反思的尺度融入他的智识策略——这种策略更多地源自一种尚未理论化的实践,而在履行这种实践之时,他又是一位自我教化的人类学家——他所需要的是竭力达到一种真正的科学客观性(与列维-斯特劳斯所概括的主流人类学中那种人为的客观主义截然不同),而非旨在对一种普遍认识论的相关原则进行申明。在他更晚近的立场上,布迪厄自己更加认识到,反思是他感到自己不得不做的事情,而不仅仅是他应当去做的事情,而他仅仅在后期的立场上才将这一方法进行理论化:

199

> 这些问题真的刺透了我,而不仅仅是任何故意的或者趣味上的纯粹投机的说法,在那些被视为能够对我的策略和材料加以理解的研究情境中,实际上我所作出的反应都是迫于知识的学者模式所作出的。

( Bourdieu 1998c: 30)

站在他自己生涯轨迹的立场上,布迪厄已经经历了两次由传统社会到现代社会的剧烈转变与折返:从时序上看,首先是从法国乡村的孩子成为巴黎高师的哲学系学生,而后则是从巴黎到北阿尔及利亚乡村,他在阿尔及利亚战争期间成了一名军人(参看第 1 部分)。与此同时,布迪厄还经历了一次智识之旅,在途中他获得了所有转化所需要的要素,更不用说他随即又走上了折返的道路:经由人类学,他从哲学走向了社会学。在阿尔及利亚进行民族志研究期间,他无时无刻不在体验着自己对反思的需求———一种生命经验(Erlebnis),尤其是相应地他必须面对一种已被广泛接受的二元对立思维给他带来的纠结,一方面是被社会科学家认作是"熟悉的"和世俗的东西(也就是说,一种无需质询的内部经验);而另一方面则是对"疏离的"、异域的感知,这种研究者"外在于此"的实践态度成为研究对象存在价值的来源(Bourdieu 1972:222)。随后他在对贝亚恩地区农民生活的民族志研究中开始尝试使用带有反思性质的认识论方式(Bourdieu 2002b [1]),并随之将其界定出来,使之理论化和系统化———人生经验(Erfahrung)———在 20 世纪后 30 多年的时间里,在他对法国阶级、文化和政治的研究中,反思已经成

---

1　三本文集,分别出版于 1962 年、1972 年和 1989 年。

为一个核心概念。

《继承人》(Bourdieu & Passeron 1979b)、《再生产》(Bourdieu & Passeron 1977a),以及《区隔》(Bourdieu 1984)这一系列出版物中传达和呼应了许多理论化的课题和概念化的进程,而这些命题和概念化进程最终由《实践理论大纲》给出,并且在《实践感》中得到进一步的发展。反思被呈现为一切这类研究的认识论背景,这类研究的对象都与布迪厄的个人经历有着密切的联系。不过,比强调认识论问题更重要的是,它通过主要的概念工具对研究对象进行推进、提炼和试验,尤其是关于对象的习性、场域、信念、文化资本和符号权力,从而揭示出社会的专制形式,以及在各种各样的社会场域中存在的正当性进程。可以这样说——布迪厄自己也如此认识(Bourdieu 2000a)——1960年代到1970年代,这是一段特殊时期,他对于反思的实践与概念化正如他自己所描述的,是一种偏狭和有限的反思。相比于1980年代到1990年代他对于学者视角下智识场的认识论信念所建立起来的多层次反思概念,他早期对于反思的实践与概念化缺乏系统性与自我客观化,而这正是他在后期立场中所着重提出的。由此向前,通过在特定的智识与政治环境中得以具体化,反思的观念也在这些领域被感知,它既从这些环境中生发出来,同时也在其中不断的发展。它逐渐成为一种能够与其他求真话语相匹敌的批判话语,从而成为在之前章节里所提到过的真理的政治现实(realpolitik)的一部分。

## 作为批判认识论的反思:从对现代信念的揭示到参与者客观化

反思这个词的最初用法是指一种寻找"他者"的方式,它出现在列维-斯特劳斯《忧郁的热带》(1955)一书中,而正是对于这个词的原初用法成为布迪厄诸多关键概念产生与发展的源头(参看

Bourdieu & Wacquant 1992a;Reed-Danahay 2004)。在这一概念发展的第二阶段,对于它的使用进一步发展成了一种认识论前提:任何社会科学研究的案例都应当首先进行批判性反思,从而揭示出思想中那未经慎思的前在分类,这些前在的因素会预先决定和限定思考范围(参看 Bourdieu 1982a)。正是以此为起点,布迪厄才得以展开他的经验研究、诸场域分析,以及习性与信念关系的凸显(比如教育、文化/审美、知识/学院、权力),在这一进程中,那些曾经被视为理所应当地对于诸场域中实践的接受,被重新构建为一种尚未被完全认知和尚未被完全程式化的形式,它们只是一种被认可的至理名言,一套审查标准,是对一种愚昧状态以及一种未知权威的欣然接受(幻象、规范、逻各斯)。在他所开辟的对于高等教育的研究中(关于学生、教授与精英),这一部分的内容是最为重要的方面,也是被接受最广泛以及被阐释最集中的部分。同样,他也发展出了一套批判性的、富有竞争性的对于文化或者说审美场域的理解,并且他振聋发聩地指出"问题恰恰在于我们无法对审美进行质询,因为我们对于审美的质询得以可能的社会条件本身就已然是审美的了"(Bourdieu 1998c[1994]:130,法文版)。

这种反思方法的核心在于,布迪厄是基于并针对他的哲学背景而展开反思的,他试图避开客观主义中所有虚伪的超越性以及真理的普遍性。布迪厄认为过去和当时的许多哲学家(比如说康德、帕斯卡尔、萨特、海德格尔),还包括社会科学家(索绪尔、列维-斯特劳斯、乔姆斯基),这些学者或多或少都站在了一个相对于研究对象来说的客观立场,但是对于他们所提供的知识的理性建构来说,这种立场所起的作用却微乎其微。事实上,这种方法更多的是用正统的权力观来评判对于权威话语的合法授予,这种权威话语对社会世界加以界定、分级和分类,从而助长了社会秩序分异对于思想和事物的创造及再创造:国王统治疆域也统治规则(rex cum regere fines et regere sacra)(参看 Bourdieu 1991a[1982])。在这里我们显然能够看到结构语言学的影响,尤其是埃米尔·本维尼斯特。而正是由于这种来自结构语言学的影响,一种真正反思性的社会科学方法反而是要致力于揭露神话学逻辑,后者为社会专制以理性形式的接受奠定了基础。其努力的目标是要揭示出人类学研究上的前在预设,这些预设就铭刻在语言当中,他们被社会行动者,尤其是知识分子最为普遍地运用于实践的归因当中(Bourdieu 1998c:viii)。要做到这一点就需要动用上述所有的对于学院视角的批判性理解,一种对于学者式视角认识论的批判,从而揭示出这样一个事实,即这些思想都是学术场域的产物,具有其自身的规则,自身的习性、气质、规范和信念(Bourdieu 1998c:第七章)。这就是在《学术人》当中,布迪厄何以开始他的理论性与经验性研究的前提所在(Bourdieu 1988a)。

　　正如在前面的章节中所提到的,《学术人》中运用的经验记录搜集于法国学界的剧变时期(1968)。对于这些记录的分析和解释发表于 20 年后,因此可以被视为对反思认识论方法的践行与检验,这是布迪厄的理论成果之一。这种客观性带来了一种对于学术场域基于反思社会学的理解,通过实施一种由社会学家所宣称的双重的社会客观:既是研究对象的客观性,也是观察者之于对象的客观性(详见《学术人》第一章)。后者的实现就需要社会学家对自己所处的学术和智识场域进行思考,并将其视为一个陌生化了的对象。只有这样,才能揭示出日积月累的社会交易在研究领域中所造成的潜在而又基础性的影响。这就是为什么就布迪厄在认识论和理论化方面对于反思的运用而言,《学术人》既是一种确切的延续,同时也是一个转折点。它首先确证了一种延续,这主要是指它与《实践理论大纲》(1977b)和《单身者舞会》(2002b)的延续关系,从这个角度看,《学术人》是另外一个例证,它例证了布迪厄将一个熟悉的境遇视为研究对象,反思基于这样的可能性,即对于结构和信条、习性和信念的澄清是可能的,这些要素对场域中的行动者的实践具有潜在的影响。《区隔》与《继承人》也是这条脉络上的延续,同样还包括他对于语言与权力的研究(Bourdieu *et al.* 1994a),因为这些作品更加深入而且也都来自一种充分反思所建立起来的理论化框架,同时也是对于各种伪装的理解和揭示,正是在这些伪装下,文化、社会与符号资本得以不断积累。另一方面,为了努力将这种布迪厄所声明的社会科学家所应该具备的反思研究方法论落实到实践当中,《学术人》同样也是一部标志性著作,它标志着布迪厄意识到需要对自己关于多重场域的思想、立场与实践(学院、智识以及后期的社会学与政治层面)加以澄清,以及这些场域所发展出来的离散和盲信的特质加以反思。

反思是布迪厄将自己的哲学行动落实到自己作为社会科学家工作上的一种方法。它旨在澄清一种双向互动关系,一方面是智识、学院以及社会科学的场域结构,另一方面是场域运作中所并入的结构(比如习性)。这也就是为什么对于布迪厄来说,要诉诸文化生产者的社会身份定位——也就是"白人、男性、资产阶级这些被铭刻在历史语境当中的身份"——从而将这些所谓客观化的视角再客观化,这不但不是一种激进的方法,反而是肤浅的。更重要则是要对文化本身的智识生产定位进行客观化处理——比如将智识生产者放入其所属的文化世界加以审视——被场域建构而成的智识生产,这是相对自治的社会空间。这种对于反思方法的理解正是《反思社会学的邀请》里所着重强调的东西,这部著作表明了在日益兴起的占主导地位的"后现代"思潮下,布迪厄的认识论与之所处的相对性关系。在《帕斯卡尔式的沉思》(2000a)中——通过他自身的智识与专业历程——布迪厄对于社会学如何通过使用场域概念来达成自身立场与定位的客观化做出了进一步的阐明,

因此,这部著作是对立场与定位的双重反思理解(Bourdieu 2000a:
"不具人格的自白"[Impersonal Confessions],33-44)。布迪厄自身
的学术进路与身处智识场域中所形成的视角,这两者被视为两种
平行的反思途径,这是由他哲学转向社会学的经历所带来的,而他
关于波德莱尔、福楼拜和马奈生涯的分析也基于其各自所处的艺
术场(文学的或者视觉艺术的,Bourdieu 1933b),这些案例有助于
我们理解当布迪厄诉诸反思,并将其视为"社会学的社会学"的时
候他究竟是什么意思。

不过,为了使反思进程尽可能被理解掌握,社会科学家们需要
将目光投入自身实践的其他方面,也就是其实践之中隐而不显的
内在于其智识自身的决定性因素(Bourdieu 1998c; 2001a),这被布
迪厄称为"科学家的种族中心主义",当有关社会世界的观察与话
语被知识分子建构起来的时候,他们才把这种潜在的偏见放下。
正因如此,理论知识对于事实来说具有为数众多的界定内容,它们
产生于特定的境遇之下,而这些境遇又往往并非是实践所真实具
有的(Wacquant 1992:69-70)。对于这一问题的讨论在《实践理
性》之中占据了长达一章的篇幅,名为"学者视角",该书来自1989
年的一篇讲演(Bourdieu 1998c:127-45)。在这一视角中,无论是
物质性的还是实践性的,都不必为偶然的、紧急的和必要的承担什
么责任,智识生产者于是能够严肃地把玩他们自己的智识规则,这
些规则是为他们所栖居的文化场域而量身定做的,在其中他们以
一种专业者的姿态游刃有余。在更极端的情况下,当这种疏离的
学者目光落在社会世界之时,还会带来一种保守的政治形式,这就
是布迪厄以海德格尔的哲学为例所显示的那种政治形式,它与当
时的德国纳粹主义纠缠在一起(Bourdieu 1991c)。这一分析同样
是对布迪厄早期对于哲学场域批评的直接继承,尤其是他所坚守
的对于超验真理谬误的警觉。

不过,在这个层面上,布迪厄同样也必须认识到对于研究对象来说可能存在多种视角共存的情况。因此,他自身也需要客观地对待自己所要面对的诱惑,也就是以一种绝对的单一视角来言说的诱惑。这就是为什么他最后的作品对于实践给出了三种不同的对于"参与者客观化"的尝试,以及他所主张的反思研究的相关实践,以此去检测其科学有效性(Bourdieu 1999a),例证其认识相关性(Bourdieu 2000a),以及最终通过他的认识媒介和理论理解,将这种思想提供给智识场域中的其他生产者(Bourdieu 1998b;Bourdieu 2004[2001])。最后这一点在其运用范畴和目标上都将他的思想导向了政治,并且对于那些被研究的场域之中的文化与智识生产者来说,这在当时是极具冲突性的。这样看来,布迪厄对于媒介的研究给新闻工作者所带来的影响(比如 Schneidermann 1999)绝对不亚于他为学院高等教育所提供的那些研究所带来的影响。事实上,在《学术人》和《实践理性》之后的这些作品被视为布迪厄第二个转折,一方面是对于反思的再次界定,另一方面是将其作为实践与行动理论的重要部分来使用。对于将客观化知识视为推动和充实行动的源泉来说,这一时期是至关重要的(参看Bouveresse 2004)。这代表了一个意义重大的变革,一种确切的弥合鸿沟的实践,它一方面关涉着布迪厄早期将反思概念化为一种社会科学工具的方式,这种方式能够在很大程度上脱离甚至完全外在于所谓"当事人"的观察视角;另一方面又与外行自发的那种直觉性截然有别。这一变革带来了对于自说自话、精英主义、静态视角,甚至是反人道主义的批判,对于这些视角布迪厄在经验和理论双重层面上予以反驳,其方式就是通过显示社会科学家如何才能获得这样一种世界图景,它既来自又超出学术场,并且通过揭示关于建构秩序的潜在机制、符号暴力,这不仅反过来对基于学术场之上的工作有所裨益,进而还能使这种知识得以广泛分享,以使其

204

进入一种反思以及被统治者——也就是"被践踏者"——的政治联合之中,从而成为一种反抗力量。这便是布迪厄立场的回响,反思不仅仅是激励行动的真正源泉,更重要的是它能够超越教条、打破信念(Bourdieu 2001a)。

## 反思作为一种重构性概念及其认识论界限

> 以颠覆理性基础的面目出现,并将这种颠覆视为自己的基础,有能力作为一种生产工具来重新锻造理性话语,甚至有能力为一种理性政治,为一种理性的现实政治的展开提供必要的技术条件,这难道不就是社会学吗?

> (Bourdieu 1998c[1994:127],法文版)

布迪厄被选为法兰西公学院的教席拥有者,而他的就职演说也为他提供了一个独特的契机——并不是说他"需要"这样一个契机——来阐释他对于反思的理解,尤其是其与信念和符号权力之间的关系(Bourdieu 1982a)。这些澄清对于解释他的理论词库来说是更为必要的,尤其是这使得他对于反思的观念得以切实地作用于真正的社会科学知识的发生,随之而来的也包括对于他自身作品、思想及理解方面的质询。而实际上,"后现代"话语的极端相对主义不断增强的影响力使得任何对于科学客观性的主张都会受到质疑。1990年代中期的索卡尔事件就是其最终极的表现(Sokal 1996):

205

> "后现代主义"在人文主义方面依赖于一种经验的碎片化与随机性。社会学家、历史学家以及哲学家则将自然法视为一种社会构造。文化批评则不断地寻找性别主义、种族主义、殖民主义、军国主义或者资本主义的污点,不仅仅是在科学研究的实践中,同样也在其所得出的结论中。

> (Wacquant 1992:31)

布迪厄对于这一问题的反思散见于他的各种关于反思社会学的书籍和文章之中,这些文献主要出版于 1980 年代末和 1990 年代初(例如,Bourdieu & Wacquant 1992a)。这一阶段同时也是他的研究工作和理论思考发生转折的时期,他从基于经验观察的客观性理论所解释的人类学研究中脱离出来,走向一种对于研究对象社会学层面的理解,这种理解使得社会学层面的对象进入了一种对于合法性垄断的抗争之中。关于这一议题的昭示可以在《帕斯卡尔式的沉思》(2000a)以及在法兰西公学院最后的演讲中找到更多的细节表达(Bourdieu 2004[2001])。

对布迪厄来说,一种反思社会学可能为理性提供充分的客观形式,并使之成为身体与实践之间的连接,他们自身就与场域和习性相关联,这种充分的客观形式避免了这样一种理解,即认为科学场域自身可能也应当被融入一种"隐含的虚无相对主义"之中(Wacquant 1992:35),比如一种社会科学的"强纲领"(strong programme),这是布鲁诺·拉图尔的概括(Bourdieu 2004[2001])。与此相反,一种反思的认识论方法是一种科学基因结构工程的首要部分,它嵌入一种自治的智识场之中,这种智识场具有其自身的科学理性及其得以发生的社会历史条件,在场域中,能够掌握相应话语和实践的就是那些合格的科学参与者。布迪厄的方法具有争议的一个方面就在于,把相似的反思特质运用于"普通"人的常识性认识之中,这可能会带来错误,进一步说,在日常实践中任何外行人对于自身的批评认知都近似于一种反思,而这种反思反而会强化主导秩序与主流的分类标准。因此,任何从主导信念中的解放都必须以社会科学家的反思为中介。

在与此相似的另一条进路上,布迪厄力图将自己关于反思的概念从理性当中拯救出来,其方式就是将其与"后现代主义"的话

语及实践截然区分,其区分基础就在于,重要的并不是谁对谁错,

而是为真理而斗争的真理(truth of the fight for truth)。这就是为什么布迪厄宣称,社会学家应当在自己的研究对象中不断地增益过去的社会科学(Bourdieu 1982a:15-17)。对于布迪厄来说,一种对于学术场域——以及其中的社会学场——真正的反思和批评分析,并非是一种是其所示的实践,也不是一种纯粹的智识上的努力,或者一种自产自销的话语再生产。它不是一种知识生产者自以为是的或者自怜式的自我分析。当提及他个人的进路与经验之时,布迪厄总是强调说,他的目的是要例证反思方法何以能够被科学家使用,并使得他们与研究对象之间的关系本身得以客观化,同样也使得他们之于场域之中的位置与行动得以客观化。在《学术人》的第一章,《帕斯卡尔式的沉思》和《科学之科学与反观性》的最后一章都对这个问题进行了清楚的表述。为了维持知识场域中权力地位,我们就不得不按照规则来进行游戏,这也就是说不得不去诉诸一种理性的讨论来评判一个人的理解是否恰当。从很大程度上讲,《帕斯卡尔式的沉思》是一种理论上的努力,即将一种调节性的反思作为理解(认识)的源泉,同时也作为激发行动(实存性)的源泉。这种对于个人社会历程的运用经由一种自我的社会性分析方能达成,这就是《换而言之:走向一种反思社会学》中所要表达的东西,并且正如我们所知,布迪厄至死不渝地坚持这样一个工程。严格地说,布迪厄认为这样一种反思是无法作为个人实践给出的,它需要广泛而共同的集体努力(Bourdieu 1986b)。这就解释了为什么在布迪厄自己的研究著作中,无论是其中对事实的发现还是其理论化进程(比如 Bourdieu 1988b),都旨在发展出一种"思想流派"的策略,即经由《社会科学研究学报》这样特定的学院期刊,多语言互译,独立出版并最终直接地介入公共辩论。

布迪厄后期主要的经验性与理论性著作,也就是《世界的苦难》(Bourdieu 1999a)、《帕斯卡尔式的沉思》,以及《科学之科学与反观性》都确证了他这方面的进展。《世界的苦难》致力于将布迪厄所主张的反思社会科学方法运用于实践,运用于直接社会采访的复杂语境之中。其目的之一就是要显示理论如何能够被应用于实践,即优先对行动者运用于观察者视角之上的逻辑加以审视(参看 Bourdieu & Eagleton 1999c:273),从而消弥在所有研究方法论之中固有的不平衡关系:

> 如果我们没有首先把握关于我们自身预设的知识(科学),我们又如何能够宣称我们以此为前提的研究是科学的呢?我们首要能够去做的就是竭力地通过反思社会科学中的诸多发现,从而对调查行动自身的效用进行调控,并且激励我们将调查进程中那些以必然效用面目出现的律令也带入一种质询的进程当中去……这里至关重要的区别并不在于两种科学之间,一种具有建设性而一种没有,而在于科学是否有自知之明,能否对建构工作本身具有意识,是否尽可能地探索和掌握建构行为必然性的本性,以及这些行动所产生的必然效用。

> (Bourdieu 1999a:608)

这种研究方法仍然无法避免将社会科学家置于一个特权的位置,以这种居高临下的视角来解码他人的话语。这里唯一能够做的,就是采访者能够通过自我的客观化对采访者视角加以理解(Myles 2004:91-107)。超越于任何关于批评退缩的视角之上,精英主义甚至反人道主义在布迪厄的写作中都能够得到一种确切的解释,参与者的客观化得以将问题带回到知识的原初阶段及其得以被生产和正当化的社会历史情境中,这就是《帕斯卡尔式的沉思》中所贯穿的主题。作为一种方法论与知识的前情境化的认识论,从反思出发达到一种作为哲学和真理的本体论情境的反思,这一概念似乎走过了一个完满的轮回。最终,反思所遭遇的是其方法论与理论层面的"戏中戏",那些轻率批评布迪厄,并将其反思简单地揭示为一种诡计的人,他们所提出的这种窘境实际上也已经包含在布迪厄的反思概念当中了(详见,比如 Alexander 1995)。

通过方法论与参与者的客观化,在致力于描绘社会统治情境的工作中,《世界的苦难》与布迪厄关于文化生产的场域研究有很多共同之处,它们都通过将摄影术作为一种艺术形式加以运用(Bourdieu *et al.* 1900a)。这不仅仅是一种单纯的智识上的努力,而是一种社会研究的方案样本,这种试验旨在测试一种具有实效的认识论方法,从而求得一种最佳实践的可能性。这种意识形成的形式同样也可用于政治场;在这些著作出版的同时,也正是布迪厄频繁现身于公共辩论的时期[1],这种同时性绝非偶然,并且随着那些富有争议性的手册的出版,对于现代信念和符号权力的批判也跃然纸上,布迪厄将其视为通过媒体、政治以及经济场的话语与实践的再生产(Bourdieu 1998a;1998b;[2005b]2000;2001a;2001b)。这激发了一种与萨特思想的有趣对照,以及对传统知识分子事业的再审视,并且它重新唤起了对于布迪厄与马克思主义之间关系的关注。与此同时,最直接的效果在于,布迪厄开始把注意力投向其他场域中的文化生产,并将其作为智识与学术场中的一部分,他致力于解释这样一种进程,即批判的客观性如何为解放的事业做出贡献。

---

1　比如在 1990 年代中期,布迪厄曾经公开支持法国公务员的罢工行动。

反思的概念基于一种对于实践与行动的现象学理解。正因为如此，它更应当被理解为一种视域，一种引导性原则，而非一种能够被完满达成的目标。最后，当我们阅读布迪厄书籍的诸多前言与后记之时，当我们阅读他的那些修订版与英译本之时，我们也许会发觉布迪厄在社会学领域对反思的运用是否可以说就是卢梭式的文学自传体写作的一种复苏？只不过布迪厄把它运用在了自己的时代。

# 第 5 部分

# 应　用

对于此前我们所给出的一系列概念来说,当我们面对它们的时候还是会感觉它们是高度抽象的,而本书的各位写作者所要强调的并非如此,他们要强调的反而是布迪厄的方法根植于实践理论的特质。换句话说,无论潜在的认识论视角如何的错综复杂,如果不能以实践为其拓展的最终指向,那么这些就是没有意义的。在之前的章节中,我们提供了数量繁多的例子用以例证各个概念。在最后一部分,我们要探究的是当我们将这些方法汇总为一个整体时,我们所做的究竟是什么。在这里,我们将把注意力转移到方法论的层面,为那些有可能会投入研究的人士提供一些应用上的引导,或者说至少是一种对布迪厄方法各个方面的整合途径,以便这些研究者能够将其运用到自己的研究中去。因此,这部分就题为"应用"。

第13章全部都是关于方法论的内容。本章所关注的是这样一种关系,一方面是我们所要面对的真实的生活世界,另一方面则是我们用以表达和表征它的语言和术语。这里尤其要着重思考的,是布迪厄的诸多概念,它们之所以能够被塑造出来,一方面离不开深刻的经验质询的启发,另一方面也由于表述上的诸多限制。社会阶级就是一个典型的例子。接下来,本章将会给出一种布迪厄式的研究方法,我们将其归纳为"三层方法论"。第一层次是关于研究对象的建构以及这种建构是如何塑造整个研究的。第二层次是场域分析,这种分析被表述为三个阶段:权力场中的场域、场域自身的结构,以及场域中的那些被相对界定的习性。第三层次则关涉参与者客观化的问题,在这个问题中,我们将要重返所有那些关于反思尺度的问题,它们对布迪厄方法的运作至关重要。那么,这之后的重点自然就落到了研究者的行动与责任之上。以上这些内容,从整体上来说就是意图提供一种关于如何应用布迪厄式方法的概论,因此其中所囊括的诸多由此而带来的作用,忽略其中任何一个都有可能造成最终整体方法中的某种匮乏。

212

在布迪厄的生命步入晚期之时,他在法兰西公学院开设了一个名为"场域理论的进一步探索"的学年课程,对于那些阅历了他一生的读者来说,无论是作为一个概念还是作为一种引导社会科学研究的框架结构,很显然"场域"对于布迪厄来说是他关注的核心。当然关于场域的概念部分,我们在第4章已经谈过了。不过,在社会世界中并不是所有的事物都存在于清晰可辨的场域之中,而是在一种更加广阔的社会空间语境中展开。不过,社会空间则处于作为场域的、已被结构或者处于结构化中的强力支配之下,而基础的认识论与实践理论对这两方面都能够很好的把握。第14章要讨论的就是这种关于社会空间的更广泛定义,我们将再一次强调实践性的应用。本章将重新审视之前诸多章节中一些关键的引导性原则,并且我们将再一次探寻"真实世界"以及我们要如何表征这两者之间的关系。有所不同的是,关于这个问题我们将与另一组关系放在一起加以审视,即场域与社会空间之间的关系。最后,我们还将给出更广泛的方法论引导和实践范例,以例证对于研究场域与社会空间来说,不同的分析层面与分析阶段的必要性所在。这样做的意图是要再一次提供一种实践榜样,用以激励读者们踏上自身研究的完善之路。

我们都知道,布迪厄的著作都是在与社会强力的对抗中锻造出来的,而且他给出的许多关键议题——教育、文化以及其他问题——在战后法国的发展中都是典型性领域。他的研究并非单纯地对于社会学问题如其所示的解读,而是通过强调其政治影响来审视这些问题。换句话说,布迪厄的工作确有一个目标,那就是最终要付诸政治行动。因此,第15章就是要在政治术语中处理布迪厄的概念。这一章的开始部分将会对布迪厄的方法加以思考,布迪厄对于"政治场"看法的内核中潜藏着一种政治理论。我们将会看到政治委托与代表制的局限性所在。在这之后,本章将把视线移向布迪厄的政治行动主义,不仅仅是他自身所牵涉其中的政治运动的独特性,更重要的是他所提供给我们的一系列策略,这些策略能够被我们践行于我们自己的政治行动之中。换句话说,就是我们要把这种行动锻造为什么?这里的根本问题是,作用于我们行动之上的那些我们所"笃信"的智识,其所要担负的责任究竟是什么。

因此,这三章想要提供的,就是告诉我们要如何使用这些概念——而这同样也是为了提供一种力量能够激励我们去如此行动!

# 方法论

⊙ 迈克尔·格伦菲尔

## 导　言

　　正如本书的导言中所提到的那样，我们一直在将布迪厄的诸多概念处理为一个统一的整体，这种做法并不常见。不过，通过这种统一性的做法，本书中的每一章都从一种理论与实践并举的视角对所涉及的术语进行了深入思考。不过，对于下面这个问题我们还是有很多来自不同角度的疑问，那就是布迪厄的实践理论何以从根本上说是一种"研究实践的理论"？他的关键概念只有在运用于具体的实践研究中时才有意义，而这种方法自身的存在与实践的全部理由，就在于它应当被运用到新的计划当中去。本章所考察的是概念与经验性研究之间的关系，并且会将方法论原则表述为三个阶段：对于研究对象的建构；三层场域分析；以及参与者客观化。在布迪厄的哲学中，有一种对于"道德"的矢志不渝作为核心，这意味着在研究以及作为研究者这件事上要保持一种确实的自我警觉,这关系到一种社会-政治层面的承诺。这种承诺与警觉的本性是什么? 本章旨在回答这个问题。

## 概念的语言:符号与真实

　　布迪厄经常在理论家与研究者的视角之间作区分:理论家感兴趣的是发展出一套假说,并将其运用于研究某一对象的特征与功能;而研究者则会搜集材料并加以分析,以此来掌握一幅关于"真实世界"何以构成的图景。无论其中哪一种,当它们被单独运用的时候都是偏狭的视角,然而布迪厄的方法则寻求如何同时具备两者,并且在此基础上还要做得更多。事实上,对于某一社会对象的研究,可以被简单地描述为两种位置之间不断演进的、反思性的交互——一方面是经验研究,另一方面是理论阐释。这两者处于愈演愈烈的分离之中,只能通过频繁的交互来缓解,但其中的张力却无法掩盖。而与此不同,布迪厄将理论建构与实践研究的运作融合起来——也就是一种实践的理论,与此同时,也是一种理论的实践。这个世界纷繁复杂难以揣测,对于如何表征这种复杂性,这个问题足以令任何一个研究者绞尽脑汁。面对这种多维的困局,似乎只有两条路可选。"理论"的道路往往是最为强硬的,而"科学"则往往是在调查结果的基础之上进行萃取、简化与假设,而这些结果又会成为后续分析的阻碍。布迪厄对于社会世界的研究方法根本上仍然是经验性的:一种被视为具有结构化的、关系性的,以及在地性的本然的经验主义。他自己的研究聚焦于诸多结构的变化以及世界的机制化(作为一种外部的客观阅读),始终伴随这一过程的,是对涉入其中的个人之本性与涉入范围的分析(作为一种内部的主观阅读)。这两种截然不同的社会逻辑既是互相

214

渗透的,也是相伴相生的。在本书第2部分我们已经谈到过关于"已结构了的"和"结构化中的结构"。这种方法以一种总体性为起始,进而对这种复杂性敞开怀抱,并且在其中寻求可组织的结构,以及这些结构之下潜在的生成性原则。这样的逻辑原则总是指向差异化的,但是它们表达自己的术语又各不相同。这样的特质也就是说,这些原则如何能够在有效运作的同时又能够引发我们的误识:如果这些原则无法做到这一点,那么它也就不会是行之有效的。布迪厄所使用的概念域——他的实践理论以及他用以表达这种理论的术语(习性、场域、资本、性情、利益、信念等)——都建立在这样一种认识论立场之上。因此,在我们进一步考察概念、分析以及社会现象之间的关系时,它也是有用武之地的。在本书第6章关于社会群体与阶级的部分就提供了一个实践的例子,其中对于这些因素的考察被集中地体现了出来。

正如上文所说的,我们必须牢记布迪厄总是从某一时期的语境出发——甚至是一个形象,有时候会是一个社会实体——然后以此来引导他的探寻。资料搜集自然是第一步,只有在潜心地投入到分析之中后我们才能够发展出相应的理论。这样的起始阶段是非常必要的,布迪厄实际上是在进行一种"对于前结构的打破"。所以他在采访中如此描述他关于阿尔及利亚的研究以及已出版的研究成果中所蕴藏的主要动机:"一种想要对某一主题进行阐明的强烈欲望,在当时的法国,人们对它的理解非常的浅薄"(Bourdieu & Grenfell 1995b:17)。同样,他也说到那些关于教育的研究在相当程度上来自这样一种愿望,即作为"一个学生"意味着什么(这一愿望本身就部分地体现了对于其学院生涯的自我客观化处理)。因此,这里至关重要的是,我们必须要强调在布迪厄的著作中总是以一种特定的现象或者研究问题为起始点的——而不是一种理论上的动机。布迪厄在很多场合都明确地表达过这一点,而在《再生产》(Bourdieu & Passeron 1977a[1970]：xvii)的前言中他更是明确地坚持这一立场，尽管这部书还是被分为了两部分——第一部分是理论性的；第二部分是经验性的——实际上这两者之间的关系应该从相反的生发顺序上来理解，也就是从实践到理论，换句话说，研究总是伴随着一系列的议题才能呈现，这就是所谓的"一种逻辑上的需要，让研究材料能够落实"。

我们已经提到，布迪厄的方法总是孜孜不倦地寻求打破"预先给定"与"预先构成"。这一宗旨在他最初的关于阿尔及利亚的著作(1958)中就可见一斑，在其中布迪厄将"阿尔及利亚"自身视为一种社会建构的结果，我们首先要做的就是在其真实的自身之中寻求对它的理解，而非任何在历史中不断积累的对于阿尔及利亚的赋值。随之而来就是大量的对于阿尔及利亚社会在社会地质学与形态学上的分析。同样，在教育的研究上，他把矛头对准了民主学校教育制度的所谓"常识"观念，这种观念产生于雅各宾式的基础之上，在法兰西共和国中被一系列的政治建制作为核心观念而被呵护和支持(参看 Bourdieu 2008a[2002]：34)。对于社会"事实"的"社会化建构"的关注，以及对于寻找语词来表达这一问题的诉求占据了布迪厄余下的学术生涯。因此，我们有必要跟随他自己对于这种方式的描述、社会材料的经验性承诺，以及从中所能发现的东西，正是以上这些生发出了那些切实可用的概念：

> 习性这个概念的发展，很大一部分是来自对这样一些人的关注，这些群体发现自己被抛入了一种陌生而又异域的普遍性当中，它是被殖民主义强加的，通过文化装置和性情——主要是经济上的性情——这些被强加给了一个前资本主义社会；而文化资本这个概念被阐释与展开的时候，正值格雷·贝克将"人的资本"(human capital)这一模棱两可而又优柔寡断的概念投入实际运用之际(这一概念负载着社会学上难以接

受的假定),这一概念旨在厘清一些在学院学术的方式下被模糊的差异,比如说孩子在文化遗产继承上的不平等,或者更一般的说,任何的文化经济实践上都蕴含着这种不平等;**社会资本**也是我开发的一个概念,来自我早年在卡比利亚和贝亚恩地区的民族志研究,是关于一些残存的差异的提炼,更宽泛地说,就是一些遗留下来的资源,它们能够通过不同密度、多种尺度的"关系"网络以代理人(per procurationem)的形式被组织在一起……**符号资本**这个概念,是我在构建对于荣誉与"善念"的经济学逻辑的解释时不得不开发的一个概念。通过对符号商品经济学的分析,或者说因为这一概念所能引导出的分析,我已经能够在很多著作中澄清一些相应的问题,尤其是在艺术品问题上;当然最后也是最重要的,就是**场域**这个概念,这个概念已经有了很多成功的应用……对于这些概念的引介也不过是一种更为一般的语言转化的一瞥(比如说,显然在我们用以做出决定的语言当中,对于语词的使用往往是被潜在地摆布的,或者说是一些朝向"理性"(rational)的"归因"(reasonable),这种语言上的转化本质上是为了表达一种行动观,它极端地迥异于某种潜在的新古典主义的理论,或者往往是隐而不显的。

(Bourdieu 2005a[1997]:2)

布迪厄对于像"社会阶级"这样的术语的兴趣反倒是附属性的。比如说,那些他在阿尔及利亚拍摄的街边小贩(Bourdieu 2003a),他所展现的这些人往往是无阶级性的。对于这些人来说,更关键的问题是民族志上的:他们是谁? 他们为什么在那里? 同样,贝亚恩农民的照片(Bourdieu 2008b)则显示了一些同属于一个阶级的个体——他们都是农民。不过在这里,关键的问题就变成了究竟有什么差异性的东西发生了,又为什么会发生? 为什么这样的结构会如此运作,一直将一个确实存在的群体排除于婚姻之外?布迪厄之所以能够开发出诸如场域、习性和资本这样的概念,是由于他的方法论立足点总是对于诸如此类具体问题的回应。他并不是为了提供一种关于"社会阶级"的理论,而是更想要提供一种关于社会之中个体生活轨迹和变化的阐释。因此,布迪厄关于"社会阶级"的看法需要在哲学与方法论两个层面上加以理解——这两者对他来说是彼此交融的——并且事实上,它们最终都是政治的。不过,对于这三个层面的理解必须随着他的智识发展才能够逐渐展开。

同样需要对布迪厄的方法进行重申的是,最初的行动一定来源于一个认识的主体;也就是说一个个体总是身处于确实的社会环境(包括物质的与观念的)之中。社会行动者的反应在最原初的地方总是经验性的,同时也是纯然的。但是,随后便会不断地被各种预设而境遇化,这一点我们在之前已经体验过了。对于布迪厄来说,内化既发生在精神上,也发生在肉体上——一种对于社会行动者存在的嵌入。布迪厄寻求通过社会活动被赋予的意义与话语中所蕴含的经验性内容来"打破"这种扭结。不过,正如我们在第2部分提到过的,一种可能的打破,它必须被寓于更进一步的"打破"之中,必须从源于哲学场的诸多知识形式之中逃离出来;也就是说,从主观主义与客观主义的知识形式中逃离出来(参看 Grenfell & James 1998,第二章;Grenfell 2004b:174ff 中的进一步讨论)。同样,正如我们已经提到过的,对于社会科学来说,布迪厄也视这种二分法是"基础性"的同时也是"毁灭性"的(1990c[1980]:25ff)。一方面,正是表征现实之中的"客观性模式"将事物本身抛入了鲜明的轮廓之中;另一方面,正是"主观性模式",也就是行动者将自己制作为关于自身的图像,在这种自我图像中对世界加以呈现,于是世界就被体验为一系列自发的事件。这一问题是布迪厄思想的核心,因为相当程度上我们对于世界的认知都笼罩在这一纠结之下,我们总是纠结于"真实的攸关"。这就引出一个基础性的问题:"阶级只是一种科学性的建构,还是他们确实存在呢?"如果我们以本体论者的知识模式来看待这个问题,他们就会被视为社会世界"预备"(ready-made)的发起者。因此,社会行动者的活动就会被还原为一种特定的社会群体成员身份的产物,而这种身份则由研究者来界定。于是,社会阶级的权力就是他们如此这般被"误识"的权力。由此社会阶级就会被视为并非真实的存在;这只是因为他们就是没有被视为真实存在的。没有人真的知道一个阶级是在何时何地消亡,另一个阶级又是在何时何地产生,事实上,任何一个个体在其一生中可以存在于一系列的"阶级"之中,而又没有真正归属于其中任何一个。对布迪厄来说,"真实"只是一种关系,因为它实际上除了是一种结构之外别无所是,它是一系列的关系设定,是"被一般的感觉经验的真实性观念所掩盖的东西"(Bourdieu 1987:3)。这种关系性的阅读对于布迪厄的著作来说是基础性的,用以把握在他的"阶级基础"的分析中他实际上为我们提供了什么。那么,布迪厄到底为我们提供了什么不同的东西呢?

与过去那种将特定的实践归属于特定的阶级的看法不同,布迪厄关注的是如何建构一种社会空间的模式,在其中诸多的实践能够被建立。这些实践能够依据一些被观察到的差异而彼此区分,这种观察需要建立在社会空间中具有基础性的鲜明位置之上。这里需要注意的是,我们更多要寻找的不是阶级之间的相似性,而是差异性;我们需要"建构一个社会空间,其中能够预先为我们提供为数众多的差异性"(Bourdieu 1994[1987]:3)。因此,他所提供的与其说是一种"社会阶级"的社会学,倒不如说是一种关于区隔的社会学,一种鲜明的实践逻辑以及社会分化。在这里,只是承认"区隔"是一种基础性的人类本能还是远远不够的。事实上,布迪厄对于维布伦（Veblen）关于"炫耀性消费"（conspicuous consumption）的观点就提出了异议，因为仅仅把问题归结为炫耀是远远不够的，重要的是要在一系列特定的意义符码中突出自己的地位。因此，只能在如此这般的实践语境中我们才能说阶级是存在的，正是在这样的语境范围内人们才被承认，在社会空间中，他们的位置被一些特定的分化原则所锚定，这又反过来辖制了他们的实践语境。社会学的目的，就是指明这种承认的过程以及后果。任何事情都有可能造成"逻辑的事情与事情的逻辑之间的混淆"（Bourdieu 1994[1987]：117）。如果我们不从这个视角出发，那么我们对一个阶级的命名也就等于是以一种强加的、特定的（绝对的）视角主义，将其所做出的一切行动贬损为一种"符号暴力"形式。

因此，在对社会分化的研究中，布迪厄做了如下区分：一方面是社会系统的真实结构，这寓于其自身多维的地质学层面（stratification）之中；另一方面则是由此产生的符号暴力："事实上，符号形态的空间与社会位置的空间，它们是彼此独立的，但又是共生的空间"（Bourdieu 1994[1987]：113）。

上述这些性质最终被纳入资本这一术语；换句话说，就是什么才被赋予符号价值。社会分化的发生与运转被区域性的视野所"切割"。这些分化尽管可以是任何类别——种族、性别——但是至少仍然是基于教育与文化之上的，职业当然是最主要的分化标准：不过职业的名义与集群也是以一系列的标准与亲和性为依据的，这其中还包括在整体的职业分化中他们是如何被分配的。布迪厄进一步讨论到，在他的经验研究中，差异性是主要的"原初"原则，它应当体现为体量以及具体的资本构成（文化的、社会的和经济的）。换句话说，个体与其群体是通过他们占有资本的多寡以及他们所持有的资本种类的平衡关系来界定他们自身的。个体与群体的社会发展轨迹是一个更进一步的立足点。从这个立足点出发,我们能够将纸上谈兵的阶级和真实存在的阶级联系起来。这样一来,问题就会拓展到那些拥有相近资本体量与构成的人(比如说物质条件相近)和其他人群之间的联系之上,他们会构成一种同类体,并因此成为一个身份明确的群体。换句话说,他们在社会空间的整体结构上分享着相似的位置,因此也就分享着相似的习性以及性情特质所带来的后果。

因此,社会阶级是不存在的。存在的只是"社会空间"以及由其中一系列具体行动所界定出来的事实上的(virtual)阶级。

219　　因此,"社会阶级"这一问题以及它是如何被界定的,这就愈加成了布迪厄哲学与方法的核心。他竭力避免将场域中的"阶级"实质化,因为在场域中阶级的运作方式(modus operandi)也包含着一种在哲学与方法论特质上的争夺。如果我们能够接受这种说法,我们要说"命名"也就等同于一种魔法,它使得一者能够凌驾于他人之上,这就是一种"符号暴力"的形式。分化策略标识出了这样一种野心,它让我们接受或者说调节一种特定的世界观:资本主义?马克思主义?布迪厄主义?因此,我们要小心那些忽略了关系性的"纸上谈兵"的阶级研究者,同时也要当心他们所能带来的实际的影响。布迪厄说到,实际上这种情况已然发生了,在科学场中,特定的研究者们(从他们自己的客观性利益出发)就是如此将成员们分配到特定的分化里。在政治、媒体或者学院场域里,这样的研究者比比皆是。不过,在各种情况下,对于他者的命名总是牵涉关于"正当性"的问题。这一问题驱使着布迪厄逐渐将"阶级"与"分化"的切实进程作为研究对象:"在这种知识权力的争夺中,如果我们不在诸多位置的占据这个层面上思考问题,不在关于分化的科学建立的斗争中思考这个问题,我们也就无法建立一种关于分化的科学"(Bourdieu 1991a:241)。在此,布迪厄的立足点是要讨论具体的行动者或者群体在他们所设定的阶级定义中是如何将权力置于他者之上的。这种权力所行之事几乎就是一种"圣化"行为,并以此分割出诸多社会群体——精英的与大众的——善的和恶的,阳春白雪与下里巴人,因此其本质上也就是政治的:"对于分化斗争的分析往往会暴露出政治上的野心,这种争夺的野心萦绕于认识论的野心之上,意图生产出不刊之论的阶级分化"(Bourdieu 1991a:243)。这就是对于主导权的理解,其中包含着一种利益,即将现状与社会空间维持在我们一般而言的认识层面上。一种旨在发现阶级之真实性的"科学"是不被允许的。因此,最终,这一讨论就将我们引向实践的方法论议题——拒绝将阶级固化,并且也对某些阶级将其地位客观化的野心一并客观化地呈现出来。

接下来,我想要就这些实践原则的一系列具体运用做一些方法论细节上的阐述。

## 三层方法论

### 1.研究对象的建构

在某一阶段,布迪厄将"研究对象的建构"看作一种社会科学研究中的"艺术的至善"(Bourdieu & Wacquant 1989d:51)。作为研究者,我们对研究课题的选择总是由我们自身的学院背景和生活经历所塑造的。从这个层面上讲,我们的研究活动也是一种与学院机制中各个结构性位置与群体同源共生的符号性活动。在社会科学中,诸多关键概念都被带入了激烈的争论中,关于这些术语究竟代表了什么。比如说,"老一代"、"年轻一代"、"移民"、"贫穷"、"教育空间"(classroom)等。布迪厄提醒到,那些想要成为研究者的人,要尤其"当心语词":之所以要当心,是因为语词被给出

220

的时候总是具有价值判断,同时也会对研究者的社会—历史化建构产生影响,被用来作为"常识性"表达的依据,而这一切却是基于对它们意义的特定预设,在这些意义当中总是暗示了某种被嵌入其中的实践逻辑。在实践中,语词总是处于一种"双重历史化"的可疑当中:首先,某一字句总是被用于表征某一特殊时间段内的具体现象——其被建构与呈现的方式往往也显然浸染了关于它自身建构的社会与历史的诸多方面;其次,从属于更加深远的历史化前提反而是一种去历史化的形式,因为被作为事实基础的原初形式需要在更进一步的工作与建构中被加工。这样一来,最纯粹的字句得以剥去它全部的非客观化的预设、利益与意义,这些都曾经混淆了表征的事实与事实的表征——也就是混淆了"本质主义者"与"理性"的思考。实际上,相较于理性的处理,事物是其所是的建构反而是更容易做到的,也是更容易被错误建构的。将一者置于另一者之上——在没有更多了解的情况下也坚持某种偏见——就是去接受某种整全的认识论矩阵。这样做的直接后果,就是在潜在的错误认识论的指导下进行材料的分析与搜集,并以此来思考研究对象,得出偏颇的总结,下错误的结论。布迪厄提供了一种语词的"专业化",这种专业化持这样一种观点,即语词被作为工具,而不是分析对象,由此一系列的结论也就水到渠成。此外,这样的预设又不仅仅是一种纯然的凌驾视角,因为据此我们必然会依据相应的运作方式(modus operandi)用一种语词反对另外一种,在某一场域中为了有限的符号资本而竞争,通过占据其中主导性的位置,这种资本得以不断积累。科学场的真相差不多就是这样。所有问题的产生都无外乎价值、权力以及某一语词自身的直接运用,它们既代表了产品,也代表了其生产过程。学术场中,不同的学术流派运用不同的学术字句,这是他们争夺主导地位的基本要素。很多人只是单纯地没有意识到"概念"中所具有的斗争本性。在这个层面上说,"研究对象的建构"往往是最困难的方法论阶段:首先,因为术语——游戏中的名义——都是历史的产物,因此必须"有理有据"地依据过去的正统用法来对它们进行开发;其次,由于某一整体性的特定利益序列往往也是我们看待世界的方式的来源,它们是同时期的两者(co-terminus)。布迪厄指出,我们应当从这些冒险的智识行为中脱离出来,将这一整套思想、历史的层级建构以及科学场自身的最终构成全部"抛到脑后"(relegating to the past)(Bourdieu 1996a[1992]:160)。工作也许会失去,事业也许会被毁掉,但是我们还将继续向前! 这就是布迪厄所说的一种结合,一方面是"巨大的理论野心",另一方面是"极端的在经验层面上的谦逊";在"科学对象"之中建立起"社会化之中被忽略的对象";将"极端抽象的问题"转译为"具体的科学操作"(Bourdieu & Wacquant 1989d:51)。

至少在我的个人研究经验中,对于研究对象的建构并不是一种一蹴而就、一击即中、只存在于开端处的理论行为……而是一种持续且严格的任务,总是通过一整套修正与调整一点一滴地趋向完成……也就是说,是一套实践原则,用以定位顷刻的选择与决定……理性分析中的主要困难就在于,在绝大多数的时期里,社会空间只能在利益分配的形式之中被把握,这种分配发生在个体与具体机构之间,因为只有依附于个体与机构之上的材料才是能够获得的。

一旦某一研究对象被"建构",它就被带入了场域分析的三个层次之中。

## 2.场域分析

当华康德问到,如何清楚地概括这种方法论时(Bourdieu & Wacquant 1992a:104-7),布迪厄将其描述为三个清晰的层次(同样

可见本书第 5 章与第 14 章):

1. 将场域位置与权力场进行对应分析。

2. 描绘出占据场域位置的行动者之前的客观性关系结构,正是他们在场域中对具体权威的正当性形式展开争夺。

3. 分析行动者的习性;他们获得性情倾向系统的方式,也就是通过将决定性的社会类型及经济状况进行内化。

222  我们可以看到,这三个层次实际上代表了习性与场域之间的多重互动关系。

在第一层次中,我们需要看到的是,场域总是处于与其他场域的关系之中;尤其是对于权力场的认识。从根本上说,这里所指的就是政治权力和政府;尽管还有一些为数众多的调节性机构与领域——比如皇室、国际贸易等。

在第二层次中,我们要思考的就是场域自身的地形结构,包括其所具有的一切因素以及它所保持的所有位置。场域位置是通过资本及其配置得以表达的。资本可以被表达为三种形式:经济、社会与文化。"经济"指向金钱上的财富;"社会"指向人际关系的有用性或者优越性;而"文化"则指向符号权力的文化属性,这通常来自教育、家庭背景以及财产状况。它们之所以都是资本,是因为它们都能在场域中"购买"到相应的位置。资本因此就获得了价值,这种价值是场域所赋予的,它能够作为场域被认识、承认并具有交易流通的属性,从而场域能够对自身进行组织,并且依据其为自身所制定的原则来对场域中的一切进行定位。每一个场域的生成原则都具有某种实践逻辑,具有某种共同的通货形式,其媒介就是资本。它在场域的系统认知中界定了什么是可设想以及什么是可做的,什么又是不能的,这样一来也就给出了价值上的差异,其所依据的就是缺乏或是稀有原则。换句话说,最具价值的就是最稀缺的,由此标准来评判价值的高低,那么最常见的也就是最无价值的。

在第三个层次上,被分析的实际上是场域之中的个体行动者,即分析他们的出身、生平和定位。不过,第三层次是一种对于诸多个体之间关系与一致性的分析,而不是个体自身。在这一层次中,个人的特质以一系列的个体姿态被表现出来,但是他们之所以能够表达也仅仅是由于他们处于场域之中,无论是过去还是现在。换句话说,我们所感兴趣的是这些特质是怎样的,他们越是社会化的,其价值也就越限于作为整体的场域之中。我们实际上并不真的能够涉及个人特质(idiosyncrasies)。那么习性在场域中就依据个人所占有的资本的构成来对个体加以引导与定位,而这种共鸣如何发生,或者如何不发生,这就要看具有统治地位的场域逻辑原则究竟是怎样的。也就是说个体、团体及其所构建出的交互与共鸣的方式,这可以类比于一个场域与其他场域之间的那种运作方式,它们是具有同源性的。这种思维将我们的注意力极度地引向了比如传记或者生活轨迹的层面(包括生活的和专业上的),并引导我们总是将实践落实于其所处场域的实践逻辑之中。

场域的结构,场域所具有的特定的逻辑和起源,以及切实寓于实践之中的逻辑,这些都是非常重要的,对于那些官方话语来说尤为如此。最后,正如第 2 部分所示,个体(习性),场域结构及场域之中或者之间的位置,它们在这一层面上建立了联系,从而形成了一种可用于研究的概念性框架(详见 Grenfell 1996,其中在对师资教育的分析中运用到了这一层面的思维;另见 Grenfell & Hardy 2007 关于美术和美学教育方面的研究)。

场域分析的这三个阶段互相补充,使社会空间的概念化得以可能,就像第 14 章所示的那样。当然,这里还有一个问题,就是研究者究竟要从三个层面中的哪一个层面开始自己的研究。在这个问题上,材料的采集有可能会预先设定某一原初的个体集合——

223

习性——因此就会(在第三层面上)建立起一种关于场域参与者的民族志。不过,这里必须强调的是,传记就其自身来说也是不充分的。传记也同样需要基于场域位置、结构及其潜在的实践逻辑加以分析;并且更为重要的是还要基于场域与习性之间的关系——孤立的运用哪一方都是无效的。最后,场域分析及所涉及的个体习性也需要与更进一步的分析建立联系,这种分析是关于场域本身在整个权力场结构中所处位置的分析。这样一来,实际上所有这三个层面都是必须的。

为了能够建立起这样一种场域分析,传统的量化与定性分析的二元对立意义就被大大削弱了。事实上,研究者需要掌握最佳的材料分析,以便为关系性分析的建构提供基础,无论是在场域之中,还是场域之间。这也许可以被视为一种多元对应分析法,包括档案分析、传记研究、民族志案例研究等(参看 Bourdieu & Wacquant 1992a:96)。这三层分析合起来所带来的就是一种"情境理论"(theory of situatedness)或者"存在性分析"(existential analytics)的方法论应用。不过,布迪厄还是做了一个展望式的批评:

> 对于客观主义的质疑往往会被首先理解为主观主义的复辟,进而引出这样一种批评,即以"生活体验"与"主体"权利之名,被归为科学客观性层面上的天真的人道主义。
>
> (Bourdieu 1977b[1972]:4)

不过,布迪厄还是认为这样的方法绝对是基础性的,只要我们能够把自己从过去的错误中解放出来,并且"从主观主义与客观主义非此即彼的教条性选择之中逃离出来"(Bourdieu 1977b[1972]:4)。布迪厄所采取的方法需要在习性与场域之间不断的穿梭之中才能得以表达。

最后,我们应当再一次强调,对于布迪厄来说,任何关于世界的理论性视角,无论是否来自专业人士,都关涉一种基于正当性争夺的对于真理的符号性断言,这种争夺因此也就是对于权威性的争夺。这就是为什么任何的知识理论对于布迪厄来说都必须既是本体论上的,又是政治上的。因为这样的知识理论就代表了一种世界观,或者说是一种存在的目的与理由,它们的结合使得潜在的利益得以呈现。正如我们在第 12 章中看到的那样,布迪厄的实践理论所要做的就是在一种对于客观性结构与认识结构的认识论补充中,去审视这些“视点”的逻辑——但是如果我们这样做了,就意味着同样的认识论方法也必须作为一种知识理论,或者知识研究本身要被用于研究者或者哲学家自身。这一方法,其一是使得实践行动与知识变得有意义,其二则是让“给出意义”这一行为本身具有意义。这就把我们引向了所谓“参与者客观化”的议题。

### 3.参与者客观化

如此看来,布迪厄式的方法论背后真正的信念不仅仅是在我们通常的运作情形之中,世界并没有比我们想象的复杂太多,而是正相反,世界要远远复杂于我们所能够想象的程度。而布迪厄的思想工具提供了一种揭开这种复杂性的意图,从而开启一种新的视角。不过,仅仅就这些术语自身,比如说习性、场域和资本来思考它们,或者认为只要用这些术语来表达材料分析就能得到充分的理解与阐释,那么我们很有可能就会误入歧途。在最极端的情况下,这样的方法也只不过通过布迪厄式的语言得到了一种关于材料的隐喻。上文所提到的材料分析的三层方法,其意图的关键之处正是要避免这样一种概念术语的异化。不过,我们也已经看到了,在布迪厄那里还有第三个至关重要的要素——反思。这一要素在他的写作中无处不在。

对于研究对象之建构的全部关注,都在于它在相当程度上是一种将世界从"预设"之中解放出来的努力,尤其是从学院式的预设中解放出来,并以一种新的方式来重新思考我们正在研究的对象。作为这一进程的一部分,反思就不仅仅是一种实用主义式的选项;它更是一种认识论上的必然。正如上文所提到的,布迪厄所提倡的正是要让"学者知识"从其自身之中解放出来!换句话说,在学者世界中,关于一个科学对象的理论需要被看作尽可能地倾

225 向于经验世界中的存在,而这个世界的运作基础是在一种预设的历史性中被创造的;这种运作基础越是具有预设性,它事实上就越是处于研究性知识堕入一种"学者谬误"的危险之中,在这样一种谬误中,知识虽然具有科学的名义,事实上却只是学者与世界之间关系的再生产,并且这种再生产之中也深深地嵌入了学者自身的利益。布迪厄写到过三种容易导致潜在"误识"的预设(参看Bourdieu 2000a[1997]:10)。首先,是一种社会空间中特定位置所预设的关系;换句话说,就是研究者的特定习性(包括性别在内),来自一种特定的生活轨迹,因此而形成的一种认识结构框定了思想与实践。第二,科学场有一些被视为正统的特殊的设定——也就是它的信念——它对思考有一种强制(只能如此!)用以思考问题的术语,它们是在场域中唯一被承认的正当性所在。第三,学者式的闲暇,其自身就暗示了一种社会世界的整体性关系;换句话说,就是把这种关系看作实质性的、给定的、一种沉思而非关系性的对象——一种人类行为学上的——一种存在主义式的动力学。因此,最后对于布迪厄来说,为了从这种学者理性自身中解放出来,仅仅通过一些能够反对思想本身的思想形式是远远不够的。在他看来,这种行动也不过是同样的学者式幻象的一部分,这种幻想就是笃信思想与思想之间具有超越关系,也相信只要这样做,就能够从上述这些前设的一切社会文化建构中逃脱出来。然而,因为这些前设都是无意识的,而且自然而然地蕴藏并被闭塞在思想

自身之中。因此,想要从中逃脱就必须找到另外一种途径,而不是社会科学家们通常所接受的那种反思模式(比如说,阿尔文·古尔纳德)。对布迪厄来说,另一条必要的可选择的途径就是"参与者客观化",或者说"主体客观化的再客观化"。那么这是指什么?

> 我用这种说法是指一种对知识主体特权的剥夺,这种特权通常被授予其自身,并且被施用于一切客观化行为的可行的途径……是为了在我们对知识对象下结论之前,将它潜在的前设暴露出来的行为。

(Bourdieu 2000a[1997]: 10)

社会科学家们由此被呼吁将它们施用于研究对象身上的方法与分析也同样用于他们自己。实际上,这也就是说要在习性、场域与资本这些术语之上来澄清他们自己的研究场域,并且在其中将自己的位置客观化。布迪厄在诸如《学术人》(1988a[1984])和《自我分析纲要》(2007[2004])这样的著作中就采用了这样一种进程。不过,至少有一点是非常清晰的:尽管这种进程是可以以个人为基础来运作,并且它也确实在很大程度上是一种个人认识论上的必要性所在,但是更为重要的是,正是因为这些参与者是身处学术场之中的,他们才有可能进行这样的反思,从而显示出场域中科学的局限性所在。布迪厄非常好地意识到,这样一种行为对立于科学场之下所潜藏的那种被视为常规的实践逻辑,这其中蕴含着其自身的世界观,在整个学术场中为主导地位展开争夺。这样一来,学术中的某些部分会不得不认识和承认自身思想的局限性,而这就会引发一种真正的反思。对于布迪厄来说,这就是特属于社会学的任务——或者说至少这就是它的社会学观——也就是坚持他的反思性立场。事实上,除此之外,我们所做的一切都可能是一种基于学者败坏信念之上的极端行为。

226

## 担负责任的行动

布迪厄著作中的任何努力都伴随着矛盾。正如他的人生经历所示,对于任何我们所获得的系统资格来说,以一种高度批判的态度来对待总是可能的。因此,布迪厄进入了最高级别的教育系统,而这正是其所高度批判的东西,这就带来一个关于智识正直度与诚实度的问题。进一步说,在第1章与第15章我们已经看到,在布迪厄的学术生涯中,存在着一个从体制内的学术到公共智识成就的转化过程。这一转化再一次带来了关于动机与行动的问题,这与我们今天的研究也是相关的。毫无疑问的是,布迪厄的哲学是一种高度批判性与集锦性的哲学;事实上,这几乎就是15世纪"犬儒主义"的翻版,这种思想流派反对一切潜藏在传统与习俗中的价值观。进一步说,这就是一种社会性视角,从对于教育场域的"客观化"研究到法国社会苦难的"主观化"研究,都可以运用这一视角。那么,在三层方法论和三层场域分析之外,还有什么原则是可以引导我们实践的呢?

首先,也是跟随布迪厄的建议,我们要"当心语词";当心由民族志材料所带来的"隐喻义"。我们之所以要对此保持警醒,是因为它很可能仅仅带来一种布迪厄式的假象,本质上仍然是一种传统叙事。后者的风险在于,它很可能只会以一种建构主义的羸弱形式而告终,在这样一种建构中,当下的实践还是以过去的经验与归属来表达的。关于上面这些都我们应该记住,布迪厄式的概念必须在它的本然与源头处就是经验性的,并且还要有一种认识论上的驱力。事实上,布迪厄自己基于概念的研究方法并非仅仅是苦行式的,也不仅仅是为了迎合使用上的需要才创造新的术语。

其次,要完整地落实三层方法论,包括"研究对象的建构"、"三层场域分析", 以及"参与者客观化"。这里要警惕的是, 作为一种整体性的方法, 忽略其中任何一个对于其所要达到的目的来说都会造成严重的减损。对于研究对象的建构就是一种基础性的"预反思"阶段, 也就是在研究主体自身的预设中进行自我质询, 从而走向一种布迪厄式视角下的重构。这一行动暗含了一种激进地对学院式沉疴的突破, 主体从中解放出来, 进入一个新的分析层次。

在布迪厄的场域分析中, 他总是从"最高级"的层次开始: 场域与权力场之间的关系, 然后再走向场域自身的结构, 而这一切都发生在处理相关个体的习性之前。不过, 事实上在很多声称使用了布迪厄方法的社会科学研究中, 实际上所采取的路径则正好相反。比如说, 传记材料总是首先被搜集、被分析, 然后才在一般层面上对个人背景与社会语境展开讨论。这样的方式往往既忽略了对于特定场域的"图绘", 也忽略了处于权力场关系之中的场域建构; 图绘, 也就是说一种真实的结构定位形式。事实上, 场域与权力场之中的位置往往更多的是对于特定案例的描述, 而非对于整个场域、资本构成等整体性的事物的描述。

接下来就是参与者客观化。事实上, 很少有作品到达了"对于知识主体的客观化"这样一个程度。只具有个体的警醒意识还是远远不够的——虽然它是必不可少的起点。这里需要注意的是, 研究者要真正地在相当程度上对他们自身的场域位置和性情, 还有所处位置的固有预设进行客观化处理。很多人不知道, 也并不真的想知道如何才能在一种真正的反思立场上展开工作。因为如果这样做, 很可能就意味着一种彻底的自我缴械, 而学术研究实践的逻辑才是个体行动者在场域之中力量的来源。如果对于真实科学真正的矢志不渝还一息尚存, 这种败坏的智识信念必须被牺牲掉。

最后, 对于布迪厄本人方法论的兴趣不能超出对于研究本身的兴趣, 尽管这些研究中应用了布迪厄的方法。实际上, 对于生活

在 20 世纪后半叶法国智识界中的他来说,对于这些思想的运用都
与当时的时代与生活氛围息息相关。进一步说,我们要记住布迪
厄的位置始终担负着一种社会政治学的承诺。他后期的《介入》一
书就显示了这一层次的关涉性是如何返回了他最早期的著作,而
228　不仅仅是一种后期的行动主义。不过,这也显示了一个知识分子
在某一特定的时空里所具有的可能性是什么——尤其是那些显赫
的知识分子。我已经提到,所谓"现代布迪厄"并不是按照这个原
则来行事的,而是依据他们的可支配性承载着另外一些政治行为
模式。个人的地位越是卑微,在他们的研究中所能留下的政治印
记就越是缺少可能性;然而,这也不能掩盖政治有效性之中清晰可
见的道德责任,以及由研究所激发的政治行动与解放的潜能——
如果这就是政策制定中的朴素事实的话。我们如何在政策制定与
研究经费所充斥的场域中行动,这其中的严肃性不亚于政治生活
的任何其他层面。

## 总　结

本章所主要反映的是关于实践与原则的问题。在社会科学研
究中,如果我们应用布迪厄的关键概念,那么我们就必须注意这些
问题。并且,我们还给出了一些潜藏于这些概念背后的认识论,以
及它们是如何生成的。这种原初生成既蕴含于理论当中,也蕴含
于实践当中;特别是在那些具体应用于研究中的特定方法论当中。
我们给出了很多例子,这些例子都反映了符号与真实之间的关系。
在三层的方法论中,这一点有着进一步的反映,其中的每一部分都
应该被视为布迪厄式方法的根本所在,对于任何研究主体来说都
是如此。最后,研究是一种"有责任的行动"。这一说法简明地暗
示了这些引导性的术语是如何承载了布迪厄的信念,不仅仅是在

研究实践中,同时也体现在我们如何"建立知识"的行动中。

最后,如果我们接受布迪厄的邀请,进入一种反思社会学,我们就要问在这种社会学中"去知道"意味着什么,"去建构"知识意味着什么,以及据此我们又能够将其"用作什么"。我们希望本章及本书能够为这些问题提供答案。不过,在这些问题之上还有一个更关键的问题:也就是个体与群体之间的问题。在某些时候,布迪厄的哲学是一种非常个人向的方法,也确实是关于社会世界中个体的位置问题——无论是经验上的还是科学上的。然而最终,这一方法也只是把自身建立为一种真正的研究范畴,如果确实存在一种朝向"真理共同体"模式的集体行动,而这在相当程度上就是布迪厄关于社会世界的视角所在:一个世界从根源上来说,因禁与解放的因素都被内在地压入了世界自身建构的内部。对于我们来说,这个视角是再真实不过的了,包括那些研究者,他们的工作伴随着我们对科学知识的特定追求,以及对这些知识授予的承认。

**14**

# 社会空间

⊙ 谢丽尔·哈迪

## 导　言

　　布迪厄的方法,就是通过描绘个体和团体在社会空间中所占据的关系性位置来图绘社会空间本身的。场域就是这样一种特殊的途径,用以表达这些错综复杂的位置与关系。不过,布迪厄对"社会空间"这一概念的使用也是极其宽泛的,并且是以诸多具体化的方法给出关于这一空间的图绘。本章所要思考的就是布迪厄和其他研究者所使用的诸多可视形式,包括图表——有些基于与几何学的相关分析——以及摄影。本章同样也会为读者们提供一种布迪厄式分析的可实践范例,以此显示出通过材料搜集和分析,我们"如何去做"才能以研究建构为起始,最后得出相应的陈述和论点。我们的目的是提供进一步的方法论导引,以此来引导一种基于布迪厄式视角的研究。

## 社会空间

"社会空间"这个短语经常被用于社会学写作之中,它被当作一种一般性的隐喻来指涉我们所研究的社会现象背后宽广的背景(参看 Crossley 2005:306)。但布迪厄对这个术语的使用要更特殊一些,他意图用这个术语指涉数量众多的所有的可能性位置,这些位置在给定的时间或空间之中都是可以被占据的。由于布迪厄的实践理论是一种关系性的实践理论,这些可能的位置在界定上也是彼此依赖的。正如布迪厄自己写道:"我们可以在任何一点上唤起其所属的整个社会关系网"(Bourdieu 1984:120)。社会空间中的位置是由资本的数量与形式所产生的,其中包括经济资本与符号资本,这些资本在其所处的时期是被广泛认识的,并且社会空间也产生于这些资本通过不同的构成与体量所产生的相关价值。被认识的位置与被占据的位置之间是有区别的,并非所有的位置在任何时期都是可占据的。因此,拥有不同数量和构成资本的个体,他们各自也都有着不同的可占据的位置范围,而通过在这一范围内的选择,他们转而指向特定位置上的有利条件——这就是他们的场域策略。在写到房屋保有者时,布迪厄提醒我们,一个空间的界定并非源于一种人类学或者现象学的分析,而是更多地源于行动者本身,他们"在经验与期待上都具有差异,这种差异之所以存在,就是因为他们所遵循的原则就是他们在社会空间中所占据的位置"(Bourdieu 2005b:25)。因此,社会空间中已然被占据的那些位置,对未来有可能被占据的那些位置也是有影响的,并且这也负载了某种特定的社会空间的视角——直白地说就是某种观点。我们也许会认为社会空间的结构是由某一时期每一个个体各自的视点沉淀而成——但是,他们同样都意图超出时间的限制。

230

广义的社会变迁同样会影响到社会空间的客观性结构;有些位置会消失,而另外一些则会应运而生。布迪厄写到至少在一些变迁的早期:

> 这些新的位置在社会结构中位于关键点之上,对于那些社会出身便赋予其冒险投资倾向的人来说,这些位置尤为具有吸引力,社会关系需要他们来建立,信息需要通过他们才能联通起来。

> (Bourdieu 1987:295)

布迪厄从哲学走向了社会学,这一转变是由 1960 年代后期法国高等教育的剧变所塑造的,而这本身就是一个例证(参看 Bourdieu 2007[2004]中进一步的讨论)。

### "场域"和"社会空间"之间有什么区别?

布迪厄是在三重不同意义的复合之中使用"场域"这个概念的。首先,是游戏场的观念,比如说当他写下"具有一种游戏感"时(Bourdieu 1977b:12;还有其他一些地方),他所使用的就是这个观念。其次,它又指向一种斗争场内的挣扎,比如当他写道"什么是当务之急"(what is at stake)的时候,他指的就是这层意思(Bourdieu 1998c:34)。最后,关于场域的核心观念是作为某一地理学范畴出现的——能够被图绘的某一有限区域(Bourdieu1984:259)。本书第 4 章就对场域概念进行了讨论。

"社会空间"这个概念被用来指涉无论何时何地在整体上所有可占据的社会位置——用数学术语来表达就是一种"泛集"(universal set)——关于一切可能的事物。而与之相反,"场域"这个术语则是用来指涉诸多可占据位置的某一特殊的子集,通过利益、行动以及参与者的性情的共享而被给予的某种连贯一致性。

比如说,在《区隔》中我们所看到的是关于法国文化消费场域的研究,其中所有的参与者都投身于文化行动以及消费对象、时间与方式的选择当中。在《艺术的法则》(1996a)和《文化生产场》(1993b)中,其中所描述的参与者普遍地投身于文化艺术品的设计、制作以及市场化行为当中,有些是以实体的形式,比如说书籍或者绘画;有些是以短暂的创意观念呈现的,比如说诗歌或者艺术风格。

一个个体有可能同时活跃于许多不同的场域之中。在这种情况下,同样的性情、策略和资本(习性)在不同的场域语境下的价值也会有所不同,因此一个行动者可以在某一个场域里占据某一卓越的主导位置,但是从另一个场域的视角看则并非如此。比如说,知名艺术家在艺术生产场中也许占据着主导地位,但是在权力场与居住场中他们又是被统治的,在后两个场域中,他们的位置与半吊子工人相比也没什么不同(Bourdieu 2005b:27)。上面所例举的这种场域位置的反差正来源于个体位置在广阔的社会空间中是如何构成的。

## 图绘社会空间

在《区隔》(Bourdieu 1984)中,布迪厄写到了他对于文化消费的关系性本性作出分析时,他界定了两种区隔,他们都与"空间"息息相关——一种是立场(stances)上的,一种是位置(positions)上的——两者处于不断的交互作用当中。我们可以对此做一个简单的形象化处理,它们就像两个分离的位面——一个是关于立场或者性情的,一个是关于社会空间或者说位置的,它们之间有着错综复杂的联系(参看图14.1)。

232

符号立场的空间

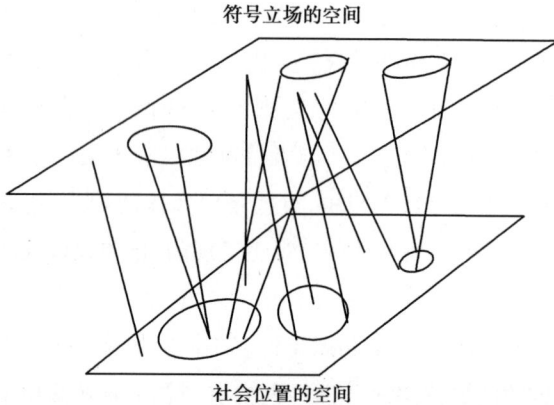

社会位置的空间

**图 14.1　彼此独立而又协同的立场与位置空间**

立场的空间是一种主观性的个人性空间,其结构源于个体的态度、精神、性情的具体化,以及来自他人的"区隔"——所有那些符号性质都被界定为习性。换句话说,立场的空间是由诸多个体习性的多样性和范围所建构起来的。位置的空间(社会空间)是由个体所能占据或可欲求的客观位置所构成的——也就是说,是所有能够识别和可思议的位置,它们有着不同程度的正当性。从主观性与个人性的空间(习性)出发,一个个体关于自身所处位置的意识被唤起,并且也意识到这些位置区域同样也是其他一些人所共同占据的,他们的利益存在于同样的活动范围内(场域)。一个人自身所处的区域寓于广阔的社会空间内,对于这一问题的理解,布迪厄将其描述为"对于两个彼此独立的而又具有同源性的空间及其协同性在实践上的把握"(Bourdieu 1994d:113)。这种把握是这样一种理解,即特定的场域功能是怎样的,对于已有场域结构的识别是如何可能的,以及如何在对可欲场域位置的孜孜以求中来解释它们。这是一种对于"如何成为一个更好的我"这一问题,基于某一场域信念一致性基础之上的直觉把握——比如说,如何成为一名成功的政治家的策略。相对的,同样的理解对于成功的变革来说也是必须的——异端或者说异端信念(hereodoxa)——这种策略被先锋派艺术家所采用。正如第 13 章所提到的,布迪厄一以贯之的主张:"在现实中,符号立场的空间以及社会位置的空间是彼此独立又同源共生的两者"(Bourdieu 1994d:113)。"同源性"(Homology)在这里是一种基础性的机制,它暗示着无论在这两者之间图绘出怎样的细节,这两种空间都有着相似的结构性特征,与此同时又都是可以独立发生改变的。符号立场和社会位置之间的联系错综复杂,因此其中一者之中发生了重大的变革,则另一者的变化也被牵动(参看第 8 章)。这是因为两者不仅是联立的、彼此紧密相关的,同时也是彼此独立的。这两种空间以及两者的协同关系本质上是不稳定的,或者说是积极的、可转化的及动态的。正如布迪厄所说:

> 这就是为什么我们说系统的静态,也就是两个空间在指定空间点上的系统便是系统动态的主动力源:任何旨在调试这种系统的行动……都决定了两个空间之间整个关系系统的转型。

(Bourdieu 1994:114)

因此,这里我们不应该感到惊奇,好像觉得布迪厄的实践理论提供了一种关于变革的机制,这里所表达的实际上是存在一种基本的稳定性,在此基础上能够生成作为整体的系统结构。

布迪厄使用"权力场"来指涉一种非常特殊的社会空间子集。权力场的建构与其他的场域截然不同,因为它只被社会空间里最具权势的一部分个体所占据,也就是说"这些行动者在诸多不同的资本当中充分占据了其中的一个,而这一资本寓于一种位置当中,主导着相应的场域,其攫取力愈加强化,不同资本的相对价值无论何时都受制于此"(Bourdieu 1998c:34)。权力场中的变革对广阔的社会空间中的结构具有重大的影响(这种影响是其他途径所无法达到的)。权力场中的个体有能力在特定的资本形式之间决定其交易比率,并以此引发了广阔社会空间中的结构化进程。政府官员在政治场中具有一系列的权力;法官在法律场,马奈在艺术生产场中也是如此——他们对于重新界定与其相关的场域中的文化、符号和经济资本都有着充分的主导权(参看第 8 章和哈迪在2009 年的进一步讨论)。

　　布迪厄和他的同事同时运用几何学的相关技术来审视这种复杂的对应性与多样性,并且通过统计学模式在个体特性和他们的实践之间作出标识,并由此标识出与他们最为相关的团体。《艺术之爱》( *The Love of Art* )(关于艺术馆的参观者;Bourdieu *et al.* 1990b)、《区隔》(关于文化消费;Bourdieu 1984),以及《国家精英》(关于法国高等教育;Bourdieu 1996b)都是基于大规模的经验调查而写著的,这些调查是关于 20 世纪六七十年代法国社会中社会立场及社会位置之间关系的调查。在下一节,我们将给出一些具体可见的方式来呈现这些场域关系。

## 234　图形与可见形式

### 1.社会空间中关键对立的图形表征

　　在《区隔》一书中,在写到不同空间之间的同源关系时,布迪厄指出这其中最关键的对立存在于资本的构成与整个资本价值之间,正是这些关键的对立生成了其间的诸多结构。他主张这些对立"通过简单直接的转化,就可以被直接地运用于不同的实践领域"( Bourdieu 1984:171)。换句话说,这些客观对立的存在源于其所属的社会经济条件,反过来又在不同的实践领域生成了同源的结构,比如说"食品选择"、"婚姻伴侣"或者"参观博物馆"等,因为各个独立的实践在结构上也都是源于同样的张力,即资本价值与资本构成之间的张力。在《区隔》中,其研究对象是法国的文化消费,其中主要的对立产生于占优势的社会派别的实践之间,这些派别的成员在经济与文化资本上都同样富足,他们在其自身奢侈的文化消费与其他人贫困的文化消费之间要求区隔,并且将后者的实践定义为"是粗俗的,因为它们是更容易得到,并且是不足为奇的"(Bourdieu 1984:171)。在图形中,这种社会空间的图绘即是通过纵轴来表征资本体量的占有,用横轴来表征资本结构——以此在经济资本(CE)与文化资本(CC)之间表征一种平衡关系。对于这种关系的直观表述在本书第 5 章已经给出了,在那里我们看到了诸多个体是如何被置入这些关键的对立关系的表达当中(参看图 5.1)。在《区隔》中所给出的图形则要更为复杂(比如参看Bourdieu 1984:22-3,59,340 或 455)。有两种不同的社会空间结构叠加在同一个图上:在第一种结构里,社会条件是通过资本构成与资本体量表征出来的;在第二种结构里则是关于财产与实践的空间(在《区隔》当中,就是那些被看作生活方式的东西)。虽然错综复杂,布迪厄还是指出这些图形给出了一个非常直观的图像,这个图像不仅仅是关于结构的存在,并且还是关于这些结构是如何在时间中持存的(Bourdieu 1984:比如说 122-3)。同一社会空间的第三种结构——也就是关于习性的理论模式,这种模式是通过研究者对于编码与资本的均衡选择所隐含地建构起来的——能够在整体上覆盖同样的图形,用以给出关于社会空间的一个增补的视角,不过这一层结构可能会带来使整个图形无法辨读的风险!

在这种图形模式中,关键的对立也就是资本体量与资本构成之间的对立意在说明,任何纵轴上的位置变化都表征着一种资本体量上的增减,而不涉及任何资本构成上的变化——也就是说,位置的变化将一个行动者在同样的场域中移向更具优势或者更受主

235

导的位置。而反过来,横轴上的变化则将行动者从一个场域移向另一个场域。正如布迪厄所写道的那样:

> 横向移动所给出的是场域间的移动,这意味着一种资本模式以另外一种资本模式加以重塑,或者一种次级模式向另一种次级模式转化(比如说土地所有向工业资本,或者文学向经济)。因此,这种资本结构的转化一方面在整体上维护了资本体量,又在纵轴上维持了资本位置。

(Bourdieu 1984:126)

在《区隔》的图形中,这种关于横轴和纵轴上位置变化以及资本构成与体量之间的对应变化被清楚地呈现出来(比如在"社会空间的位置"中,122-3页,或者"主导性趣味种种",259页)。在《学术人》(Bourdieu,1988a)以及《国家精英》(Bourdieu 1996b)中我们也能找到相似的图形,这些图形是基于对经验材料的多元对应分析(MCA)之上的。关于布迪厄著作中这类对应分析应用的进一步讨论可以参看勒巴隆(Lebaron 2009)的进一步探讨。

《区隔》中的研究方法最近由本内特等人(Bennett *et al.* 2008)在关于英国场域参与者的生活方式和社会空间的图绘中被再一次运用。正如我们已经提到的,还有其他一些研究者也运用过多元对应分析,以及社会空间中关键对立的这种直观表征,比如说图绘加拿大的社会空间(Veenstra 2009),图绘挪威的权力场(Hjellbrekke & Korsnes 2009)。

### 2.社会空间与场域之间关系的表征

在《艺术的法则》(Bourdieu 1996a:124)中,布迪厄给出了一种不尽相同的社会空间直观表征,在这里资本体量与构成之间的对立仍然是以图形的方式给出的。但是与此同时,其中还关涉权力场与文化生产场之间的关系(参看图14.2)。

权力场的表征是作为国家社会空间的一个子集出现的。有趣的是,布迪厄将所有的文化生产者都定位于权力场之中,但是他们都是处于被统治位置之上的,因为他们都在不同程度上依赖于那些资本上最为富足的人,无论其资本构成是怎样的。文化生产场就是通过生产者自身的场域策略进行细分的:大规模和流行的生产(CE+)或者小规模的有限生产(CC+)。这些错综相关的大规模(大众的,比如歌舞杂剧)与小规模(罕有的,比如波西米亚艺术)的生产,在文化生产场中催生了诸多结构。这种关于社会场域中诸多结构的可视化表征模式,已经以一种调试形式作为一种研究工具参与到第一层的场域分析中,这一分析在第 4 章与第 13 章中已经描述过了,它表征了不同的活动场域与艺术场之间的关系(参看 Grenfell & Hardy 2007;Hardy 2009)。

236

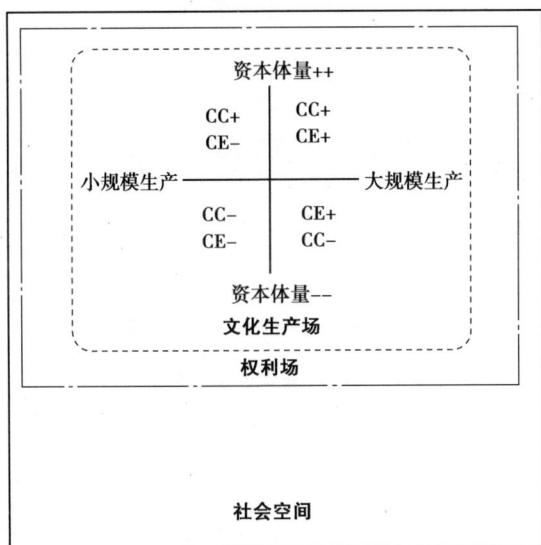

CE=经济资本;CC=文化资本

图 14.2　文化生产场、权力场和社会空间之间

的诸关系(根据 Bourdieu 1996a:124)

### 3.社会空间中对代际变迁的表征

个体为了最优势的场域位置而斗争的活动往往是在时间之中前赴后继的,其后果自然就是诸多特定场域内部结构的变迁。对于这些比较现时的变迁,布迪厄在《艺术的法则》(Bourdieu,1996a:159)中提供了一个可视模式的范例,在其中不同代际的文化生产者被表征于一系列具有差异性的时代尺度当中,它们都与某一特定的场域相关联:生物学年代、文化实践年代、社会化年代、艺术年代以及场域自身的年代等(参看图14.3)。

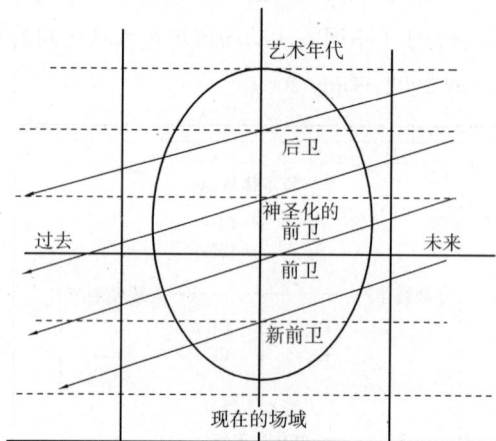

**图 14.3　表征社会空间中的代际变迁**

布迪厄对于这一模式写道,它"使得今天的情况得以被充分地澄清,因为……每一个艺术上的行为都通过引介一个场域中的新兴位置而留下自己浓重的一笔,它从整体上'替代'了之前一系列的艺术行为"(Bourdieu 1996a:160)。某一场域中的代际变迁能够直接通过其生产者的文化实践及其文化产品的风格得以图绘出来,这是因为每一个艺术代际都会为其曾经占据的场域位置留下证据,这些证据就存在于它的艺术作品中,以及这些作品所具有的

价值(文化资本与经济资本)是随着时间而变化的。关于这些图形
在显示艺术场中代际变化这一问题上所具有的价值,哈迪和格伦
菲尔(2006)已经有过很好的探究了。

### 4.照片对社会空间的表征

布迪厄常常使用照片作为某一社会空间的可视化表征。其中
最好的例子应属关于阿尔及利亚人民——包括工人、乡村农民和
城镇居民的那些照片(Bourdieu 2003a)。这些照片不加掩饰地显
示了在1950年代的阿尔及利亚日常可见的错综复杂的矛盾关系:
游走的小贩骑着现代化的自行车兜售和展示着他的传统穿着;又
或者是阿尔及利亚妇女躲在她们传统的长袍里,站在橱窗前对着
里面琳琅满目的高跟鞋窃窃私语。正是这些文化实践中特别违和
而又不可思议的错综并置,它们例证了该时该地的社会空间是如
何被建构的。

238

想要跟随布迪厄来分析照片,也就是说我们需要一种理性的
分析。对于视觉图像外部和内部的阅读都是必须的:一种外部阅
读能够显示出照片中的主题、周围环境(场域语境)以及摄影师的
位置处于怎样的一种关系当中;而内部阅读则要考虑被拍者,考虑
他们各自与他人的关系以及他们所占据的位置。

跟随布迪厄的脚步,我也对我所研究的社会空间进行了拍摄,
而在这一活动中我往往既是拍摄者,又是分析者。由于布迪厄的
工作是在阿尔及利亚展开的,那些准许我们拍摄的对象已经发生
了剧烈的变化,因此我现在恳请读者们将我的拍摄时间设想为21
世纪前10年中的某个时间。

这张照片所展示的是一个在艺术博物馆中拍摄巨幅绘画的男
摄影师。他手里握着博物馆的设计平面图。他的前面站着一位小
女孩,她更靠近画作,然后回头好奇地看他在做什么。

这一图像据有一种内在的偏见——那就是我的视角——这就需要对我所处的位置进行澄清,即作为一个观察者,也作为一个场域参与者:这就是所谓的"参与者客观化"(参看本书第12章和第13章)。我的摄影仅仅是可能的,这是因为习惯性的位置让我在博物馆空间里感到"如鱼得水"——中产阶级、中年以及中等收入者——与此同时我作为一个研究者的大学地位为我提供了充足的符号资本,如果一个博物馆许可其在画廊里拍摄,那么这就是最充分的依据。而这幅图像所客观记录的则是"那里有什么?",我们能够从博物馆这样的地方了解到什么,这是关于我们趣味中的利益,而这就是我的主观选择得以生成的条件,并且导致了我如此这般的摄影。

**内部阅读** 这个男人和这个女孩前面的那幅画的作者是罗伊·利希滕斯坦《溺水的女孩》(1963)。而这幅画显然是十分重要的一幅作品,因为它被单独挂在画廊的墙上(参看 www.moma.org)。

让我们首先来考虑一下男人、女孩和作品之间的关系。这幅巨大的画作本质上就是连环画,但是它却被放在画廊里一个遗世独立的位置上,这赋予了它一种高度神圣且客观化的文化资本。这个男人大概意识到了这幅画作的地位——因此,它非常适合被拍摄——虽然他的行为使他对于这幅作品的"消费"更像一个游客,而并非一个艺术内行(后者由于能够买得起艺术品,因此很少拍摄它)。而那个女孩,也许是他的女儿,她嵌在画作与成年人中间。她的肢体语言暗示着她对这一场景的疑问。事实上,她感到疑惑的是,这幅卡通画毫无惊奇之处,它和她从漫画书里看来的东西实在是太相似了。因此,她实际上在问,为什么,为什么这个画作值得被拍摄啊?

**外部阅读** 接下来我将以更加客观的、分析性的视角来对待同样的场景。这样一来，我们就可以说，这一照片给出了画作与其所处的物理环境之间的关系——一个博物馆（文化资本＋，经济资本＋），以及其所处的纽约市中心的位置（文化资本，经济资本＋＋）。从博物馆的网站上我们能够看到，这幅画是由收藏者捐赠的——于是几乎可以肯定这个举动是用来代替税收的。

关于这幅画，它的作者以及它的历史语境之间的关系同样也是可以被纳入考虑的。换句话说，正当性机制所扮演的角色，既显现于与摄影主体的关系之中，也显现于与作为对象的摄影的关系之中。我作为一个摄影师的实践，我的文化修养、学院背景，以及为什么从博物馆里有所习得对我来说是重要的，这一切都是一种外部阅读。换句话说，一张照片提供了一种关于一个社会空间及其中什么是有价值的可视化表征。这种阅读会自然而然地归属于我们在第13章所看到的那种三层分析法。以这样一种方式，摄影图像就可以被视为一种对于布迪厄式的场域分析来说有用的材料资源。

前文所提供的这些关于社会空间的不同的可视化表征，它们都是对于诸多社会结构的例证。不过，我们还是要在这些社会空间的精神或者视觉图像之间做出严格的区分，因为它们本身会对诸多理论化的路径造成实际影响，我们会据此对诸多场域结构展开假想，并影响我们所提供的证据和统计，或者反过来说，它们就是社会空间建构过程本身的一部分。正因如此，我们现在要转而讨论分析的方法及其所依凭的证据。

## 方法论导引和实践范例

那么，如何才能展开一种实践分析呢？这里需要着重强调的是，布迪厄的实践理论中至关重要的东西在于任何分析都必须是

理性的。这就是为什么他的理性分析工具,比如场域、习性和资本
240 需要被结合起来运用。在布迪厄的场域分析中,研究对象会被置
于它的在地性(national)与交互在地性(international)两方面的关系
中进行审视;而后,其自身与体制和组织之间的联系,以及如何在
体制与组织之间存在,我们要在这些关系中来审视研究对象;最
后,要在与特定个人的关系中加以审视,也就是那些在当时有所行
动的人(参看第14章)。在具体操作上,在三层分析法中的各个层
面,这些给定的相关性如何被强调,这有赖于我们对于研究对象的
界定,在我们运用三层分析法的时候,这些关系的优先性随着不同
的场域而各有不同。不过,这一研究进程本质上与任何严格的经
验性研究都并无不同。总的来说其特征在于:原初研究建构、材料
搜集、材料分析、结果呈现和结果讨论。在本章接下来的部分,我
们会依据一般性原则将我们的讨论安排在这五个小标题之下,而
我们所选取的材料范例也是对于一个特定场域的分析:1930年代
到1950年代,康沃尔郡圣艾维斯(St Ives,Cornwall)的艺术场(参看
Bird 2009)。

### 原初研究建构

对于任何研究计划来说,一开始我们都要确立研究的规模、性
质和关注点,但是对于布迪厄来说,一个研究对象从来就不是对于
其自身的研究,也不是为了其自身的研究;正相反,通过界定一种
系统的关系架构是如何与其参与者、机制及其所身处的广阔的社
会空间相关联的,我们才能对研究的建构进行客观性的表征。因
此,对于研究对象的建构在整个研究过程中总是向可能的修订保
持开放的维度。正如布迪厄写道:

> 因此,存在着一系列的阐释学循环:为了建构一个场域,
> 研究者必须在其中界定出某一特定的资本模式,而要想界定

这种特定的资本模式,研究者就必须了解这一特定场域的逻辑。既要推动研究的进程,又要从正在进行的研究中抽身而出进行反观,这是一个漫长而又艰苦卓绝的无尽之路。

(Bourdieu & Wacquant 1992a:108)

因此,从根本上说,研究者要尽可能地保证研究进程能够循环往复地进行下去,这样才能得到对于场域关系尽可能好的表征,这是因为资本、习性与场域之间千变万化的关系是永远不可能被分析所穷尽的。由于理论的建构总是来自场域中的特定位置——也就是研究者的视角——这也就反映了研究者自身的习性和他们所占据的场域位置。如此所带来的结果就是理论化本身总是偶然的,这不是由于理论化因人而异,而是由于特定的社会现象的显现有赖于研究者视角的塑造。这就是为什么对主体客观性的再客观化作为研究进程的一部分是十分必要的——这就是参与者客观化。

在构建研究计划的最初阶段,首先需要被考虑的就是如何获得材料。当我们选择了一个大规模的、量化指向的研究,那么所搜集的材料就应当是对于所有在场域中活动的行动者和组织来说都具有代表性的抽样。而所得出的研究对象的表征性质就具有了这样一种功能,即这样一种抽样程序如何能够很好地反映整个人口的情况。

而当一个更小规模的计划被审视的时候,那么社会空间中那些最为重要的个人和机构就成为最有效的材料,因为这些场域参与者就证明了主导性的场域位置,因此也就是占据了权力场中的诸多位置,在这些位置上他们就能够决定场域内特定的资本价值。在此,材料搜集就不再是统计学样本,而应当是在场域中具有相当影响力的诸多个体选择的某些特定子集。即使在那些系统的和数理性的分析方法中,这一点也是千真万确的!

241

**实例:原初研究建构——艺术场** 这个实例是对于英国圣艾维斯艺术场的研究。此研究计划是对1950年以前的艺术家工作的特性与实践进行艺术史上的探索。原初的研究问题是:在20世纪第一阶段,圣艾维斯艺术场的结构是什么? 以及为什么在圣艾维斯艺术场中会发生如此具有标志性的转变? 这里的参与者客观化问题是——我们对于这一研究对象的兴趣和体验又是什么?

我是一个学术界的人、一个数学家、一个教导员,以及熟练的纺织品设计者。当我第一次对圣艾维斯的艺术家们进行研究时,我住在康沃尔,沉浸于参观画廊,并且还在法尔茅斯艺术学校进修艺术史专业的硕士。我个人在受教育中的利益对我提出什么样的问题以及如何搜集材料都造成了影响(参看 Hardy 2009 更详尽的讨论)。

我的研究方法适配于小规模研究,大概涉及50个场域参与者。材料主要是各种档案,或者更丰富一些的,比如传记。尽管我使用 Excel 软件来整理出艺术家们的一致性关系,但是对于材料的整理和分析还是倾向于质性方法。这种研究进程会如此循环往复于材料的反复审阅与诸多层次的提炼之中,以从中寻找某些不变特征和对应关系。"我的"方法是以行动者的习性为起始(第13章中所说的第三层次),而非更倾向于从广阔的社会空间入手(第一层次)。

242　　材料搜集

在一种布迪厄式的方法中,材料承担了两个方面的功能。首先,它是作为关于个体实践和态度的信息而出现的——它总是通过采访和问答来获得。所有这类材料聚合起来就是习性的诸多成分,只有通过它们,我们才有可能将某一社会空间中的活动界定为符号或者场域资本。

其次,材料还是关于场域参与者特质的信息,通常被用来估算他们每个人所占有的文化资本与经济资本,据此我们能够在一系列重要的参照坐标中——资本构成与体量——找到他们的位置。

在他的经验性研究中(比如 Bourdieu 1998a;Bourdieu *et al.* 1990b;Bourdieu 1984),布迪厄总是清楚地给出他所搜集的材料的范畴,并将其用于指名经济、文化以及符号资本的占有情况。比如说,在《艺术之爱》中,他就使用了一系列分析性的分类,包括性别、年龄、职业、居住区位以及他们所具有的最高资质程度。这些都被置于与态度有关的材料关系中加以研究,并且通过访问博物馆和艺术画廊来研究资本体量和构成中所可能存在的规律(习性)。比如说,最通常的参观者(大概 55%)至少拥有高中学历(第 15 页)。我们在《区隔》与《学术人》中能够看到相似的关于材料搜集的描述。材料搜集的规模随着研究对象的不同而不同,因为所指向的符号资本也是因场域而异的,并且是由特定的场域研究所界定的。

**实例:材料搜集**　在圣艾维斯的艺术生产场中,艺术家出版的传记也可以作为一种资源被用来提取关于他们个人特质的信息;而与此同时,他们的艺术作品也就可以被当作其实践与性情的展现。这种将实际的出版物用于研究的模式,在布迪厄的《国家精英》中有所体现(Bourdieu 1996b:398),在其中他对讣告进行了研究;在更晚近一点的研究中,福勒这样的研究者就将讣告看作一种习性的指向(Fowler 2000:145);而在《艺术的法则》中,布迪厄也展现了如何使用个人传记来进行研究(Fowler 1996a:125)。

艺术家所出版的传记是高度风格化的,同时又都具有趋同的形式范例:同样的材料可能会出现在不同的艺术家那里,这有利于提供连贯的信息。由于这些传记(通常是艺术家自己写的)往往倾向于显示出自己的高明,传记中总是会包含他们在训练、展出、荣誉和获奖上的成就,同样也包括自己的生平材料和家庭背景:这一系列的信息都需要以一种关系性系统的方式被思考为习性。因此,我才能够(最乐观地来看)建构起关于各个艺术家的轮廓,当我们将这些放入与作品的关系中加以审视的时候,它就指向了各个个体所积累的资本体量与构成。

站在实践的角度说,我是通过搜集艺术场以及艺术场之中的个体的历史档案资料,一些零散的文本、传记细节或者一些艺术作品的范例,来开始研究的。我只是尽可能地积累在 1930 年到 1950 年之间在圣艾维斯生活和工作过的人的材料,以尽量呈现出一个广阔的图景,显示出当时场域之中的当务之急是什么。在这一阶段,对于材料的选择是有所取舍的,从而让焦点问题尽可能清晰地呈现出来。对于这些不同资本模式交互关系的正当性,我也同样会作出评估性的判断。这些选择和判断开始发展出一套关于习性的理论模式,并由此锚定我所做的研究。这些选择会被作为诸多结构而被多次重新审视,并且对场域中特定资本的价值进行澄清。

### 场域分析

布迪厄的场域分析是建立在大规模人口样本的几何学对应分析基础上的,比如说《区隔》牵涉的调查对象就多达 1 217 个。若干统计集合都被一致地识别,它们的存在支持着诸如此类的大规模研究(参看 LeRoux & Rouanet 2004;2010;Greenare & Blasius 2006)。布迪厄式的方法并不要求我们进行一种统计学分析,但根本在于要完整地在三个层次上进行分析(就像本书第 13 章里所说的那样)。我们这里对三个层次的讨论是按照它们在实例运作中的顺序展开的(从第三层到第一层):这其中要给出的指令是,我们要在某一小规模的场域分析中来描述,对于每一个层次来说什么是必要的。

- 第三层:比较个体范畴的习性。对个体场域参与者的特性进行严格的审视,包括那些最具主导性的,由此界定出在该场域中哪一种资本模式是最为有价值的。要在场域参与者之间搜寻共性的特质以及相近的一致性。牢记这里我们所采用的分析始终是关于诸多关系的分析。而我们目前所处的分析阶段,它所关注的是正处于发展中的个体差异的诸多类别。对于这一阶段的分析来说,能够借助的有效的分析工具首先是保持耐心,其次是保持系统性的关注,而后是具体的对应表,如果你愿意,还可以使用一些统计软件,比如 Excel,SPSS 或者 SPAD。

- 第二层:审视行动者和场域机制之间的错综联系。要试图把诸多个体与场域中的组织、机构和其他群体或者共同体进行联系。界定出哪个机构与哪些行动者关联性最强,界定出互联性的本然状态。这有助于界定出社会空间中其他场域的活动。从中浮现出的诸多结构可以用构建关联性图表的方式来澄清。这是因为这一层次的分析进程是从诸多个体的关系之中,或者从不同的正当性组织中提炼出相应的社会资本与文化资本。在组织与行动者之间存在着两种不同的关系向度。一个个体可以在与权威机构的关系之中获得有价值的资本,也可以通过占主导地位的个人而授予某种机构权威。我们要做的就是找到这一系列的关系。

244

- 第一层:检视场域之间的联系,尤其是与权力场的联系。对研究对象所处的大范围内的政治、文化和经济语境(亦即广阔的社会空间)进行识别和细读,以发现处于我们问题意识下的社会活动所发挥的功能是如何被塑造出来的。一旦我们已经在社会空间中对其中的机构与个体行为进行了很好的界定,哪些场域活动对于我们所要进行的特定分析来说是必要的,这一点就会清楚地显现出来。比如图 14.3 这样的分析工具对于思考以及再思考场域之间,尤其是与权力场之间的错综关系就是非常有用的。

　　这三个层次的分析,每一个层次都为观察社会空间提供了不同的视角,它们集合起来就形成了一幅社会现象的图景,一种人与人之间、组织关系之间的复杂交互,这些都是由价值建构起来的,而这些价值是由不同的性情和属性之中最具主导性的部分所锚定的。所得出的成果即是一种建构,一方面是其中的位置被占据的客观性空间,另一方面是关于占据了这些位置的行动者的图绘。

　　在关于圣艾维斯的研究中,在这三个层次之间的第一次循环所显示出来的材料片段指明了,在该场域中,占主导性的个人和机构定位于何处。而后在第二次循环中,就需要去研究那些在第一次循环中浮现出来的其他的个体与机构,因为他们在场域功能中扮演着显著的角色,比如说博莱斯・斯玛特(Borlase Smart)或者朱利亚斯・奥尔森(Julius Olson),两位都是圣艾维斯的老教师。这些个体,他们的行动未必总是参与到场域活动当中,但他们却是权力场中有影响力的个体,比如说赫伯特・里德(Herbert Read)——一位有影响力的艺术批评家。在每一次的分析循环中,加入的个体数量总是在不断减少,这样一来分析也就越来越趋于稳定。换句话说,随着分析的进行,研究对象也就越来越明晰地呈现出来。为了让一个分析趋于稳定,我们可能需要进行若干次的重新审视。

245　**实例:场域分析**　信息积累集中在1890年到1920年之间出生的那些在场域内占据主导地位的艺术家——他们都在1940年代期间展出并销售自己的艺术品。我将这一材料制成表格,并且在材料自身和我最初选择的群体之间进行反复的运作,直到浮现出一个稳定的编类(或者一套编码系统,如果有充足的量化运作)。表14.1就显示了对这一组数据的提取结果。

　　这一个提取出来的编类用以提供最大量的个体之间的差异(第三层),通过对这些差异的充分暴露来审视该场域中艺术家与机构以及组织之间的关系(第二层)。仅仅靠对这50个个体的思考,只要足够勤奋也足以在质与量的连接上得出相应的界定。在分析的前期,我制作了一系列工作表用来显示个体(比如本·尼古拉森或者博莱斯·斯玛特)之间、本地协会(比如圣艾维斯的艺术协会)之间,以及与国家机构(比如皇家学院)之间的联系。这些表格所显示出的东西使诸多结构得以浮现出来——尤其是,场域中被标识出的那些分裂,这种分裂发生在老一代的、具象风格的艺术家与年轻一代的"新来者"艺术家之间,前者在皇家学院做了大量的展出,后者则偏爱抽象艺术,在伦敦的商业画廊里展出作品,他们熟知一些欧陆画家,比如毕加索、蒙德里安和加博(第二层)。这两个群体之间有着截然不同的资本构成。他们之间的区别很显然是由年龄差、艺术经验以及出生地所呈现的。老一代艺术家群体更多地从本地艺术场中获得资本,而年轻一代群体则更多地在国家层面的艺术场中获取文化资本。

但这是为什么?关于圣艾维斯艺术场的第三个视角(第一层的分析)主要来源于社会与政治语境,以及与更为外部的社会空间之间的关系。这一阶段对不同的艺术体制相对的圣化程度做了相应的评估,以勾勒出一幅图景,它显现出我们所研究的场域究竟与权力场有多么地切近。比如说,一位艺术家在潘维斯(Penwith)地区展出先锋派的作品,该地区是圣艾维斯的一部分,因此受限于该地区的生产场,但是自从赫伯特·里德成为第一任主席,本地社会就成为一个既具有本地正当性,又具有国家正当性的地区。

不过,当时毕竟还是"二战"时期。很多场域的功能都被破坏了。那是一个人口迁移的时代:士兵被征召,许多家庭从伦敦逃离以求安全,而很多国际上的艺术家离开了欧洲逃往了英格兰和美国。权力场的扩展是作为国家规制而扩散的,这一时期的权力场中的种种,绝大多数都以战争、国家生存和胜利为核心。正如第二层所示,圣艾维斯的艺术场也被地理式地分割为圣艾维斯本地艺术场、国家场域以及国际艺术场。

246

表 14.1　对圣艾维斯艺术家资料的提取结果（第三层）

| 作家习性 | 芭芭拉·赫普沃斯（Barbara Hepworth） | 纳姆·加博（Naun Gabo） | 威尔赫米纳·巴恩斯-格拉汉姆（Wilhemina Barns-Graham） | 皮特·兰昂（Peter Lanyon） | 伯纳德·尼纳斯（Bernard Ninnes） |
|---|---|---|---|---|---|
| 出生年份 | 1903 | 1915 | 1912 | 1918 | 1899 |
| 出生地 | 英国，威克菲尔德（Wakefield） | 俄罗斯，布兰斯克（Briansk） | 苏格兰，法夫（Fife） | 圣艾维斯 | 萨里（Surrey），莱盖特（Reigate） |
| 与康沃尔郡的关系 | 受斯托克斯邀请于1938年来到圣艾维斯，卡贝斯（Carbis）湾 | 1939年搬到康沃尔，加入尼古拉森和斯托克斯的行列 | 1940年在探访梅里斯（Mellis）/斯托克斯后留在圣艾维斯 | 康沃尔人 | 1930年婚后生活在圣艾维斯 |
| 家庭 | 殷实，但不是艺术之家 | 俄罗斯移民，属于佩夫斯纳（Pevsner）家族 | 家庭不支持其艺术事业 | 父亲是音乐家，母亲来自富裕的锡矿业家族 | 父亲是圣艾维斯的五金商 |

续表

| | 芭芭拉·赫普沃斯 (Barbara Hepworth) | 纳姆·加博 (Naun Gabo) | 威尔赫米纳·巴恩斯-格拉汉姆 (Wilhemina Barns-Graham) | 皮特·兰昂 (Peter Lanyon) | 伯纳德·尼纳斯 (Bernard Ninnes) |
|---|---|---|---|---|---|
| 作家习性 | | | | | |
| 教育 | 利兹艺术学院 | 在慕尼黑学医 | 爱丁堡艺术学院 | 在克里夫顿学院，布里斯托尔·彭赞斯和尤斯顿路艺术学校接受受私人教育 | 西英格兰艺术学校;斯莱德艺术学校 |
| 艺术流派/团体 | "七五社"(Seven and Fives),圣艾维斯艺术协会、地下团体、潘维斯协会 | 受邀在新莫斯科科学院领导陶艺系,因此没有选择去周报的艺术部门做编辑 | 1956—1957年在利兹美术学院教书,地下团体,潘维斯协会 | 和他的父亲一样,在圣艾维斯艺术协会、地下团体;在法尔茅斯和西英格兰学院教书 | 圣艾维斯艺术协会、英国皇家油画研究院 |

续表

| | 芭芭拉·赫普沃斯 (Barbara Hepworth) | 纳姆·加博 (Naun Gabo) | 威尔赫米纳·巴恩斯-格拉汉姆 (Wilhemina Barns-Graham) | 皮特·兰昂 (Peter Lanyon) | 伯纳德·尼纳斯 (Bernard Ninnes) |
|---|---|---|---|---|---|
| 作家习性 | | | | | |
| 公共荣誉 | 1958年司令级勋章，1965年爵级勋章，1965—1972年泰特美术馆认证艺术家 | 无 | 2001年司令级勋章；圣安德鲁斯、普利茅斯、埃克赛特、赫瑞瓦特大学荣誉博士 | 未知 | 圣艾维斯艺术协会副主席及委员会成员 |
| 艺术实践 | 抽象雕塑 | 抽象3D建模 | 抽象画，任任是表现主义 | 抽象主义风景画 | 具象景观 (figu-rative land-scape) |

## 研究结果的呈现

一种布迪厄式的方法总是寻求对于社会空间客观结构的捕捉,以及诸多结构之间的个体行动者的主观经验及其关系。特定个体的位置、倾向以及更直白地说,即诸多个人视角的范例通过统计学的分析得到补充。正如我们之前所讨论的那样,可见的呈现结果为我们提供了图绘更为广阔的社会空间和场域之中的关系、系统及客观性的方法。不过,缺少了对于个体行动者生活经验的实例和事件的研究,图绘也是不充分的。在《区隔》中那种离散的蒙太奇式的方式就论证了这样一种研究方法,即将诸多实例的一般情况并置起来。而《世界的苦难》(Bourdieu 1999a)则显示了另外一种描述个体经验的方式。

**实例:结果呈现** 正如表 14.1 所呈现的那样,圣艾维斯艺术场中的文化资本正来自我们所考察的这些社会文化的严肃运作。这些比较分类的发掘建构起了一个关于习性的理论化模型的主要部分,在当时的圣艾维斯,这些习性正是如此运转的。之所以选择了这些艺术家,是因为他们是具有代表性的,也就是说,他们在当时积累了相当体量的资本,并且占据着主导位置。不过,他们各自所占有的资本构成是非常多样的,在老一辈具象艺术家与年轻一代的抽象艺术家之间存在着很大差异。将这些构成充分地显示出来还有赖于对于艺术品的讨论。泰特美术馆的网站(www.tate.org.uk)为读者提供了很多这些艺术家的作品。这些图像如何在艺术家习性与艺术实践样本之间的关系中被讨论,一些关于这一场域更充分的研究可以作为例证(参看 Hardy 2009)。这一场域分析的成果也已经发表于《两种场域的碰撞》(Hardy & Grenfell 2006)中。

研究讨论

那么遵循这种方法论的优势是什么呢？三个层次的分析中，任何一个层次都会将我们导向一种建筑式的进程当中，有助于我们明确一个社会空间是如何被建构的，其中最有价值的思考是关于一时一地，谁充分地占据主导位置，从而有能力对场域中不同资本形式的转换率施加影响。这一方法的困难之处在于，必须将大量的材料有序地用于界定人物、组织以及更为广阔的社会语境中最为重要的那些对应关系。而研究结果则是通过那些可获得的，或是往往难以明晰的特定材料——往往是经济学上的——塑造出来的；并且，只有当这些材料是有效的，材料的搜集和分析归类才能够很好的建立。由于这些原因，最后得出的讨论不应当仅仅是停留在相对性的阶段，讨论必须返回到最初对于数据搜集的性质与范畴是如何被选择以及如何被决定的，当我们最终建立起关于习性的理论化建构时，这些讨论必须在我们的结论上有所反映。

**实例:研究讨论**　对于圣艾维斯的场域来说，艺术家所享有的资本构成上的差别是能够被识别出来的。基本上，这些资本构成已经被证明与艺术实践——表现主义或者抽象主义之间具有强相关性，更通常的情况是由于艺术家的从业年份与实际年龄所造成的。其中最为显著的区分就发生在那些倾向于表现性艺术、在皇家学院中展出自己作品的老一辈艺术家，与那些认同抽象风格、以伦敦为活动中心、与欧陆先锋派艺术和伦敦商业画廊有紧密联系的年轻一代艺术家。另外一个能够清晰辨别出来的样本，就是这些艺术家的教育资本在形式上的差异，由于年龄、性别和艺术实践的取向而各有不同，虽然这层识别要更加复杂。换句话说，尽管在我们的材料库中，艺术家的数量和所处的时间地点都是有限的，我们还是能够从分析中析取出这样的图景，关于场域如何构成，场域如何随着时间的推移而变化,如何从表现性走向抽象性,如何从圣艾维斯艺术协会走向潘维斯协会,以及如何从本地场域走向国家层面。

这里要反思的是,在如何对场域中占主导地位的艺术家进行材料选择这个问题上,我还是受到了场域结构所带来的视角的影响。从数量上看,女艺术家的数量比男艺术家少,然而实际上在巴黎克拉鲁斯学院(Academie Colarossi),还是存在一个只接受女性艺术家的小团体。我还发现在圣艾维斯艺术协会中有着大量的女性艺术家,但是她们很少有展出。这些发现就引发了近来越来越多关于不同时代女性艺术家的场域分析(Hardy 2007;Hardy 2010),这些展现女性艺术家艺术实践的分析论证了男性艺术家截然不同的结构,部分显示出了女性在广阔的社会空间中的不同角色,同时也对女性的艺术教育问题进行了适当思考。换句话说,布迪厄式的分析提供了一种对于特定场域机制的理性描述,同时也引出了进一步的研究课题以及不断拓展的场域分析。

249

## 总结提要

对于社会空间的思考与表征是布迪厄经验性分析的核心。本章提供了很多分析实例。每一个可视性的表征都提供了一种关于社会空间中复杂交互关系的视角;布迪厄通常采用资本的体量与构成这一组关键的对立及其随时间的转化关系来讨论社会空间问题。

对于布迪厄式的分析来说,有如下几个原则需要牢记:

· 理论化的社会空间结构,通过经验分析而得到的关于这些结构的证据,这两者需要被明确地区分。
· 对于场域参与者、分析类别以及时间尺度的选择,这些都会对锚定习性的理论化模式造成影响。

· 需要记住场域的信念所持的正当化机制是什么,这一点在
三个阶段的分析中的每一阶段都是关键要素。
· 在每一个研究中要完整地使用三层分析,以及三个思考工
具——资本、场域和习性。

研究者选择采用一种布迪厄式的方法论,就是选择认同一种
理性的、循环往复的错综的进程。但是同时它也是一种能够为人
类活动提供动态表征的方法,是一种能够深化理解的方法。这种
理解是关于一种交互性的理解,一方面是诸多客观的结构,另一方
面是人类活生生的生活经验。

# 15

# 政　治

⊙ 迈克尔·格伦菲尔

## 导　言

　　1993 年,皮埃尔·布迪厄在《世界的苦难》的结尾部分写到,我们需要"超越表象","触及真正的经济和社会的决定因素",这些决定因素威胁着个体走向幸福和自我实现的自由,并且通过"可憎的投射"(odious projection)烙印下了社会的苦难。因此,布迪厄将自己的"方法"作为一种个体理解社会归因的途径,这些社会归因往往滋生着人们的不安;知识自身也许在这个世界依然"正在做"的事情背后供养着那些"并没有在做"的事情。事实上,布迪厄说道,任何政治进程,倘若没有作为科学发现那样发挥作用,它就要为"处于危险之中的人民无处求救"承担责任。换句话说,和很多站在其对立面的批评者所说的不同,他所坚持的正是社会科学要介入政治当中,这是社会科学整个存在理由的必要部分。他将"教条的理性主义"放在一个极端,将"虚无主义的非理性主义"放在另一个极端,认为"局部及暂时的真理"处于中间,它能够保证"理性方式的充分运用,它为自由的争取留有回旋的余地,这就是政治行动"(Bourdieu & Wacquant 1999a:629)。

这一陈述可以说贯穿着他的整个生涯,这种主张更像是一种反讽,很大程度上是象征着他作为一个疏离于巴黎学界的人,满足于研究和发表一些关于"真实世界"的微小工作。当他介入1995年遍布法国的大众抗议行动时,他被指责为一个政治上的"迟到者"。本章的目的就是显示出这个批评是不正确的,实际上在其早期的写作中,布迪厄的作品就是具有政治本性的;我们将要探讨这一论断的有效性所在,首先我们要考虑的是他方法中的批判和激进的本性,并且通过布迪厄自己的诸多政治实践例证这一点。随着我们抓住了这个话题,一个关键性的问题就自然呈现出来,即学界与社会之间的关系,以及两者如何能够在政治之中碰面。我们将会看到,在布迪厄的生涯中,他的政治介入策略是如何不断发展的,这一方面对他来说是关于系统性沟通的可能性,另一方面则是由事件的本性所决定的。最后,我想要提出的问题是,在布迪厄看来,在当代作一个"有担当的知识分子"意味着什么,以及这又暗含了怎样的行动。

## 一个政治视角

非常清楚的是,布迪厄的实践理论自身是基于一种认识论之上的,无论是激进的还是批判的,这一点都是核心。任何有志于"破坏"日常常识的,进而与占主导地位的学术理论话语的"决裂"——包括结构主义、存在主义、主体论与客体论,以及实证主义与后现代主义——都是在冲击整个普遍智识中的绝大部分建构。这种挑战方式就是一种政治行动。进一步说,发展一种"可选择的词汇"——比如本书所说的"关键概念"——至少是在寻求对已被接受的术语的破除。具有反讽意味的是，这个主张本身很好地说明了社会机制总是通过语言进行集中化、整体化、客观化、分类与编纂，从而向我们施加了一种关于世界的特定视角（Bourdieu 1998c：45f）。这就是为什么布迪厄总是提醒我们"当心语词"（Bourdieu & Wacquant 1989d），因为它们是如此的重要，是一种隐秘的机制，是围绕着被历史化的思想所进行的一种整体性的世界观建构；如同语言的特洛伊木马。对于社会科学来说亦是如此，它也受到历史判例与建构的羁绊。布迪厄用"基础的幻觉"（Bourdieu 2000a：31）来描述任何实际上只是提供了一种特定视角的理论知识，而这种知识的倡导者又不愿意将这种视角运用于其自身——也就是拒绝"主体客观化的再客观化"。根本上说，这就是布迪厄所寻求那种更替，一种"新的目光"，一种对于社会世界的"转念"（metanoia）；围绕着他自身的认识论视角进行建构。不过再强调一次，这是一个政治宣告，它的含义是说我们的行动不要效法那些坏的智识信念，不要"把对人物的尊重看得比追求真理还重要"（Bourdieu 2000a：239）。当然，事实上，不会有人感谢你指出了这些误识，尤其当他们的全部事业都建立于其上，并且使他们冒着会被贬斥的风险，"让整个关于生产者、产品和系统的设置全部被淘汰……包括他们对于正当性程度的分级"（Bourdieu 1996a：160）。

在布迪厄的诸多著作里——比如《国家精英》和《学术人》——都践行了他观察学术界的视角，即学术界自身只是依据其内在结构与其中的位置占有而达成一种自说自话的理解。在1950年代，社会学几乎没有什么好的地位，正是这个时候布迪厄以其综合性的哲学和人类学转入社会学研究，其直接的目的就是理解"阿尔及利亚所受的冲击"。进一步说，是他拓展了旧有的社会学——也就是他总是提到的那种"社会学"（La Sociologie）——它与1950

年代的社会所能提供的东西相比是相形见绌的,这种旧的社会学,
用布迪厄自己的话说是一种"平庸的经验论,缺乏任何理论性的或
者经验性的启发"(参看 Grenfell 2004b:14)。这一点显然与布迪厄
所发展的具有认识论内容的视角截然不同,布迪厄的视角隐含了
一种政治上的势在必行。比如说,他强烈地攻击所谓"民主派"的
精英性原则(Bourdieu 2008a:34),后者对于任何一个民主国家来
说都是神圣不可侵犯的,而布迪厄则要挑战它。当然,大学自身也
是被分立与宗派主义倾向所驱使的。因此,在"基层学科"——语
言、历史以及地理学,与帝国大学的"高级学科"——法律、医学、神
学之间存在着尖锐的对立,每一个学科的特质都是由特定的资本、
社会文化与经济的构成所决定的,其价值主要由它们的存在资历
来估算。进一步说,在大学之中还存在更进一步的对立,即所谓
"科学"与"社会"之间的竞争,它们既来自"学术"与"实用"
(temporal)这两种权力,反过来也造就了这两种权力。换句话说,
在现代大学里存在着两个相对立的职能——有些人进行研究而有
些人则进行管理——谁来定义目标、操作和活动的合法性,在这两
种职能之间形成的是剧烈的世界观的对立:其中的争论在于,究竟
谁"拥有"大学以及谁来界定它的目标。这种分析模式就被带入了
问题意识当中,以大学的名义向一种详尽的审查开放自身;这个问
题是应该被放在大学学术和知识的范畴内考虑,还是只是"经济指
向型"教育的一部分,其主要目的是服务社会与国家。因此,布迪
厄的智识位置是高度政治化的。不过,政治场自身又是怎样一种
情况呢?

## 国家与政治场

　　布迪厄于1989年出版了《国家精英》,其中对法国精英专业学

校的教育进行了分析——也就是所谓的高等学院。这部书从标题
到里面的材料都是极具代表性的。通过"国家精英"这个标题，布
迪厄是在以一种反讽的语调暗示，这些自1789年大革命之后陆续
建立起来的国家工具——至《国家精英》出版那一年，第200所大
学刚刚落地——实际上其所有的职能都是在培养旧制度的精英特
质。事实上，在《从王宫到国家理性》(2005a[1997]:29-54)中，布
迪厄就清楚地指出了我们应当在朝廷官僚国家体制中，将现代政
治体系理解为一种进化；先天继承与后天训练这一对立仍然关涉
其中。以这一角度出发，布迪厄再一次注意到就这个问题来看，传
统社会与现代社会并无什么不同。不同之处仅仅在于表层结构有
所变化，以便能够适应现代话语。因此，比如说即使是工业上的
"劳动分工"也能够被看作源于家庭内部的类似于"朝廷"的关系
中，如兄弟之间的分工(2005a[1997]:36)。进一步说，王室兄弟与
国王大臣之间的紧张关系在传统世界中就是两种生产模式之间的
竞争，前者依靠继承而后者依靠后天的教育与训练，在现代国家
中，后者为了能够接管前者的角色就把前者驱逐掉了，由此便建立
起了一套基于家庭的官僚再生产模式。学校与教育作为国家征用
的媒介以这种方式在当今维持这一血统上的差别(2005a[1997]:
40)。

　　布迪厄将居里夫人视为对这种国家权力的第一个自然挑战
者，她的位置摆脱了宫廷式的控制，由此将继承策略进行转化，使
其得以从皇家、继承和审判之中脱离出来，使其体制化及建制
化——从"自然"转化为"法则"(2005a[1997]:44)。因此，法庭的
理性化作为一种不断发展的当代官僚模式，就部分地反映了书记
员所受的小心、谨慎和谦恭的训练。这一道德价值的一个重要方
面就是对于"公共善"观念若即若离的意向，它揭示出了一种潜在
的从自私(ego-driven)自利(self-interest)向一种公共利益的转化。

事实上,这就是布迪厄所说的"误识"的一个绝佳例子,自利隐藏在公共利益之下,因此能够在人们的视野之外私相授受。

通过这样一个分析,我们就能够明白布迪厄式的政治场分析所具有的一些关键的要素:场域中关涉的诸多习性、他们的再生产策略、他们所赋予价值的资本及其潜在的合理化形式和固有理性、对立与争议,以及场域中的差异化结构。布迪厄指出,国家并非总是只与"财政资本"这一种形式的资本联系在一起,更重要的是"具有高收益的国家高阶位置的垄断"(2005a[1997]:51)。不过,在国王统治的朝堂时代,在对这类利益的争夺上当时的官僚场是以"中央集权资本"加以征服,而今,一个为了争夺资源而开办的论坛,为争取高薪和利益所开展的行动(经济资本),对于荣誉与头衔的趋之若鹜(文化资本)已经代替了它;当然,除此之外,这一游戏只对那些有入场资格的人来说是有效的,换句话说,就是那些已经预先占据并获得了教育资源的人(2005a[1997]:51)。

《国家精英》对诸如此类的问题作了很多细致的分析,以显示其社会结构与精神结构之间的同源性、教育作为两者之间媒介的方式,以及国家权力的确切存在。在《区隔》(Bourdieu 1984[1979])中,我们看到更加细致的官僚体制自身的趣味与习性,同样包括那些引导政治现实的习性。对于法国的权力场来说,其中最具代表性的特质就是精英训练的专门化。因此,在拿破仑一世体制下,进入国家机关的通常道路就是进入高等技术学院(EP)学习。不过,"二战"之后它的地位被高等管理学院(ENA)替代了,这是一个为国家培养管理人员的高级学校。高等管理学院的口试需要熟练应对复杂的情况,通过对语言指令层面的表达展现出来。这一风格与高等师范学院(ENS)的风格相距甚远,这是一个为智识上自视为天之骄子的人开办的,那里需要的是"清晰"、"说服力"和"沉着镇定"(Bourdieu 1996b:42)。布迪厄谴责整个政治话语已经掌控了受国家训练的个体,他们的受训目标就是为国家服务。他们所接受的关于国家的正统观点,其方式是一种谬误的客观性。这些"信仰诡辩家"(doxosophists)(Bourdieu 2008a:60)——这是布迪厄对他们的称呼——他们是那种由政治提供的伪科学的一部分,因此还佯装为逻辑的、实践的和中立的,而非一种对于世界观有争议的认识,或者是对其内在价值的挑战。政治大学——所谓的"科学-政治大学"(Sciences-Po)——和高等管理学院一样,都是国家干预经济、技术官僚体制和政治的播种机。因此,具有讽刺意味的是,正是政治的"专家化"带来了它自身的"去政治化"。

这种分析使整个政治场域自身都显得可疑,事实上,这就是政治的可能性所在。确切地说,在一种布迪厄的分析系统中,我们需要质询的正是那些所谓无功利行为的真实情况(参看第 9 章),在这个层面上,每个人所依据的性情都是由一种世界观——它压倒了另一种世界观——在此基础上被事先预设的,其表达途径就是不同的符号系统,这里需要被质疑的即是一个个体如何能够被持另一种视角的个体所理解,乃至于可以被其所代表。

因此,正如上文所指出的,政治需要在其场域式的行为中才能够被理解。这就是说,一定存在着某些限制性的审查形式。任何社会阶级成员都或多或少有着自己的政治利益,但是一旦问题拓展到他们能否表达自身的政治诉求,这就要受制于他们在权力场中所处的位置关系。一个政治宣言,只要它是在社会层面做出的,如果它据此而被识别的话,它就会被公认为一种公共示威,而后便会发展为一种行动机制(参看 Bourdieu 1991a:171)。审查在此就已然产生了,这种审查区分了哪些人站在权力场核心一边,哪些人又站在他们的对立面,这里同样也包括对于明证性的界定,即当我们代表这些成员时,什么是我们可以说与可思议的,什么则不是。

255

　　布迪厄赞同马克思,他也认为我们可以溯清政治组织的历程,从代表其所属的社会团体的利益到捍卫组织自身,但是对于这一问题的拓展则是要强调,在这种进化的历程中,"普通阶级成员将会被驱逐"(Bourdieu 1991a:174)。只要政治代表是把为一个团体说话的权力交于专业人士之手,那么这个问题就是无法回避的。事实上,正如上面所列举过的,在现代政治场中,专业技巧和技术是通过神圣化机制而持存的,并且它在形形色色的政治论坛中,这一点已经被当作使行动得以行之有效的先决条件(既是被公认的,也是据此被识别的)。

　　由此可见,这里存在的威胁又一次集中在了统治阶级内部的小团体要建构什么以及传承什么上,而这一切,当它们作用于其他人的利益之上时又总是显得如此正当。这就像语言之中能指(符号)与所指(实质内容)之间的分离,因此在政治话语当中,也就存在着代表(行动者的行为)与具体被代表内容(实质利益)之间的分离。于是,这样一种"双重游戏"就发生于为了符号斗争之处,这是为了社会世界话语转化所展开的斗争,在社会世界里的竞争视野中得以展开。不过,这一视野更多地表达了政治专家的利益,而不是那些特定的社会群体的利益。

　　事实上,布迪厄总是不遗余力地主张,那些阶级利益得以被代表的具体内容总是尽可能多地倾向于特定政治组织的利益表达,也就是说"在社会空间中所代表的人群,其所处的位置越是能够在权力场结构中准确地找到相应的位置,他的代表行为也就越确切"(Bourdieu 1991a:183)。不过,基础群体绝对是具有批判性的,事实上,政治代表在其行动中只能提供道德、有效性、正当性和公正性的支持。通过这种方式,"专门化"的目的就是控制"非专门化",这样一来,当他们开口说话,他们就满口洋溢着权力的气味,这是他们所属的群体希望他们说的。事实上,在完美的权力话语中存在着一种道德辩证法,它既能塑造群体——在多元利益认识的基础上建构——也能够建立说话者的超越性权威,以此使得这一群体得以具身化。

这种关系是一种图腾式的关系;群体无法像一个人那样说话,因此他们需要代表。所以,他们就在某一个体或者某一群个体身上投下了道德的权威,由此将其神圣化,他就是"人民之声"——一种他们给予心照不宣的赞同地位的主张。布迪厄举了荷马权杖(skeptron)的例子(1991a:193),在古希腊,这一权杖授予演讲者说话与被聆听的权利。在现代,虽然形式不同,但是言说所要依凭的道德机制还是被以相似的另外一种方式保留了下来。布迪厄反对这种实质上成为一种"拜物教"的政治代表与授权(1991a:203),因为他明白,将他者看作自己内心深处某种东西的具体化呈现,这是一种彻底的投射、理想化以及彻底的道德异化。但是,对于这一分析来说,其基础又一次回归到了个体与群体之间的关系。通过给出政治的场域语境——一种官僚机制——布迪厄把重点放在了什么才是"恰适"的个体与群体之间的关系,他写道:

> 这种机制将一切(包括这种机制之上的权力)给予那些将一切给予这种机制,且将期望也寄托于这种机制之上的人,因为他们自身一无所有,或者说在该机制之外一无所有……[其结果之一便是]这种机制极大地依赖于那些同样极大地依赖于它自身的人们。

(1991a:216)

如果说个体脱离了群体就一无所是,群体脱离了场域及其依赖者也一无所是,那么关于他们如何在政治之中建构与表达自己,这一问题就再一次浮现出来。在一篇著名的题为"公共意见并不存在"的论争性文章中(Bourdieu 1993a[1980]:149-57),他攻击道,一致性的舆论——无论何种形式——总是被"建构"出来的,其中一系列的"预设"都是在民意调查中被建立的,因此它已经预先给出了一种特定的关于现实的视角。他用了一个哲学诡计,即"当今法国国王是秃顶"这个陈述(Bourdieu 1991a:250)来说明,这其中的问题实际上在于,是否成为当今法国国王在这个陈述中已经被归入了是否秃顶这样一个问题之中;换句话说,意义是超自然的,假定被一带而过,而自我确证就如此这般被断言了。

　　不过,任何民意调查所起到的更为长远的影响都要远远超出其实际建构:所有人都可以生产出一个观点,而所有这些观点都具有同样的价值,那么就会有达成一致的空间(Bourdieu 1993a:149)。这个看法的一个批判性的例子就是竞选——在竞选中"公共意志"(general will)表达自身。布迪厄不同意涂尔干的看法,即把注意力放在如何区分产品(意见)与生产意见的社会条件之间。这也就是说,"群体的存在模式"是由其自身所表达出来的。

　　因此,很明显在政治行动的形式(投票或意见)与其生产方式之间还是存在着对立(Bourdieu 2000b:82)。通常是因为偶然的机会,离散的个体才被聚集到一起,比如仅仅因为选举这一"紧急状态"。布迪厄将这些个体描述为先前还存在于分离的状态中,很少有交际,也很少有"互知"(inter-knowledge)。这些个体除了规整自己的事情之外,和其他人几乎没有协同。那些正在构成中的链接性群体的情况就截然相反,这种群体是连贯的,并且有能力生产出某种集体意见。这样的意见预先就具有商议性、可理解性以及对于共同体机制心照不宣的认同;比如说,语言与文化就是如此。

　　因此,这两个不同的意见形式是由不同的"生产形式"预设的;一种形式是基于集体意见的,另一种形式则是基于特定意见的。换句话说,某一集体意见并非诸多意见的集合,而是受到政治专门人士的周期性的左右,以对他们已然决定要做的事情给予肯定的决裁。布迪厄将此看作两种不同的政治代表方式之间的基础性区别；一者对于公意的总括不过是向个体统计学上的平均值的还原；而另外一者则有可能独立地构建自己的声音。前者自然就是新自由主义信念的基石，其观点即"社会并不存在"以及个体表达是政治行为最为重要的原则。而对于后者来说，布迪厄指出其关注点并非主要在于选择权，而是在于对集体性建构模式的选择，而且他还指出这是一个"对抗性"的、"商榷性"的以及"慎思性"的系统。在这样的系统中，商议的具体内容就被改变了，它成为一种由个体所执行的"集体性任务"，一种寻找"共同意见"的集体任务（Bourdieu 2006：88）。

当然，这是一个发生过 1789 年大革命的国家，同时也是让-雅克·卢梭的国家，他曾写下"公意的独裁"，这些问题对于法国来说是永恒的。"公意"是否可能，或者说能否存在呢？而如果我们要如此表达的话，那么它又要如何发生，这一点需要我们以某种指令来实现吗？这样一种表达的后果又会是什么？如果不这样表达，那么还有什么其他选择？你又要如何为公意的产生改良相应的机制，使之具有某种真正的内容，更加精细并且更具调节性？这样的问题以语言的形式返还给我们，语言即政治话语的自然媒介。

关于上述内容，布迪厄似乎在对语言的固有商议效果进行讨论。当然，在他讨论这一问题的同时，一些非常具有批判性的写作者，比如哈贝马斯就提出了一种"商议性竞争"的形式，这种形式在语言中许可了一种基础理性的激发力量，因为这种形式似乎在暗示"语词的权力"就在语词自身当中（Bourdieu 1991a：257）。当然，对于布迪厄来说，这种权力只能来自机制性的条件之中，后者俘获了语词，并在其中锚定了它们。一个人对于政治代表与授权所能做的言说已然被给定，那么留给他的问题就只剩下怎样的话语能够事实上"超越"这种社会建构模式，并且能够对语词进行有选择性的征用，进而能够暗指出一种政治异见，在某种外部的书写当中?当然,这一问题的答案即是我们需要围绕着布迪厄自己的认识论立场建立起这样的一种话语。而在这里,我们补充如下的内容就足够了,即我们所纳入质疑的是:

> 必须被充实的经济与社会条件,只有这样才能够形成一种公共的慎思,这种慎思是关于引导如何达成理性一致的能力……其中的争议也就是具有竞争性的特定利益,这些利益都将在同样的思考方式之中被接受……而参与者将会寻求对于他者视角下诸多看法的理解,并且如其属于自身一般给他们以同样的权重。

> (Bourdieu 2000a:65)

我们将带着这些原则性思想进入下一节,我们将看看布迪厄自身的政治介入是怎样的。

## 布迪厄的(政治)行动

行文至此我们可以看到,对布迪厄的政治进行多种尺度的审视是何以可能的。在他基础的认识论中、从其知识树型中,以及布迪厄在这一基础上所完成的工作中,我们能够发现其中所蕴藏的深刻的激进与批判的本性。因此,我们也就能够随之发现这其中对于布迪厄认识论与概念的运用,用以分析和理解政治场域自身,连同它的运作与职能。本章所关涉的是在现实世界中,布迪厄是如何涉足政治中去的:他在政治世界中、在各种不同的受政治压迫群体中所作的政治活动,以及他对一定范围内的社会现象的评论。

甚至在他最早期的写作当中,我们就能够找到布迪厄具有社会政治意识的证据,因此我们就应当理解一个真正的社会活动家,其宗旨之一就是对更好境况的追求。而如何做到这一点,就是另一个问题了。布迪厄曾亲眼目睹了1950年代发生在贝亚恩地区的社会苦难,这种苦难是一种源起于婚姻的社会排斥的结果。某种男性基层共同体不再是确实存在的,取而代之的则是由法国社会中的大断面(large sections)所带来的异化与不满的体验,这直接导致了1980年代末国家社会经济政策的出现。无论在哪一个事件的视角下,布迪厄的目的都是对这些社会苦难的产生条件加以分析,这才是第一位的,而不是讨论以什么方式来应对它们。同样我们可以说,布迪厄一生的著作在这个层面上都不出乎两个原始主题之外:教育与阿尔及利亚。在这两个领域中,都有着一种原初的要求,即如何将它们作为是其所是的社会现象来理解;对于大量田野工作的野心造就了多卷本的著作。不过,我们也能够发现,这一行动还是由处于变化之中的社会政治斗争所决定的。

在本书的其他一些部分已经写到,阿尔及利亚代表了布迪厄在智识方向上一个非常个人化的启示,而且作为其不断发展的实践理论的首要资源,这一主题是值得一再讨论的。但是,这一努力又不仅仅只是理论化行为。在1961年初,布迪厄撰写了关于战后阿尔及利亚政治景象的评论(参看 Bourdieu 1961)。与此同时,在法国处于领导地位的知识分子们,其共同倾向是在马克思主义目的论的范畴中解释阿尔及利亚的独立问题(比如参看 Sartre 1963 和 Fanon 1961)。因此,在这种视角下,农民与产业工人都被看作"革命阶级"。不过,在布迪厄看来,对于真实情况来说这是一种过度泛化的理解,因此它对阿尔及利亚所发生的事情提供了一种错误的解释。比如说,布迪厄看到,在阿尔及利亚根本就不存在一个成熟的革命阶级;存在的仅仅是一种混杂的联合体,他们联合起来的原因仅仅是为了反对殖民的"他者"。他同样也看到,在这样的环境下,伊斯兰教在这些派系的联合中扮演了重要的角色(Bourdieu 1961:27)。在后来的10年中,随之而来的是发生在本地政府与社会主义倾向人士、军队、伊斯兰武装以及全社会之间的阶级斗争。到了 1997 年 7 月,因为这些问题而丧命的人数已达到 10 万左右。

260 　　布迪厄对阿尔及利亚人矢志不渝的支持,以及持之以恒地反对他们所受到的对待,这都是有迹可循的(参看 Grenfell 2004b:第二章中的更多细节)。比如说,他通过加入公共行动团体——CISI(阿尔及利亚精英国际后援会)——来关注在阿尔及利亚正在发生的事情,以及为那些处于威胁之下的人群发声,或者通过签署各种请愿书来反对法国对于该地的政策变革,那些政策削弱了阿尔及利亚本可以获得的有益的契机(参看 Bourdieu 2008a[2002]:263)。

　　同样,对于布迪厄另一条主要研究方向上的历程也可以得到类似的追踪:他关于教育的研究。再一次重申,我们是在一定的社会语境中看到这些早期的关涉性的;比如说,在 1966 年某一持续了一周的马克思主义的讨论中,布迪厄谴责了一种雅各宾意识形态的教育政策,这种政策所宣称的那种普泛的面对所有人的民主教育,实际上只有少数人能够真正达成(Bourdieu 2008a:34);之后他又号召组织教师集会,研究如何制定一种"社会继承影响最小化"的政策(Bourdieu 2008a:43)。进一步说,1968 年的五月风暴很显然对布迪厄影响巨大,尤其是他深入地投身于对教育的研究当中(参看 Bourdieu & Passeron 1977a:1979b)。在这一时期,布迪厄也积极地探访教育工作者,他们大多任职于地位重要的大学之中。1981 年,社会主义政府的当政与布迪厄入选法兰西公学院同时发生。后者使得布迪厄能够利用自己的公共声誉提供一些更为直接的影响。比较早的一个契机是在 1984 年,法兰西公学院的教授们被邀请提供一个报告,用以进行事关未来法国教育的"原则性"提案(Bourdieu 2008a:157),而后在 1989 年,布迪厄受身为社会主义者的法国总统密特朗邀请,出任课程改革委员会的主席。他随后带来了一系列原则上的变革，包括教学内容和教学组织方式。比如，说对于适应性的要求，教学法修订的重要性，以及对于跨学科关联给予更大的权重。很显然，这样的行动确实提升了教育的受关注度，同时也激发了公众对于教育学几乎所有方面的讨论。自1968年开始，法国就开始致力于进入一种教育改革以及学校教育民主化的轨道当中。法国传统的贵族教育风格事实上已经被改变了，并且拥抱了一种更适应于现代社会的教学方式。这也就是说，几乎没有什么证据能够说明，布迪厄在其1960年代著作中所论证的那种阶级再生产至今发生了什么改变。对于布迪厄来说，任何改革的悖论都在于一种"复辟策略"（reconversion strategies），这种改革成果对于那些已然在社会阶层中占据了主导地位的人才行之有效，只是适当地调整了他们的行为以便进一步维持他们的特权地位。其中一个显著的结果就是"资格通货膨胀"，高等资质在就业与人事配置中所起到的作用越来越小（参看本书第8章关于变革与迟滞的内容）。正如《世界的苦难》一书中所显示的，甚至一种看似高尚的增加年轻人高等教育入学率的政策，实际上仅仅是导致了大量的具有高等教育资质的年轻人无法将他们的教育资质转化为经济利益。

以上的内容让我们看到，政府对比如阿尔及利亚及教育领域的介入，其产生的局限性后果是令人沮丧的，因此布迪厄越来越直接地参与到公共行动中以质疑国家自身的基本原则，对此我们就不会再感到惊讶了。但是，这里仍然存在着悖论。在他的绝大部分生涯中，至少在理论上，布迪厄视国家为"符号暴力"的最终调停人（参看第11章），国家总是以最终的正当性裁决力量出现的。不过，从1980年代开始，新自由主义思想霸占了西方政治。在社会主义"实验"崩溃后的法国，情况也并无什么不同。这一思想的主要形象就是减少国家干预，在经济与社会层面都是如此，这样一来，国家自身就处于威胁之中。对于布迪厄来说,当今的国家已经被视为某种从人本主义改革的世纪中成长起来的东西,他们从神权与王权的辖制中脱离了出来。国家之所以会被维护,是因为它被视为潜在的公共善的执行者。因此,在布迪厄余下的生命中,与自由主义国家作斗争就成为他一切行为的预设目标。

正如我们从布迪厄身上一直看到的那样,将他自身的行动置于当时的语境与事件当中是极其重要的。不过,我们要进一步解决的问题是关于布迪厄进行"抵抗行动"所运用的理论工具,并且随之而来的一个拓展问题就是,这些理论工具对于我们今天的实践来说有哪些是依然有用的。

很明显,公共性是最为天然的对抗特权政治潮流的形式。除了《社会科学研究学报》、学术著作及官方报告之外,布迪厄后期在其他更多的期刊和流行宣传品上发表自己的作品。比如说,他曾创立了自由专栏作为欧洲各大主流报刊的增刊——比如西班牙《国家报》、法国《世界报》、德国《总汇报》、《泰晤士文学评论增刊》,以及《指数报》(L' Indice)——旨在为作者与艺术家提供一个欧洲洲际层面的发言平台。由于他也有关于艺术场的相关作品,布迪厄非常乐于看到的是艺术家与写作者能够团结起来共同对抗统治霸权。他曾经号召成立一个知识分子国际联盟(Bourdieu 2008a:209),他援引左拉的一种自我动员的知识分子之声来对抗国家意识形态。国际联盟的理念就是说,它应当独立于国家与大众传媒的干涉,以建立一种"纯粹政治"。这一联盟的第一次聚会发生在1993年的斯特拉斯堡,并且还建立了一个作家国际议会,由萨尔曼·拉什迪任主席。除了布迪厄之外,其他成员还包括德里达、爱德华·格利桑、托尼·莫里斯,以及苏珊·桑塔格。他们的目标是界定出一种新的斗争行动,加强政治、文化与经济这些领域之间的斗争联系,同时也将国际上的诸多劣迹摆上台面。

自由专栏以及国际联盟可以被看作进一步的例证,证明了布迪厄对智识的再定位,使之得以走向公共行动。除了《世界的苦难》,这部著作自身就可以被理解为一种对于场域的政治介入(参看第12章),布迪厄还创立了"存在的理由"(The raisons d'Agir)丛书,这一系列的丛书被设计成小篇幅的选集,轻便易读的小册子,其内容都是关于当时的一些政治问题。这一系列的第一部书,是他自己撰写的出版于1996年关于电视与媒体的册子;之后随之跟进的出版物则是关于法国知识分子与媒体(Halimi 1997)、社会福利改革(Duval *et al.* 1998),以及新自由主义在英国的影响(Dixon 1998)。这一系列丛书也成为布迪厄论战的阵地。他先后在这一系列丛书中出版了《遏止野火》与《遏止野火2》——被译作"抵抗行动"以及更为字面意义的"反火"——第一部以我们时代的新经济学神话为标靶,而第二部则对市场经济逻辑予以攻击。布迪厄坚信这样的非学术写作是有必要的,尤其是在那样一个历史时期之后,他认为继续在一个封闭的小圈子里写作是毫无意义的,而他所发现的新的必要性,就是走向更加广阔的公共写作(参看Deslaut & Riviere 2002:237-9)。

对公共在场如此看重的布迪厄,自然也就越来越多地出现在电视与广播当中,并且他还制作了一部年度纪录电影《社会学是斗争的运动》,这部影像资料记录了布迪厄在各种行动中如何作为社会学层面上的幕后推手。与此同时,布迪厄还在主流报刊上写作了相当数量的政治时评:关于塞尔维亚与科索沃(Bourdieu 2008a:228,335)、极右(Bourdieu 2008a:358),以及阿尔及利亚(Bourdieu 2008a:351)。不仅如此,他还将这些不同的行动联合起来,发展成"上街游行"这样直接的政治行动。其中最明显的例子就是1995年发生的事件。当时为了抑制以贸易联合与学生抵抗为背景的争取更多社会福利的活动,希拉克政府却反其道而行之,意图执行紧缩政策,削减社会福利;这一计划在当时得到了诸如法国《世界报》编辑奥利维尔·蒙然(Olivier Mongin)以及一群法国著名知识分子的支持——比如说图兰(Tourraine),茱莉亚(Julliard),芬基尔克罗(Finkelkraut)以及利科。布迪厄的反应非常迅速而激烈,他立刻提出"呼吁知识分子支持示威者";这一宣言立刻得到了数以百计的知识分子的支持署名,包括德里达、克莱维因(Krivine)、德布雷(Debray),以及巴利巴尔。1995年12月12日,布迪厄在里昂车站加入到了示威者的队伍之中,声明他之所以在这里就是为了"为避免一个文明的毁灭而斗争"(Bourdieu 1998a:24)。他继续批评"国家精英",他抨击国家的干涸,那些所谓的不可避免的经济政策,作为伪科学的经济学,金融市场的铁律,全球化的神话,就业保障的缺失以及所谓真民主如何扼杀技术。为了对抗那些宣扬上述理论的人士,他再次呼吁知识分子、作者、艺术家、科学家以及其他人要在即将到来的选择点上重新创造自己,这也许能够建构一种新的"政治行为"。没有什么比一种新的"总会"(States General)更值得希求的了:国家以及国际层面上的"集体行动",这种行动是真正的多元互动,它给予自己的目标,即在不远的将来,当我们面对新自由主义之时,我们不必为其马首是瞻。

## 坚定的知识分子(?)

上面说的这些往事差不多已经过去十余年了,因此我们还要问的问题就是,这些曾经的行动与事件对于政治行动主义来说还能够告诉我们些什么,这些东西是否仍然回响着布迪厄作品的启示?有一种观点认为,在今天布迪厄的那一套已经不适用了。布迪厄是过去的一代人,这一代人当中意趣相投的人可以通过动员走到一起,或是通过写作小册子,或是通过更为直接的联络。布迪厄本人是通过其法兰西公学院教席持有者的显赫地位增加了其在政治活动中的权重。而处于当今这个年代的人可能无法做到这些。此外，互联网、YouTube以及智能电话的普及已经使得传统的政治沟通方式黯然失色：比如辩论、集结和报纸等。不过，布迪厄自身的政治是有一套逻辑的——在理论与实践上都是如此——这使得他自身的行动是如此的不可或缺，并且也同样能够为我们今天的行动提供一些基本原则。

在本章的开始处，我就讨论了布迪厄自身的实践理论在本质上就是政治性的，因为它基于一种批判——激进的认识论；由他的概念工具扭结在一起。这些概念工具的语言表达，由于认识论的援引就具有核心价值。事实上，现在与未来视角之间的争论本质上就是政治上的争论，是一种实现形式与另一种之间的对立。这就是为什么我们需要提防新自由主义的语言类似于"特洛伊木马"的效果。诸如"现代化"、"全球化"、"变通性"、"自由"和"补偿" 264 这样的语言都是作为一整套的假设或者预设而被神秘化了的，其后果就是向人们灌输了一整套思维方式。只有理性的批判才能把他们揭露出来，揭露出那些隐藏着的幕后程式——也就是误识——并且提供另外一种可选择的当代社会经济学路径。正如在本书中随处可见的，对于布迪厄来说，语词能够通过灌输一种思维方式而催生一种符号暴力模式（参看第9章，第11章和第13章），并且如此这般地运转下去。在人类的历史上，理性实际上鲜有胜绩；事实上在长达几个世纪的时间里，它一直试图表达自己。然而，即使就理性本身来说，它也同样处于经济学隐喻统治下的"标准理性"的威胁之中，在普遍性的教条当中也随处可见"理性的迷狂"（Bourdieu 1995c）。当然，布迪厄质疑一切借由理性以其自身为依据的普遍性，包括那些以智识与哲学为名的讨论。不过，在他自身的反思方法论中，总是有着一个坚定的理性基础——一种反思理性,这始终是分析工具的基础,它不仅仅包括研究对象,而且正如第12,13和14章所说的,也包含着客观化主体的再客观化。事实上,这种哲学姿态也具有一种普遍化的潜质;换句话说,知识分子必须在普遍化之中具有一种利益(参看第9章),因为只有这样,真理才能够被建立起来。这种思维方式,其自身激起了一种有关于眼见为实(转念)的确切方式,以及一种在世的行动,这就是布迪厄所看到的一种科学习性的程式——一种力比多科学,而这种方式就是这种程式的基础。通过本章我所希望达到的目的,是为了说明任何人想要占据这样一种存在,只有通过对于政治位置的适配才能够被界定出来,无论关于他们是谁、做什么工作,以及他们通常的行动是如何的。最后我们说,这就是科学努力的自因与依据,是我们至始至终需要坚守的东西:

> 去满足偏狭的暂时性的真理,它能够征服一种通常的感知以及智识的信念,这样的真理是能够挽救理性的手段,在边缘、在自由尚存之地起舞,这就是政治行动。

（Bourdieu 1999a:629）

# 结　语

⊙ 迈克尔·格伦菲尔

在本书五大部分,15 章的篇幅中,我们选择了布迪厄的诸多关键概念,并且将其置于微观的视角下进行审视。第 1 部分的关键词是生平,理论和实践。在第 1 章中,我们对布迪厄的生命轨迹进行了一个概述,并且提到了发生在他身上的个人事件,既包括萦绕其一生的社会历史环境,也包括当时的智识潮流,当然他也是塑造了这种潮流的学者中的一员。在这一部分我们想强调的是,想要理解布迪厄的思想,就必须深入他的个人背景以及发生在他世界中的那些切身攸关的事件之中。在这里,值得再一次申明的是,对于布迪厄的作品我们必须将其置于其社会起源之中加以理解,并且将其作为一种把握当时那些具有实践性的社会现象的手段。第2 章通过说明布迪厄方法中理论和实践分别如何呈现,我们拓展了对于上述问题的讨论。他自身的实践理论可以被回溯到两个源头,一方面是他的思想从中应运而生的激进传统;另一方面则是当时独特的哲学趋势,无论是在个人意趣还是在智识刺激上,布迪厄都与之有着强烈的共鸣。

在这些观念的推动下,主观性与客观性的议题就应运而生,在

第 2 部分的导言中我们做了直接的介绍。这里需要着重注意的是,布迪厄对于哲学的解释方式往往诉诸人类经验的基础。结构提供了这样一种关键概念,它将个体的主观性生活与他们所塑造的或者塑造他们的客观性衔接了起来。现象学与人类学的结构主义为这一讨论提供了主要的核心点;同样,这也牵涉其他一些科学史哲学家的思想。主观性与客观性实际上对于布迪厄来说是一枚硬币的两面,在这种观念下,他的全部著作都可以视为对这种社会科学中通常的二元对立理性的超越。他的方法是一种科学,这种科学建立在弥合主客观的野心之上。在第 2 部分中,两个章节所考察的是他最主要的两个"思想工具"——习性和场域——这两个概念是作为布迪厄研究方法基础的基本原则出现的。这两个概念在表达人类真实性的主客观两方面的问题上是互为辖制的(co-terminus)。除此之外,它们在研究实践中都能够被切实地应用。这里需要强调的有两点。首先,这样的概念并不以先验预设的姿态出现。只有在布迪厄对于社会问题的经验性研究中遭遇到相应的必要性时,这些概念才被纳入并在其中不断发展。其次,这些概念的进化与发展不仅仅在布迪厄的规划范畴中才得以发生,它们自身之间的相对关系也会使它们各自发生变化。实际上,场域这个概念在布迪厄的作品中出现得相对较晚,然而却可能是他著作中所给出的最重要的概念。

在名为"场域机制"的第 3 部分中我们谈论了四个概念,从而将对于场域运作及其本性的考察又推进了一步。布迪厄思想中所涵盖的理论与实践议题,都多多少少与科学领域的议题相关——不仅是人类方面的,也包括物理方面的。不过,他自己的关注点则在于社会议题及社会本身的运作方式,在其中,社会阶级分化总是占据着界定性的位置。"社会阶级"一章所讨论的便是布迪厄自己对这一概念的理解,以及他是如何据此反对其他人对于同一概念的不同看法的。阶级是如何在场域系统的表达中运作的，甚至他们自身是如何作为场域系统的表达的，这一问题在布迪厄的作品中占据着重要的位置。但是，场域的显现纷繁复杂，不是社会经济群组模式就能够完全概括的。其中有些还是微观的，或者是局部的，又或是一种处于准自治的语境当中。其他的场域也有可能会介入进来，也可能会发生多场域的交错。比如，艺术场最好被理解为一组不同场域的集合，其中包括艺术、商业以及政治场域。在这里我们遭遇的是形式上的问题，以及个体场域实践多种逻辑的具体内容，同样还包括场域边界的问题，以及其公共和私人表征的问题。这样的表征通过场域的符号化和物质化系统得以清楚地表达出来。

"资本"一章中我们对这一概念进行了强有力的辨析，这种辨析使我们能够理解场域运作的媒介，无论是经济的、符号的、社会的还是文化的，在这种媒介中，它们都以各种不同的方式进行着互相转化，而这就是社会世界流动性的一部分。资本是社会机制齿轮的润滑剂。正是因为任何实践都具有这样的本性，因此任何实践的逻辑都会产生差异与分化，其中一些资本形式则总是比另外一些更具价值。这些资本正当性的形式就构成了所谓的正统，并也因此树立了异端作为其对立面。信念就是布迪厄用以描述这种"道德强力"时所运用的概念，它树立标准，并用以评价一切事物的价值和正当性，尽管往往是隐含的和无意识的。场域系统基本上就是关于如何再生产此类正统形式的机制——也许也关涉占统治地位的社会团体。在这样的讨论中，实际上形成了一种循环，正是这种循环暗示了一种具有极端决定性的社会系统模式。对于布迪厄来说，没有什么东西能够完全逃离真实的参照，而与此同时，动态变化又是他理论的核心。"迟滞"一章就显示了当习性与场域的同步性脱钩之时会发生什么，尤其是当个人发现"世界已经抛下他

267

们远去"时,它可能会给他们带来何种灾难性的影响,而他们自身的资本在时下建构起来的场域中也不再有用。学院资质的内在通货膨胀——资质越来越多,但其能购买到的则越来越少——是一个很好的场域算计的例证,这种算计以预期利益为最终考量,而这最终都指向场域之中对于社会优势地位的攫取。

在第4部分,也就是"场域状况"中,我们把关注点转移到了场域的个人层面,也就是关于场域是如何被体验的,以及这种潜在的知识是如何塑造我们观看世界的方式的。"利益"一章进一步指出了场域是如何依据主导的、正统的思考与行事形式来运作的,并且探寻了以上种种是如何通过个体的动机与行动得以表达的。这样的利益总是被某种特定的最终目标预期所塑造,尽管是无意识的或者潜在的。对于这种隐含的洞见的探索之所以是必要的,是因为只有这样我们才能审视其效用范围,以及了解到事实上它所依据的这种原则在何时何地才会失去效力。本章将利益与知识以及科学中的利益相联系,并且还包括布迪厄自己对利益这一概念的看法是如何发展的,他将这一概念用以提升科学中的客观性程度。本章对于普遍性的观念同样进行了考察。在接下来的一章里,对于自然倾向的阐释把我们带入了这样一种思考,即个人与集体如何能够在特定的个体立场上进行表达,同样也包括他们在心理学上的冲动。此外,本章通过采用一些旧式术语重新将布迪厄与一种整体性的哲学传统联系在一起,其中包括对于个人、社会、宗教和科学的诸多尝试。

布迪厄的世界观中蕴藏着这样的看法,即差异与区隔是某种暴力的产物,这种暴力是恒久存在的,而不仅仅属于社会统治团体。在"受难"一章中,我们指出了这种符号暴力是如何在当今世界中不断上演的,以及对其受害者来说,这种暴力给他们带来的是何种刻骨铭心的痛楚。这里的重点在于,受难既可能是符号层面的,也可能是物质层面的,或者两者皆有,但是两者并不存在谁比谁更真实的问题。

第 4 部分以"反思"作为最终章节。这是布迪厄著作的中枢层面——以上的所有方法都是反思的方法——因此将其作为终极概念是恰当的。本章所讨论的就是反思对于布迪厄来说意味着什么,事实上,在他关于政治与智识的努力中,正是这种反思的方法增加了他著作的权重。除此之外,反思还可以以一种批判尺度介入科学研究当中。

最后,本书第 5 部分所关注的是在以上章节中给出和提供的概念是如何被"应用"的。第 13 章给出了布迪厄式的三层方法论,包括研究对象的建构、场域分析,以及参与者客观化。理论与实践中的反思要素被着重强调。我们同样可以看到场域分析的各个部分是如何在不同的质询阶段中被建构的,个体与他们在场域中所处的关系性位置通过这种分析得以联系起来,并且从根本上说是关于权力场的。接下来,第 14 章为社会空间与场域的研究提供了进一步的方法论引导与实践范例。

紧接着上述两章的特别关注之后,第 15 章是关于布迪厄的方法在政治行动主义中的实质性影响。

以上所有这些提到的语词,也就是我们要提到的所有概念。必须承认的是这只是一个经过精选的概念列表——尽管它们确实是最有意义的——还有其他的一些概念本也可以包容进来。比如说,正当性、实践逻辑、身体习性(hexis)、神圣化、性情倾向、认识(以及误识)、普遍与他者。也许我们会觉得悖谬的是,这样一套发展完善且错综复杂的词汇会出自这样一位社会学家,他总是想警告研究者要"当心语词"。剩下的部分我们就将对这一悖论进行探究,并且以此最终提供进一步的想法,即把这些个体概念集合起来之后,它们最终会把我们引向何方。

　　布迪厄的写作处于这样一个时期,在当时语言自身是处于严格的审查之下的,正如第1章所提到的,人的哲学变成了一种语言的哲学。"话语"这个词自身就成为一种社会系统的分析性隐喻,无论是在物质上还是在观念上,而词语往往会因为其意义上的随意性而被"质询"。布迪厄对于后现代主义的敌意在其书中是重要的一撇,并且阅读他的一种方法,就是将其计划看作一种将语言和社会现象之任意性整合入一种整一框架之中的努力(这一点也许在文化资本中显现得最为明显),这种框架足够稳定,因此能够在客观化的术语中进行表达。换句话说,他的方法论和概念所提供的是一种语言的稳定性,这种稳定性使得对于术语的分析能够拒斥一种坠入高度相对主义的倾向,而这恰恰是诸多后现代文本所提倡的。基于这种观念,正如在他的书中以概念所表达的一样,布迪厄式的语言可以被读作一种打破日常语言的努力,由此将社会现象的常识性解释纳入一种审查,并且揭示出其自发形式中所具有的发生结构。不过同样的,布迪厄式的语言也对社会科学家自身的分析性语言进行攻击,由此至少对于其中的合成知识基于其自身的社会建构进行了净化。这就是为什么对于布迪厄来说"真理就在于真理是岌岌可危的"。布迪厄对于那些旧语的重新应用——比如说,习性、自然倾向、迟滞——能够立刻带来一种阅读上的"陌生"感,并因此唤起读者对于这些概念最充分的认知。还有一些是在日常语言中俯拾即是的——利益、场域、资本——因此对于这些词语的运用就需要格外小心——必须时刻注意它们的适用性。所以用楷体来标识出这些术语是必要的,这让我们通过它们来思考的时候能够站在最清醒的位置。如果我们不这样做,那么我们就会陷入要一再澄清这些概念的风险当中,对它们所具有的正统解释做出特别的澄清,并且最终以布迪厄所说的"自欺"而告终——也就是把这些概念当作比事物本身所代表的东西更为真实的东西。将概念特别标识出来的这种运作本身正是一种对于整体性的实践理论的违反，正如第 2 部分导言中所说的，这种整体性的实践理论已然落入了一种"本质主义"的陷阱当中，在这种理论之下，社会现象的诸多方面都被赋予了具体的属性，一种一成不变的文化本质（参看 Bourdieu 1998c:4），而不是一种与活动、与人们息息相关的可分析的事物。与此同时，将这些概念看作松散的，能够被随意加诸于某些轻率的方法之中的概念，这样的看法也是非常错误的。

本书中的每一个章节都是从个人的视角来写作的，并且我们能够很清楚地看到每一位作者都有他们独特的关注与阐释点。一位作者自身的观念往往会呈现出它们自身对于各个概念的潜在理解，其选择的例证也受此影响。这里需要再次重申的是，这些概念彼此不是孤立的，恰恰相反，它们需要在彼此的互动中才能被理解，它们往往关涉着同一社会进程的不同方面。不过，每一个概念也都有自身的历史背景、政治阐释以及独特的效用。并且，每一个概念之下都潜藏着某种必然性，无论是实际上的还是哲学上的，这些必然性在布迪厄给出这些概念的时候也被一并给出了——这首先是基于一种实践上的努力，而这也是最重要的。布迪厄坚持，他永远都不会为了给一系列理论误用提供某种结果而"发明"某一概念，他只会在需要的时候才运用某一特定概念。在实践的层面上"运用这些特定概念进行思考"，允许我们得出在其他情况下所不允许的洞见和解释，并且赋予我们在一定范围内阐释社会现象的能力，尤其是激发一种质询行动，它是对社会科学乃至自然科学本身的质询。不过，需要我们时刻牢记在心的是，意识到哲学对于以上这些行动的奠基作用是非常重要的，无论对于集体还是对于个人来说都是如此。正如前面所提到的，结构的观念——无论是它的主观性方面还是客观性方面——其所提供的就是这样一种纽

270

带,它是布迪厄"存在性分析"的基础。换句话说,这些概念对于其所分析的记录来说不仅仅是一种松散的结构主义者的"隐喻":比如说,习性不仅仅是对于个体生物学层面的探讨,而场域也不仅仅是对于语境的认识;只有两者的共同运用才能为社会行动者及其所处境遇之间的互涉提供相应的解释。这样一种方法是对习性与场域之间结构共生关系的整体把握,同样也包括它们共同的实践建构逻辑,两者之间在特定问题上的互相作用,以及这种互动所依凭的媒介,场域以何种方式与其所处的时代相联系,又如何随着时代的变迁而发生改变,还有场域之中以及诸场域之间正统性与利益之间的关系问题。换句话说,这些概念不仅仅是简单地构建民族志的叙述工具,也是一种认识论上变动中的矩阵,它被用来承载社会现象如其所是的发生。

通过这些术语,也就是通过关键概念来进行思考,有可能是一种建构"新目光"的开始,或者说一种布迪厄所提到的转念(metanoia)。它是一个人目光所及之下的世界,一个法国人,他生活在20世纪的后半叶,他孜孜不倦地通过自己的哲学与社会学训练传达着自己周遭的一切。从这个视角来看,这是一项现代主义者的工程,它将我们带回到18世纪的启蒙运动时期,因为它所关注的是理性,它所关注的是建立人类权利的可能。他对于学院与知识分子的挑战,正是通过将这些概念、发展和成果运用于其上,并始终保持原初的认识论视野;也就是说,不是一种乏味的回溯,而是将这些旧概念拓展开来,融入新的实践,而最终这也就是政治上的行动主义。事实上,施行这种再运用方式的人已然是一个"人类行为学行动者",他们在其自身的专门领域中进行这种再运用,经由这种角色,他们就承担了一种目标清晰的任务,那就是对于社会空间的塑造。不过,它也同样需要一种反思,这种反思被施以这样一些人,他们或者没有认识到复兴自我话语的必要所在,或是失去了能够如此行动的力量。不过这样一来，问题就被带到了实践层面，所有的理论都需要被装载于行动之上，并为之提供策略，从而成为激进智识的一部分，它在更广阔的社会范围中激发起了相似的行动意识。这一挑战，毫无疑问，就是布迪厄关键概念背后最为实质性的，也是最终的目的所在。

# 生平和著作年表

下文按年代顺序列出了布迪厄在生活及学术方面经历的重要事件，及其主要著作。更多细节请参看格伦菲尔的《皮埃尔·布迪厄:煽动者》(Grenfell 2004)。

| | |
|---|---|
| 1930 年 8 月 1 日 | 出生于法国丹郡(上比利牛斯省)。 |
| 1941—1947 年 | 就读于波城。 |
| 1948—1951 年 | 就读于巴黎路易勒格朗中学。 |
| 1951—1954 年 | 就读于巴黎高等师范学院。 |
| 1954 年 | 取得哲学教师资格文凭。 |
| 1954—1955 年 | 任教于穆兰的中学。 |
| 1955 年 | 前往阿尔及利亚服兵役。 |
| 1958 年 | 《阿尔及利亚的社会学》出版。 |
| 1960—1961 年 | 任教于巴黎大学文学院。 |
| 1961—1964 年 | 在里尔大学文学院任客座讲师。 |
| 1962 年 11 月 2 日 | 与玛丽-克莱尔·布里扎尔结婚(生有三子:热罗姆、伊曼纽尔和洛朗)。 |
| 1964 年 | 在巴黎高等实践学院任研究主任。主管欧洲社会学中心。 |
| 1964 年 | 《失根:阿尔及利亚传统农业的危机》和《继承人》出版。 |

| | |
|---|---|
| 1964—1984 年 | 在巴黎高等师范学院任兼职教师。 |
| 1964—1992 年 | 任"常识"丛书主编(子夜出版社)。 |
| 1966 年 | 《中等艺术》出版。 |
| 1968 年 | 《社会学的技艺》出版。 |
| 1970 年 | 《再生产》出版。 |
| 1972 年 | 《实践理论大纲》出版。 |
| 1975 年 | 创办并主管学术刊物《社会科学研究学报》。 |
| 1979 年 | 《区隔》出版。 |
| 1980 年 | 《实践感》和《社会学诸问题》出版。 |
| 1981 年 12 月 13 日 | 与米歇尔·福柯及其他"知识分子"组织了一场请愿和宣传活动,反对在波兰发生的军事管制及对"团结工会"的镇压。 |
| 1981 年 | 随着社会党总统(密特朗)的当选及占据国会多数,受邀参与法兰西公学院委员会的教育改革。 |
| 1982 年 | 被荐执掌法兰西公学院社会学教席。 |
| 1984 年 | 《学术人》出版。 |
| 1985 年 | 《关于未来教学的建议》(法兰西公学院报告)出版。 |
| 1987 年 | 《说过的话》出版。 |
| 1988 年 | 《马丁·海德格尔的政治本体论》出版。 |
| 1989 年 | 《国家精英》和《关于教学内容的反思原则》出版;后者是由教育部长弗朗索瓦·戈洛设立、布迪厄主持的委员会的报告。 |
| 1992 年 | 《回应》和《艺术的法则》出版。 |
| 1993 年 | 获得法国国家科学研究中心金质奖章。 |

| | |
|---|---|
| 1993 年 | 《世界的苦难》出版。 |
| 1994 年 | 《实践理性》出版。 |
| 1995 年 12 月 4 日 | 声援为反对"朱佩计划"(福利改革)而举行的罢工。声援矿工罢工。 |
| 1996 年 | 创办 Liber-Raisons d'agir 出版社。《论电视》出版。 |
| 1996—1997 年 | 声援曾被伊朗领袖下达追杀令的英国作家萨尔曼·鲁西迪。 |
| 1997 年 | 《帕斯卡尔式的沉思》出版。 |
| 1998 年 | 《遏止野火》出版。 |
| 2000 年 | 《经济的社会结构》出版。 |
| 2001 年 3 月 28 日 | 在法兰西公学院做最后的演讲。 |
| 2001 年 | 《科学之科学与反观性》和《遏止野火 2》出版;电影《社会学是斗争的运动》发布。 |
| 2002 年 | 《介入:社会科学和政治行动》出版。 |
| 2002 年 1 月 23 日 | 因癌症逝世。 |
| 2003 年 | 《阿尔及利亚影像》出版。 |
| 2004 年 | 《自我分析纲要》出版。 |
| 2012 年 | 《论国家:法兰西公学院演讲 1989—1992》出版。 |

# 参考文献

以下列表涵盖了本书引用的所有作品。在布迪厄的作品列表中，同样也包含了读者可能会感兴趣的其他参考书目。我在本书中的各处都曾强调：要参照布迪厄诸文本各自产生时的社会—历史阶段的背景来阅读它们，这一点至关重要。在跨度大约50年的学术作品中，这一背景发生了显著的改变，它呈现出20世纪下半叶的状况。因此，在列出这些作品译为英文的日期旁边，标出其法文原版的出版日期，这非常重要。然而，为方便倾向使用英文的读者，在这一部分和余下部分里，逢此情况，我们都将英文版的出版日期列在前面，法文版日期紧随其后，表示其最初出版的日期。只标明法文的参考书目是那些尚未有英译本的作品。如果法文版本被作者引用过的话，也将在文中标示出来。另外，我并没有将布迪厄一人独立著述的作品同那些他与其他人合作的作品分开列明，而是按照编年的顺序列出作品，并在其后附上其他相关作者的详情，我把这样的作品也按照顺序列入其中。

迈克尔·格伦菲尔

## 皮埃尔·布迪厄的著作

Bourdieu, P. 1958. *Sociologie de l'Algérie*. ( New revised and corrected edition, 1961.) Paris: Que Sais-je.

Bourdieu, P. 1961. "Révolution dans la revolution". *Esprit* January: 27-40.

Bourdieu, P. 1962a. *The Algerians*, A. C. M. Ross (trans.). Boston, MA: Beacon Press.

Bourdieu, P. 1962b. "Célibat et condition paysanne". *Etudes rurales* 5 (6):32-136.

Bourdieu, P. 1962c. "De la guerre révolutionnaire à la revolution". In *L'Algérie de demanin*, F. Petroux (de.). Paris: PUE.

Bourdieu, P., A. Darbel, J. P. Rivet & C. Seibel 1963. *Travail et travailleurs en Algérie*. Paris and The Hague: Mouton.

Bourdieu, P. & A. Sayad 1964. *Le déracinement, la crise de l'agriculture traditionelle en Algérie*. Paris: Les Editions de Minuit.

Bourdieu, P. & A. Darbel 1966. "La fin d'un malthusianismse?". In *Le Partage des bénéfices, expansion et inégalités en France*, Darras. Paris: Les Editions de Minuit.

Bourdieu, P. & J. C. Passeron 1967a. "Sociology and Philosophy in France since 1945: Death and Resurrection of a Philosophy without Subject". *Social Research* XXXIV(1):162-212.

Bourdieu, P. 1967b. "Postface". In *Architecture gotbique et pensée scolastique*, E. Panofsky (P. Bourdieu, trans.), 133-67. Paris: Editions de Minuit.

Bourdieu, P. 1968. "Stucturalism and Theory of Sociological Knowledge". *Social Research* 35(4):681-706.

Bourdieu, P. 1971a [1967]. "Systems of Education and Systems of Thought". In *Knowledge and Control: New Directions for the Sociology of Education*, M. F. D. Young (ed.). London: Macmillan. Originally published as "Systèmes d'enseignement et systèmes de pensée". *Revue Internationale des Sciences Sociales* XIX(3):338-88.

Bourdieu, P. 1971b. "The Thinkable and the Unthinkable". *Times Literary Supplement* (15 October):1255-6.

Bourdieu, P. 1971c [1966]. "Intellectual Field and Creative Project". In *Knowledge and Control: New Directions for the Sociology of Education*, M. F. D. Young (ed.). London: Macmillan. Originally published as "Champ intellectuel et projet créateur", *Les Temps Modernes* (November): 865-906.

Bourdieu, P. 1971d. "L'opinion publique n'existe pas". *Noroit* (February): 155.

Bourdieu, P. 1972a. "Les stratégies matromoniales dans le système de reproduction". *Annales* 4(5): 1105-27.

Bourdieu, P. 1972b. "Les doxosophes". *Minuit* 1: 26-45.

Bourdieu, P. 1973. "Cultural Reproduction and Social Reproduction". In *Knowledge, Education, and Cultural Change*, R. Brown (ed.). London: Tavistock.

Bourdieu, P. & J. D. Reynaud 1974 [1966]. "Is a Sociology of Action Possible?". In *Positivism and Sociology*, A. Giddens (ed.). London: Heinemann. Originally pubished as "Une sociologie de l'action est-elle possible?", *Revun de Sociologie* VII(4): 508-17.

Bourdieu, P. 1975. "L'ontologie politique de Martin Heidegger". *Actes de la rechercheen sciences sociales* 5-6: 109-56.

Bourdieu, P. & L. Boltanski 1976. "La production de l'idéologie dominante". *Actes de la recherche en sciences sociales* 2-3: 3-73.

Bourdieu, P. & J-C Passeron 1977a [1970]. *Reproduction in Education, Society and Culture*, R. Nice (trans.). London: Sage. Originally published as *La reproduction. Eléments pour une théorie du systèmd d'enseignement*(Paris: Editions de Minuit).

Bourdieu, P. 1977b [1972]. *Outine of a Theory of Practice*, R. Nice (trans.). Cambridge: Cambridge University Press. Originally published as *Esquisse d'une théorie de la pratique, précédé de trois études d'ethnologie kabyle* (Geneva: Droz).

Bourdieu, P. 1979a [1977]. *Algeria 1960*, R. Nice (trans.). Cambridge: Cambridge University Press. Originally Published as *Algérie 60 structures économiques et structures temporelles* ( Paris: Les Editions de Minuit).

Bourdieu, P. & J-C. Passeron 1979b [ 1964 ]. *The Inheritors, French Students and their Relation to Culture*, R. Nice ( trans.). Chicago, IL: University of Chicago Press. Originally published as *Les héritiers, les étudiants et la culture* ( Paris: Les Editions de Minuit).

Bourdieu, P. 1982a. *Lecon sur une lecon*. Paris: Les Editions de Minuit.

Bourdieu, P. 1982b. *Ce que parler veut dire. L'économie des échanges linguistiques*. Paris: Fayard.

Bourdieu, P. 1984 [ 1979 ]. *Distinction*, R. Nice ( trans.). Cambridge: Polity. Originally published as *La Distinction. Critique sociale du jugement* ( Paris: Les Editions de Minuit).

Bourdieu, P. & J-P. Salgas 1985a. "Le rapport du Collège de France. Pierre Bourdieu s'explique". *La Quinzaine Littéraire* 445:8-10.

Bourdieu, P. 1985b. "Les intellectuals et les pouvoirs. Retour sur notre soutien à Solidarnosc". In *Michel Foucault, une histoire de la vérité*, R. Badinter ( ed.). Paris:Syros.

Bourdieu, P. 1985c. "The Genesis of the Concepts of 'Habitus' and 'Field'". *Sociocriticism* 2(2):11-24.

Bourdieu, P. 1985d. "Social Space and the Genesis of Groups". *Theory and Society* 14(6):723-44.

Bourdieu, P., A. Honneth, H. Kocyba & B. Schwibs 1986a. "The Struggle for Symbolic Order. An Interview with Pierre Bourdieu". *Theory, Culture and Society* 3(3):35-51.

Bourdieu, P. 1986b. "L'illusion biographique". *Actes de la recherche en sciences sociales* 62-3:69-72.

Bourdieu, P. 1986c. "The Production of Belief: Contribution to an Economy of Symbolic Goods". In *Media, Culture and Society: A Critical Reader*, R. Collins, J. Curran, N. Garnbam & P. Scannell ( eds). London: Sage.

Bourdieu, P. 1987. "What Makes a Class?". *Berkeley Journal of Sociology*

32:1-18.

Bourdieu, P. 1987b [1971]. "Legitimation and Structured Interest in Weber's Sociology of Religion". In *Max Weber: Rationality*, S. Whimster & S. Lash (eds). C. Turner (trans.). Originally published as "Une interprétation de la théorie de la religion selon Max Weber", *Archives européennes de sociologie*, XII(I):3-21.

Bourdieu, P. 1988a [1984]. *Homo Academicus*, P. Collier (trans.). Cambridge: Polity. Originally published as *Homo academicus* (Paris: Les Editions de Minuit).

Bourdieu, P. 1988b. "Intérêt et désintéressement". *Cahiers de recherche* 7. l'Université de Lyon.

Bourdieu, P. 1989a. "Social Space and Symbolic Power". *Sociological Theory* 7:14-25.

Bourdieu, P. & P. Champagne 1989b. "L'opinion publique". In *50 Idées quiébranlèrent le monde*, Y. Afanassiev & M. Ferro (eds). Paris: Payot/Progress.

Bourdieu, P. 1989c. "Reproduction interdite. La dimension symbolique de la domination économique". *Etudes Rurales* 113-14:15-36.

Bourdieu, P. & L. Wacquant 1989d. "Towards a Reflexive Sociology: a Workshop with Pierre Bourdieu". *Sociological Theory* 7(1):26-63.

Bourdieu, P., L. Boltanski, R. Castel & J-C. Chamboredon 1990a [1965]. *Photography. A Middle-brow Art*, S. Whiteside (trans.). Cambridge: Polity. Originally published as *Un Art moyen, essai sur les usages sociaux de la photographie* (Paris: Les Editions de Minuit).

Bourdieu, P., A. Darbel & D. Schnapper 1990b [1966]. *The Love of Art. European Art Museums and their Public*, C. Beattie & N. Merriman (trans.). Cambridge: Polity. Originally Published as *L'Amour de l'art, les musées d'art et leur public* (Paris: Les Editions de Minuit).

Bourdieu, P. 1990c [1980]. *The Logic of practice*, R. Nice (trans.) Cambridge: Polity. Originally published as *Le sens pratique* (Paris: Les Editions de Minuit).

Bourdieu, P. 1991a [1982]. *Language and Symbolic Power*, G. Raymond & M. Adamson (trans.) Cambridge: Polity. Originally published (although with some different chapters and others omitted) as *Ce que parler veut dire. L'économie des échanges linguistiques* (Paris: Fayard).

Bourdieu, P., J-C. Chamboredon & J-C. Passeron 1991b [1968]. *The Craft of Sociology*, R. Nice (trans.). New York: Walter de Gruyer. Originally published as *Le métier de sociologue* (Paris: Monton-Bordas).

Bourdieu, P. 1991c [1988]. *The Political Ontology of Martin Heidegger*, P. Collier (trans.) Cambridge: Polity. Originally published as *L'ontologie politique de Martin Heidegger*. Paris: Les Editions de Minuit.

Bourdieu, P. 1991d [1971]. "Genesis and structure of the religious field". *Comparative Social Research* 13: 1-14. Originally published as "Genese et structure du champ religieux", *Revue francaise de sociologie* XII(3):295-334.

Bourdieu, P. 1991e. "Social Space and Genesis of 'Classes'". *Language and Symbolic Power*, G. Raymond & M. Adamson (trans.). Cambridge: Polity.

Bourdieu, P. & L. Wacquant 1992a [1992]. *An Invitation to Reflexive Sociology*, L. Wacquant (trans.). Cambridge: Polity. Originally published as *Réponses. pour une anthropologie réflexive* (Paris: Seuil).

Bourdieu, P. 1992b [1989]. "Principles for Reflecting on the Curriculum". *The Curriculum Journal* 1 (3): 307-14. Originally published as *Principes pour une réflexion sur les contenus d'enseignment*, Collège de France archive

Bourdieu, P. 1992c. "Questions de mots: une vision plus modeste du rôle des journalistes". *Les Mensonges du Golefe* 27-32.

Bourdieu, P. 1992d. "Pour une Internationale des intellectuels". *Politis* 1:9-15.

Bourdieu, P. & T. Eagleton 1992e. "In Conversation: Doxa and Common Life". *New Left Review* 191:111-22.

Bourdieu, P. 1993a [1980]. *Sociology in Question*. R. Nice (trans.). London: Sage. Originally published as *Questions de sociologie* (Paris: Les Editions de Minuit).

Bourdieu, P. 1993b. *The Field of Cultural production: Essays on Art and Literature*. Cambridge: Polity.

Bourdieu, P. 1993c. "Principles of a Sociology of Cultural Works". In *Explanation and value in the Arts*, S. Kemal & I. Gaskell (eds). Cambridge: Cambridge University Press.

Bourdieu, P. 1993d. "Responsabillités intellectualles: Les mots de la guerre en Yougoslavie". *Liber* 14(2):2.

Bourdieu, P. 1993e. "Concluding Remarks: for a Sociogenetic Understanding of Intellectual Works". In *Bourdieu: Critical Perspectives*, C. Calhoun, E. LiPuma & M. Postone (eds). Cambridge: Polity.

Bourdieu, P. & S. Pasquier 1993f. "Notre Etat de misère". *L'Express* 18 March:112-15.

Bourdieu, P., J-C. Passeron & M. De Saint Martin 1994a [1965]. *Academic Discourse*, R. Teese (trans.). Cambridge: Polity. Originally published as *Rapport pédagogique et communication* (The Hague: Mouton).

Bourdieu, P. 1994b. "Un parlement des écrivains pour quoi faire?" *Libération* 3 November:3-4.

Bourdieu, P. 1994c. "Comment sortir du cercle de la peur?". *Liber* 17:22-3.

Bourdieu, P. 1994d [1987]. *In Other Words: Essays Towards a Reflexive Sociology*, M. Adamson (trans.). Cambridge: Polity. Originally published as *Choses dites* (Paris: Les Editions de Minuit).

Bourdieu, P. & H. Haake 1995a [1994]. *Free Exchange*, I. Utz & H. Haake (trans.). Cambridge: Polity. Originally published as *Libre-échange* (Paris: Seuil).

Bourdieu, P. & M. Grenfell 1995b. *Entretiens*. CLE Papers 37.

Southamption: University of Southampton.

Bourdieu, P. 1995c. "La misère des médias". *Télérama* 2352:8-12.

Bourdieu, P. 1996a [1992]. *The Rules of Art*, S. Emanuel (trans.). Cambridge: Polity. Originally published as *Les règles de l'art. Genèse et structure du champ littéraire* (Paris: Seuil).

Bourdieu, P. 1996b [1989]. *The State Nobility. Elite Schools in the Field of Power*, L. C. Clough (trans.). Cambridge: Polity. Originally published as *La noblesse d'état. Grandes écoles et esprit de corps* (Paris: Les Editions de Minuit).

Bourdieu, P., J. Derrida, D. Eribon, M. Perrot, P. Veyne & P. Vidal-Naquet 1996c. "Pour une reconnaissance du couple homosexual". *Le Monde* (1 March):1.

Bourdieu, P. 1998a. *Acts of Resistance. Against the New Myths of our Time*, R. Nice (trans.). Cambridge: Polity. Originally published as *Contre-feux* (Paris: Raisons d'Agir).

Bourdieu, P. 1998b [1996]. *On Television and Journalism*, P. Parkhurst Ferguson (trans.). London: Pluto Press. Originally published as *Sur la télévision, suivi de L'Emprise du journalisme* (Paris: Raisons d'agir).

Bourdieu, P. 1998c [1994]. *Practical Reason*, R. Johnson (trans.). Cambridge: Polity. Originally published as *Raisons pratiques. Sur la théorie de l'action* (Paris: Seuil).

Bourdieu, P. 1998d. "Le néo-liberalisme commer révolution conservatrice". In *Zukunft Gestalten*, K. Kufeld (ed.). Mössingen-Talhenim: Talheimer Verlag.

Bourdieu, P. 1999a [1993]. *The Weight of the World. Social Suffering in Contemporary Society*, P. Parkhurst Ferguson, S. Emanuel, J. Johnson & S. T. Waryn (trans.). Cambridge: Polity. Originally published as *La Misère du monde* (Paris: Seuil).

Bourdieu, P. 1999b. "Questions aux vrais maîtres du monde". *Le Monde* (14 October):18.

Bourdieu, P. & T. Eagleton 1999c. "Doxa and Common Life: An

Interview". In *Mapping Ideology*, Slavoj Žižek ( ed. ). London: Verso.

Bourdieu, P. 1999d. "Statistics and Sociology", D. Robbins ( trans. ). UEL Social Politics Paper 10. University of East London.

Bourdieu, P. 2000a [ 1997 ]. *Pascalian Meditations*, R. Nice ( trans. ). Cambridge: Polity. Originally published as *Méditations pascaliennes* ( Paris: Seuil ).

Bourdieu, P. 2000b. *Propos sur le champ politique.* Lyon: Presses Universitaires de Lyon.

Bourdieu, P. 2000c. "Entre amis". *AWAL: Cahiers d'Etudes Berbères* 21:5-10.

Bourdieu, P. 2000d. "Making the Economic Habitus. Algerian Workers Revisited", R. Nice & L. Wacquant ( trans.) *Ethnography* 1 ( 1 ):17-41.

Bourdieu, P. 2000e. "A Scholarship with Commitment. Pour un savoir engagé". *Agone* 23:205-11.

Bourdieu, P. 2000f. "Manifeste pour des états généreux du mouvement européen". *Le Monde* ( 29 April ):7.

Borudieu, P. with L. Wacquant 2000g. "La nouvelle vulgate planétanire". *Le Monde Diplomatique* May:6-7.

Borudieu, P. & H.Swain 2000h. "Move Over, Shrinks". *Times Higher Educational Supplement*( 14 April ):19.

Borudieu, P. 2000i. "Participant Objectivation". Address given in reccipt of the Aldous Huxley Medal for Anthropology, University of London, 12 November, *Mimeograph*,12pp.

Borudieu, P. 2001a [ 1998 ]. *Masculine Domination*, R. Nice ( trans. ). Cambridge: Polity. Originally published as *La domination masculine* ( Paris: Seuil ).

Bourdieu, P. 2001b. *Contre-feux 2. Pour un monvement social européen.* Paris: Raisons d'Agir.

Bourdieu, P. 2002a. "pierre par Bourdieu". *Le Nouvel Observateur*( 31

January).30-31.

Bourdieu,P.2002b. *Le bal des célibataires. Cris de la societe en béarn.*Paris.
Seuil.

Bourdieu,P.2003a.*Images d'Algérie.*Paris.Actes Sud.

Bourdieu, P. 2003b. "Participant Objectivation". *Journal of the Royal Anthropological Institute* 9(2),June.281-94.

Bourdieu, P. 2004 [2001]. *Science of Science and Reflexivity*, R. Nice (trans.). Cambridge. Polity. Originnally published as *Science de la science et réflexivite*(Paris.Raisons d'Agir).

Bourdieu,P.2005a[1997]."From the King's House to the Reason of State",C.Turner(Trans.).In *Pierre Bourdieu and Democratic Politics*,L. Wacquant(ed.).Cambridge.Polity.Originnally published as "De la maison du roi à la raison d'état.un modèle de la genèse du champs bureaucratique",*Actes de la Recherche en Sciences Sociales* 188.55-68.

Bourdieu, P. 2005b [2000]. *The Social Structures of the Economy.* Cambridge. Polity. Originnally published as *Les structures sociales de l'economie*(Paris.Seuil).

Bourdieu,P.2006."The Forms of Capital".In *Education*,*Globalisation and Social Change*, H. Lauder, P. Brown, J-A. Dillabough & A. H. Halsey (eds).Oxford.Oxford University Press.

Bourdieu, P. 2007 [2004]. *Sketch for a Self-Analysis.* Cambridge. Cambridge University Press.Originnally published as *Esquisse pour une auto-analyse*(Paris.Raisons d'Agir).

Bourdieu,P.2008a[2002].*Interventions.Social Science and Political Action*, D. Fernbach (trans.), T. Discepolo & F. Poupeau (eds). London. Verso. Originally Published as *Interventions* 1961-2001 (Mariseilles. Agone).

Bourdieu,P.2008b[2002].*Bachelor's Ball.*Cambridge.Polity.Originally published as *Le bal des célibataires. Cris de la société en Béarn* (Paris. Seuil).

## 其他著作

Adkins, L. & B. Skeggs ( eds ) 2007. *Feminism After Bourdieu*. Oxford: Blackwell.

Alexander, J.1995. *Fin de siècle Social Theory*. London: Verso.

Althusser, A.& E.Balibar 1970. *Reading Captial*. London: NLB.

Apted, M.1999.7 *Up*. London: Heinemann.

Archer, M. 1995. *Realist Social Theory: The Morphogentic Approach*. Cambridge: Cambridge University Press.

Archer, M.1996. *Culture and Agency: The Place of Culture in Social Theory*. Cambridge: Cambridge University Press.

Atkinson, W. 2011. " From Sociological Fictuon: Some Bourdieusian Reflections on the Concept of ' Institutional Habitus ' and ' Family Habitus ' ". *British Journal of Sociology of Education* 33( 3 ): 331-47.

Bachelard, G.1949. *Le rationalisme appliqué*. Paris: Presses Universitaires de France.

Beck, J.2007. " Education and the Middle Classes: Against Reducationism in Educational Theory and Research". *British Journal of Education Studies* 55( 1 ), March: 37-55.

Bennett, T. , M.Emmison & J. Frow.1999. *Accounting for Tastes. Australian Everyday Cultures*. Cambridge: Cambridge Universitr Press.

Bennett, T. , M. Savage, E. Silva, A. Warde, M. Gayo-Cal & D. Wright 2008. *Culture, Class, Distinction*. Abingdon: Routledge.

Berger, P. L. & T. Luckmann 1971. *The Social Construction of Reality*. Harmondsworth: Penguin.

Bernstein, B.1975. *Class. Codes and Control, volume III*. London: Routledge & Kegan Paul.

Bernstein, B.1996. *Pedagogy, Symbolic Control and Identity: Theory , Research, Critique. London*: Taylor & Francis.

Bird, M.2009. *StIves Artists: A Companion*. London: Lund Humphries.

Boschetti, A.2006. "Bourdieu's Work on Literature. Contexts, Stakes and Perspectives". *Theory*, *Culture & Society* 23(6):135-55.

BOtma, G.2010. "Lightning Strikes Twice: the 2007 Rugby World Cup and Memories of a South African Rainbow Nation". *Communication* 36(1):1-19.

Boudon, R.1971. *The Uses of Structuralism*. London: Heinemann

Bouversees, J.2004. *Bourdieu*, *savant et Politique*. Marseille: Agone.

Butler, J. 1997. *Excitable Speech: A Politics of the Performative*. London: Routledge.

Carmin, C. 1986. "The Matter of Habit". *American Journal of Sociology* 91(5):1039-87.

Clausen, S-E.1998. *Applied Correspondence Analysis*. London: Sage.

Collins, R.2000. *The Sociology of Philosophies: A Global Theory of Intellectual Change*. Cambrdge, MA: Harvard University Press.

Crossley, N.2005. *Key Concepts in Critical Social Thery*. London: Sage.

Das, V. 2006. *Life and Words: Violence and the Descent into the Ordinary*. Berkeley, CA: University of California Press.

Das, V., A. Kleinamn, M. Ramphele & P. Reynolds ( eds ) 2000. *Violence and Subjectivity*. Berkeley, CA: University of California Press.

de Certeau, M.1988. *The Practice of Everyday Life*, S. Randall( trans. ). Los Angeles, CA: University of California Press.

Deslaut, Y. & M-C Rivière 2002. *Bibliographie des travaux de Pierre Bourdieu: suivi d'un entretien sur l'esprit de la recherche*. Pantin: Le Temps des Cerises.

Devine, F.2004. *Class Practices*. Cambridge: Cambridge University Press.

DfES. 1999. *Primary Strategy for Numneracy*. London: Department for Education and Skills.

Dixon, K.1998. *Un digne héritier*. Paris: Raisons d'Agir.

Durkheim, E.1938[ 1895 ]. *The Rules of Sociological Method*. Chicago, IL: University of Chicago Press.

Durkheim, E.1952[ 1897 ]. *Suicide: A Study in Sociology*, J.A. Spauding &

G. Simpson( trans. ) . London: Routledge.

Durkheim, E. & M. Mauss 1963 [ 1903 ]. *Primitive Classification.* Chicago, IL: University of Chicago Press.

Durkheim, E. 1964 [ 1833 ]. *The Division of Labour in Society.* London: Macmillan.

Durkheim, E. 1995. *The Elementary Forms of Religious Life.* New York: Free Press.

Duval, J., C. Gaubert, F. Lebaron, D. Marchetti & F. Pavis. 1998. *Le décembre des intellectuals français.* Paris: Raisons d'Agir.

Eacott, S. 2011. "Bourdieu's Strategies and the Challenge for Educational Leadership". *International Journal of Leadership in Education* 13 ( 3 ): 265-81.

Edwards, T. ( ed.) 2007. *Cultural Theory: Classical and Contemporary Positions.* London: Sage.

Elster, J. 1983. *Sour Grapes: Studies in the Subversion of Rationality.* Cambridge: Cambridge University Press.

Entwistle, J. & A. Rocamora 2006. "The Field of Fashion Materialized: A Study of London Fashion Week". *Sociology* 40( 4 ): 735-51.

Fanon, F. 1961. *Les damnes de la terre.* Paris: Gallimard.

Farmer, P. 2001. *Infections and Inequalities: The Modern Plagues.* Berkeley, CA: University of California Press.

Farmer, P. 2004. *Pathologies of Power: Health, Human Rights, and the New War on the Poor.* Berkeley, CA: University of California Press.

Fowler, B. ( ed.). 2000. *Reading Bourdieu on Society and Culture.* Oxford: Blackwell.

Frank, A. 1995. *The Wounded Storyteller: Body, Illness, and Rthics.* Chicago, IL: University of Chicago Press.

Frank, A. 2004. *The Renewal of Generosity: Illness, Medicine, and How to Live.* Chicago, IL: University of Chicago Press.

Fuller, S. 2006a. *The Philosophy of Science and Technology Studies.* London: Routledge.

Fuller, S. 2006b. *The New Sociological Imagination*, London: Sage.

Fuller, S. 2006c. "France's Last Sociologist". *Economy and Society* 35: 314-23.

Garfinkel, H. 1967. *Studies in Ethnomethodology*. New York: Prentice Hall.

Giddens, A. 1984. *The Constitution of Society: Outline of the Theory of Structuration*. Cambridge: Polity.

Goblot, E. 1930. *La barriere et le niveau*. Paris: Alcan.

Gouldner, A, 1973. *For Sociology: Renewal and Critique in Sociology Today*. New York: Basic Books.

Grathoff, R. (ed.). 1989. *Philosophers in Exile: The Correspondence of A. Schutz and A. Gurwitsch 1939-1959*, J.C. Evans(trans.). Bloomington, IN: Indiana University Press.

Greenacre, M. & J. Blasius (eds.) 2006. *Multiple Correspondence Analysis and Related Methods*, London: Chapman & Hall/CRC.

Grenfell, M. 1996. "Bourdieu and the Initial Training of Modern Language Teachers". *British Educational Research Journal* 22 (3): 287-303.

Grenfell, M 1998. "Language and the Classroom". In *Bourdieu and Education: Acts of Practical Theory*, M. Grenfell & D. James (eds). Londin: Falmer.

Grenfell, M. & D. James 1998. *Bourdieu and Education: Acts of Practical Theory*. London: Falmer.

Grenfell, M 2004a. "Bourdieu in the Classroom". In *Language and Culture*, M. Olssen(ed.) New York: Greenwood Press.

Grenfell, M 2004b. *Pierre Bourdieu: Agent Provocateur*. London: Continuum.

Grenfell, M 2006. "Bourdieu in the Field: From the Béarn to Algeria-a Timely Response". *French Cultural Studies* 17(2): 223-40.

Grenfell, M 2007. *Pierre Bourdieu: Education and Training*. London: Continuum.

Grenfell, M 2009. "Social Capital and Educational Policy". *Education, Knowledge and Economy* 3(1): 17-34.

Grenfell, M 2010. "Being Critical: The Practical Logic of Bourdieu's

Metanoia".*Critical Studies in Education*51(1)49-62.

Grenfell,M 2011.*Bourdieu, Language and Linguistics*.London：Continuum.

Grenfell,M. & C. Hardy 2003."Field Manoeucres： Bourdieu and the Young Brtish Artists".*Space and Culture*6(1)：19-34.

Grenfell,M. & C. Hardy 2007.*Art Rules： Pierre Bourdieu and the Visual Arts.* Oxford：Berg.

Grenfell,M. & D. James 1998. *Bourdieu and Education： Acts of Practical Theory*.London：Falmer.

Grenfell, M. & D. James 2004. "Change in the Field- Changing the Field： Bourdieu and the Methodological Practice of Educational Research".*British Jounal of the Sociology Education* 25(4)：507-24.

Grenfell,M. & M. Kelly(eds) 2004. *Pierre Bourdieu： Language, Culture and Education.* Bern： Peter Lang.

Grenfell,M., D. Bloome, C. Hardy, K. Pahl, J. Rowsell & B. Street 2012. *Language, Ethnography and Education： Bridging New Literacy Studies and Bourdieu.*New York： Routledge.

Gunter, H. 2003. " Intellectual Histories in the Field of Education Management in the UK ". *International Journal of Leadership in Education*6(4)：335-49.

Halbwachs,M.1958.*The Psychology of Social Class.*London：Heinemann.

Halimi,S.1997.*Les Nouveaux Chiens de Garde.*Paris：Raisons d'Agir.

Hardy,C.2007."Feminising the Artistic Field". Paper Presented at the conference of Educational Research,History of Education.University of Ghent,Ghent,Belgium,September.

Hardy,C.2009."Bourdieu and the Art of Education：A Socio-Theoretical Investigation of Education, Change and the Arts ". Unpublished doctoral thesis,University of Southampton,Winchester,UK.

Hardy, C. 2010. " Why Are There So Few Well Known Women Artists?". Paper Presrated at the Annual Conference of Autobiography of British Sociological Association.December.

Hardy,C. & M. Frenfell 2006."When Two Fields Collide".*International*

*Journal of Arts in Society* 1(2):77-84, www.arts-society.com.

Héran, F. 1987. "La seconde nature d l'habitus. Tradition philosophique et sens commun dans le language sociologique". *Recue Francaise de Sociologie* 28(3):385-416.

Hjellbrekke, J. & O. Korsnes 2009. "Quantifying the Field of Power in Norway". In *Quantifying Theory: Pierre Bourdieu*, K. Robson & C. Sanders(eds). New York: Springer Science and Business Media.

Honneth, A. 1986[1984]. "The Fragmented World of Symbolic Forms: Reflections on Pierre Bourdieu's Sociology of Culture". *Theory, Culture and Society* 3(3):55-66. Originally published in German as "Die zerrissene Welt der symbolischen Formen"( *Kolner Zeitschrift fur Soziologie und Sozialpasychologie* 36). Also in Robbins 2000, vol. 3: 3-19.

Israel, J. 2001. *Radical Enlightenment: Philosophy and the Making of Modernity*, 1650-1750. Oxford: Oxford University Press.

James, W. 1976. *Habit*. Norwood, PA: Norwood.

Jenkins, R. 1989. "Language, Symbolic Power and Communication: Bourdieu's 'Homo Academicus'". *Sociology* 23(4):639-45.

Jenkins, R. 1992. *Pierre Bourdieu*. London: Routledge.

Kant, I. 1997. *Critique of Pure Reason*, P. Guyer & A. Wood (eds). Cambridge: Cambridge University Press.

Kedward, R. 2005. *La vie en bleu. France and the French Since 1900*. London: Penguin.

Kleinman, A. 1988. *The Illness Narratives: Suffering, Healing, and the Human Condition*. New York: Basic Books.

Kleiman, A., V. Das & M. Lock(eds) 1997. *Social Suffering*. Berkeley, CA: University of California Press.

Kojève, A. 1969. *Introduction to the Reading of Hegel*. New York: Basic Books.

Ladwig, J. 1996. *Academic Distinctions. Theory and Methodology in the Sociology of School Knowledge*. New York: Routledge.

Lane ,J.2000.*Pierre Bourdieu.A Critical Introducation*.London：Pluto Press.

Lane, J. 2006. *Bourdieu' s Politics：Problems and Possibilities*. London：Routledge.

Lebaron, F. 2009. "How Bourdieu ' Quantified ' Bourdieu：The Geometric Modelling of Data".In *Quantifying Theory Pierre Bourdieu*, K.Robson & C. Sanders ( eds ). New York：Springer Science and Business Media.

Leibniz , G.2001.*Opuscules philosophiques choisis*, P. *Schrecker( trans.)*.Paris：Vrin.

Le Roux, B. & H. Rouanet 2004. *Geometric Data Analysis*. Dordrecht：Kluwer.

Le Roux, B. & H. Rouanet 2010. *Multiple Correspondence Analysis*. Quantitative Applications in Social Sciences no.163.London：Sage.

Levinas , E.1973 [ 1930 ]. *The Theory of Intuition in Husserl's Phenomenology*. Evanston , IL：Northwestern University Press.Originally Published as *Théorie de l'intuition dans la phénoménologie de Husserl*( Paris：Alcan).

Lévi-Strauss , D.2003. *Between the Eyes：Essay on Photography and Politics*. New York：Aperture Foundation.

Lingard , B. & S. Rawolle 2004. "Fielding Educational Policy. Positioning Policy Agents in Bourdieu's Ways of Worldmaking". *British Journal of Sociology of Education* 25( 4 )：36-54.

LiPuma , E.1993. "Culture and the Concept of Culture in a Theory of Practice".In *Bourdieu：Crtical Perspectives*, C. Calhoun , E.LiPuma & M. Postone( eds ).Cambridge：Polity.

Loubet del Bayle , J-L. 1969. *Les Nou-Conformistes des Années* 30. Paris：Seuil.

Lukes , S.1975.*Émile Durkheim：His Life anf Work：A Historicak and Critical Study*.Harmondsworth：Penguin.

Marx , K.1933 [ 1867 ]. *Capital*.London：Dent.

Maton , K.2000. "Language of Legitimation：The Struturing Significance for Intellectual Field of Strategic Knowledge Claims". *British Journal of*

*Sociology of Education* 21(2):147-67.

Maton, K. 2003. "Reflexivity, Relationism and Research: Pierre Bourdieu and the Epistemic Condions of Social Scientific Knowledge". *Space & Culture* 6(1):52-65.

Maton, K. 2005. "The Sacred and the Profane: The Arbitrary Legacy of Pierre Boudieu". *European Journal of Cultural Studie* 8(1):121-32.

Maton, K. 2012. *Knowledge and Knowers: Towards a Realist Sociology of Education*. London: Routledge.

Maton, K., S. Hood & S. Shay(eds) 2012. *Knowledge Building: Educational Studies in Legitimation Code Theory*. London: Routledge.

Mauss, M. 1967. *The Gift: Forms and Functions of Exchange in Archaic Societies*, Ian Cunnison(trans.). New York: W. W. Norton.

McNay, L. 1999. "Gender, Habitus and the Field. Pierre Bourdieu and the Limits of Reflexivity". *Theory, Culture & Society* 16(1):95-117.

Melville, W., I. Hardy & A. Bartley 2011. "Bourdieu, Department Chairs and Science Education". *International Journal of Science Education* 33(16):2275-93.

Mialet, H. 2003. "The 'Righteous Wrath' of Pierre Bourdieu". *Social Studies of Science* 33(4):613-21.

Milbank, J. 1990. *Theology and Social Theory*, Oxford: Blachwell.

Moore, R. 2004. *Education and Society: Issues and Explanations in the Sociology of Education*. Cambridge: Polity.

Moore, R. 2007. *Sociology of Knowledge and Education*. London: Continuum.

Moore, R. & K. Maton 2001. "Founding the Sociology of Knowledge: Basil Bernstein, Intellectual Field and the Epistemic Device". In *Towards a Sociology of Pedagogy: the Contribution of Basil Bernstein to Research*, A. Morais, I. Neves, B. Davies & H. Daniels(eds). New York: Peter Lang.

Myles, J. F. 2004. "From Doxa to Experience: Issues in Bourdieu's Adoption of Husserlian Phenomenology". *Theory, Culture and Society*

21(2):91-107.

Naidoo, R. 2004. "Fields and Institutional Strtegy: Bourdieu on the Relationship between Higher Education, Inequality and Society". *British Journal of Sociology of Education* 25(4):457-71.

Nash, R. 1999. "Bourdieu, 'Babitus' and Educational Research: Is It All Worth the Candle?". *British Journal of Sociology of Education* 20 (2):175-87.

OED 1989. *Oxford English Dictionary Online*, http://www.oed.com/

Ottinger, B. 2008. "Thomas Couture et l'Amérique". *La Revure du Musée d'Orsay* 26, spring.

Panofsky, E. 1957. *Gothic Architecture and Scholasticism*. New York: Meridian.

Popp, E. 2009. "Strategic Action is Not Enough: a Bourdieusian Approach to EU Enlargement". *Perspectives on European Politics and Society* 10(2):253-66.

Reed-Danahay, D. 2004. "Tristes Paysans: Bourdieu's Early Ethnography in Béarn and Kabylia". *Anthropolpgical Quarterly* 77(1):87-106.

Ricoeur, P. 1950. "Introduction". In *Idées directrices pour une phénoménologie*, E. Husserl. Paris: Gallimard.

Rigby, B. 1993. "Heteronomy and Autonomy in Bourdieu's *Les Règles de l'art*". *French Cultural Studies* 4:271.

Rist, G. 1984. "La notion médiévale d' 'habitus' dans la sociologie de Pierre Bourdieu". *Revue européene des sciences sociales* 22(67):201-12.

Robbins, D. 1991. *The Work of Pierre Bourdieu*. Milton Keynes: Open University Press.

Robbins, D. 1998. "The Need for an Epistemological Break". In *Bourdieu and Education: Acts of Practical Theory*, M. Grenfell & D. James (eds). London: Falmer.

Robbins, D. M. (ed.) 2000. *Pierre Bourdieu*, 4 vols, London: Sage.

Robbins, D. M. 2006a. *On Bourdieu, Education and Society*. Oxford: Bardwell Press.

Robbins, D. M. 2006b. "A Social Critique of Judgement". *Theory, Culture and Society* 23(6):1-24.

Robbins,D.M.2007."Framing Bourdieu".In *Cultural Theory: Classical and Contemporary Positions*,T.Edwards(ed.).London:Sage.

Robbins,D.2011.*French Post-war Social Theory*.London:Sage.

Ryan,J. & C. Sackrey 1984. *Strangers in Paradise: Academics from the Working Class*.Boston,MA:South End.

Sartre,J-P.1963 [1960]. *The Problem of Method*, H. E. Barnes (trans.). London:Methuen.

Sartre,J-P.2004.*Critique of Dialectical Reason*,Vol.1.London:Verso.

Savage,M.2000.*Class Analysis and Social Transformation*.Miiton Keynes: Open UNiversity Press.

Schneewind,J.1997. *The Invention of Autonomy*. Cambridge: Cambridge University Press.

Schneidermann,D.1999. *Du journalisme après Bourdieu*.Paris:Fayard.

Schubert,J.D.2002."Defending Multiculturalism:From Hegemony to Symbolic Violence".*American Behavioral Scientist* 45(7):1088-102.

Schutz, A. 1972. *The Phenomenology of the Social World*, London: Heinemann.

Smith, A. 2006. "Beyond a Boundary ( of a 'Field of Cultural Production' ).Reading C.L.R.James with Bourdieu".*Theory, Culture & Society* 23(4):95-112.

Sokal,A.1996."Transgressing the Boundaries:Toward a Transformative Hermeneutics of Quantum Gravity".*Social Text* 46(7).

Swartz, D. 1997. *Culture and Power: The Sociology of Pierre Bourdieu*. Chicago,IL:University of Chicago Press.

Swartz,D.1997."Pierre Bourdieu:The Cultural Transmission of Social Inequality".*Harvard Educational Reciew* 47(4)545-55.

Talbott,J.E.1969.*The Politics of Educational Reform in France*,1918-1940. Princeton,NJ:Princeton University Press.

Trifonas,P. & E.Balomenas 2004. *Good Taste. How What You Choose Define Who You Are*.Cambridge:Icon Books.

Veenstra, G. 2009. " Transformations of Capital in Canada ". In *Quantifying Theory: Pierre Bourdieu*, K. Robson & C. Sanders ( eds ) . New York: Springer Science and Business Media.

Wacquant, L. 1992. "The Structure and Logic of Bourdieu's Sociolgy". In *An Invitation to Reflexive Sociology*, P. Bourdieu & L. Wacquant ( eds ) . Cambridge: Polity.

Wacquant, L. 2005. " Symbolic Power in the Rule of the ' State Nobility ' ". In *Pierre Bourdieu and Democratic Politics*, L. Wacquant ( ed. ) . Cambridge: Polity.

Wilkinson, I. 2005. *Suffering: A Sociological Introduction*, Cambridge: Polity.

Willis, P. 1997. *Learning to Labour. How Working Class Kids get Working Class Jobs.* Farnborough: Saxon House.

Wood, R. C. 1996. "Talking to Themselves: Food Commentators. Food Snobbery and Market Reality". *British Food Journal* 98( 10 ): 5-11.

Young, M. 1971. *Knowledge and Control.* London: Macmillan.

**图书在版编目(CIP)数据**

布迪厄:关键概念:原书第2版/(英)迈克尔·格伦菲尔(Michael Grenfell)编;林云柯译.—重庆:重庆大学出版社,2018.7(2021.12重印)

(思想家和思想导读丛书)

书名原文:Pierre Bourdieu:Key Concepts 2e

ISBN 978-7-5689-1204-4

Ⅰ.①布… Ⅱ.①迈…②林… Ⅲ.①布迪厄(Pierre Bourdieu,1930—2002)—社会学—思想评论 Ⅳ.①C91-095.65

中国版本图书馆 CIP 数据核字(2018)第 145741 号

## 布迪厄:关键概念(原书第2版)

BUDI'E GUANJIAN GAINIAN

[英]迈克尔·格伦菲尔 编

林云柯 译

策划编辑:贾 曼　　　特约策划:邹 荣 任绪军
责任编辑:贾 曼 邹 荣　　版式设计:邹 荣
责任校对:邹小梅　　　　　责任印制:张 策

\*

重庆大学出版社出版发行

出版人:饶帮华

社址:重庆市沙坪坝区大学城西路 21 号

邮编:401331

电话:(023) 88617190　88617185(中小学)

传真:(023) 88617186　88617166

网址:http://www.cqup.com.cn

邮箱:fxk@ cqup.com.cn(营销中心)

全国新华书店经销

重庆市正前方彩色印刷有限公司印刷

\*

开本:890mm×1168mm　1/32　印张:12.75　字数:311 千　插页:32 开 2 页
2018 年 7 月第 1 版　　2021 年 12 月第 3 次印刷
ISBN 978-7-5689-1204-4　定价:68.00 元

本书如有印刷、装订等质量问题,本社负责调换
版权所有,请勿擅自翻印和用本书
制作各类出版物及配套用书,违者必究

*Pierre Bourdieu*: *Key Concepts* 2e, by Michael Grenfell, ISBN: 978-1-84465-530-4

© Editorial matter and selection 2008, 2012 Michael Grenfell.
Individual contributors, the contributors.
Second edition 2012.
This book is copyright under the Berne Convention.
No reproduction without permission.
All rights reserved.
First publish in 2008 by Acumen.

Chongqing University Press is authorized to publish and distribute exclusively the Chinese (Simplified Characters) language edition. This edition is authorized for sale throughout Mainland of China. No part of the publication may be reproduced or distributed by any means, or stored in a database or retrieval system, without the prior written permission of the publisher.
本书中文简体翻译版授权由重庆大学出版社独家出版并仅限在中国大陆地区销售。未经出版者书面许可,不得以任何方式复制或发行本书的任何部分。

**版贸核渝字(2014)第 253 号**

# gu∧de

**思想家和思想导读丛书**

★表示已出版

## 思想家导读

## 思想家著作导读

## 思想家关键词